아낌없이 주는 팜유

아낌없이 주는 팜유

김종화 지음

곰시

들어가며

팜유는 지구상에서
가성비 최고의 기름

　내가 만든 비료 '에버맥스'를 들고 말레이시아, 인도네시아 그리고 미얀마의 팜유 농장을 드나들다 보니, 팜유 나무는 어느새 필자에겐 '자식' 같은 존재가 돼 버렸다. 팜유 나무 씨가 발아하는가 싶더니 어느새 모판으로 옮겨져 자라고 있었고, 1년이 지나 팜유 농장으로 옮겨 심으면 금세 키가 4~5m까지 자란 '성인 나무'가 된다. 지금은 사회인이 된 나의 두 딸의 성장과정을 보는 것만 같다. 팜유 나무가 기름을 가득 머금은 팜유 열매를 주렁주렁 매달고 있을 때면 비료 공급자라는 것을 잊고 어느덧 농부의 마음으로 돌아간다.

　내가 갑작스레 팜유에 관한 책을 써야겠다고 마음먹은 건 2022년 3월 MBC가 보도한 '유럽연합(EU) 팜유 기반 바이오디젤 퇴출' 관련 프로그램을 보고 기막힌 심정이 들어서였다. 내가 이곳 현지에서 보고 들은 팜유는 저런 것이 아닌데…. 내가 보기에도 상당한 오류를 내포하고 있는 프로그램이었다. 바이오에너지협회가

MBC 보도를 반박한 것만 살펴봐도 프로그램의 문제점을 금세 알 수 있다. MBC는 "EU가 팜유 기반 바이오디젤의 온실가스 배출이 석유의 3배"라며 "팜유 기반 바이오디젤을 퇴출하고 있지만, 우리나라는 오히려 세금 지원을 통해 바이오디젤을 확대하고 있다"고 보도했다.

바이오에너지협회는 사실을 심각하게 왜곡하는 보도라며 반박했다. 협회에 따르면, 유엔 산하 기후변화에 관한 정부 간 패널(IPCC)은 팜유 나무를 비롯한 바이오연료 작물이 성장 과정에서 이산화탄소를 흡수해 전주기적으로 이산화탄소 감축 효과가 있는 탄소중립(Carbon Neutral)의 대표적 나무로 인정하고 있기 때문이다. 전주기 분석을 통해 얻은 결과로 보면, 경유 1kl를 바이오디젤로 대체하면 2.61CO_2톤이 감축된다고 국제적으로 인정하고 있다.

인도네시아 팜유 생산자 협회 자료에서도 팜유 생산과정에서 배출되는 이산화탄소가 인도네시아의 연간 이산화탄소 배출량의 5%에 불과하며, 팜유 나무 한 그루가 연간 161톤의 탄소를 흡수하는 동시에 18.7톤의 산소를 배출하는 효과를 내고 있다고 밝히고 있다. MBC가 산림훼손 문제를 지적한 것에 대해서도 수십 년 전 팜유 농장 개발 초기 이뤄지던 삼림파괴 논란이라고 일축했다. 인도네시아는 온실가스 감축을 위해 정부 차원에서 인도네시아 친환경 팜유 정책(ISPO, Indonesian Sustainable Palm Oil) 인증 제도를 도입해 자국 내 팜유 생산 기업에 ISPO 인증을 의무화하고 있어 과거와 같은 산림훼손이나 생물 다양성 손실, 원주민 소외, 토지 분쟁, 인권유린은 없다는 것이다. 물론, 말레이시아도 마찬가지이다.

방송에서 거론된 바이오디젤 원료 수입 문제 제기도 사실과 다르다. 방송에서는 팜유 대부분을 식용 가능한 것으로 간주하고, 식용과 바이오연료용으로 구분해 2020년 식용으로 1만9,000톤, 바이오연료용으로 60만 톤을 수입했다고 보도했다. 하지만 협회는 수입된 원료 대부분이 팜 부산물로 비식용이며, 이중 팜유 폐액(POME, Palm Oil Mill Effluent)에서 추출한 팜산유(PAO, Palm Acid Oil)는 EU에서도 온실가스 감축을 인정해 더블 카운팅 제도 등 인센티브를 부여하고 있다고 주장했다. 이 밖에도 협회는 바이오디젤을 통해 폐식용유의 수거 체계 구축을 통한 폐식용유의 완벽한 수거와 재활용 성과에 대해 강조했다.

이렇듯 한국 언론이 팜유의 긍정적 측면 대신, 일부 환경단체 비정부기구(NGO, Non-Governmental Organization)들이 주장하는 팜유의 유해성 논란을 여과 없이 보도하는 데 대해 큰 충격을 받지 않을 수 없었다. 혹시나 팜유 관련 읽을 만한 책이 있을까 하여 국립중앙도서관이나 국회도서관 웹사이트에 들어가 검색해 보았다. 그런데 대부분 환경단체가 주장하는 내용, 즉 팜유 농장의 무분별한 벌채로 오랑우탄이 서식지를 잃어간다는 등 부정적 보도를 하는 책들로 가득 찼다. 정작 팜유 나무가 어떻게 자라나고, 어떻게 결실을 맺고, 그 열매에서 짜낸 기름이 어떻게 사용되고, 팜유 나무와 팜유 열매에서 나온 부산물이 어떻게 산업적으로 이용되는지 그리고 지속 가능성에 대한 팜유 업계의 지속적인 노력과 이해당사 간의 협력 등에 관한 체계적 안내서는 찾아볼 수 없었다.

사실, 팜유는 단점보다 장점이 엄청난 기름이다. 국제자연보호연맹(IUCN, International Union for Conservation of Nature and Natural Resources) 보고서에 따르면, 팜유 수요는 매해 급증하고 있으며, 2050년에는 2008년 수요량 1억2,500만 톤 대비 2배가 급증한 2억5,000만 톤의 수요가 예상된다. 그렇다면 팜유가 '환경파괴의 주범'이라는 주장을 하는 EU와 NGO 단체들의 공세에도 불구하고, 도대체 왜 팜유는 계속해서 생산량이 늘어나고 인기가 있는 것일까.

이유는 바로 팜유를 대체할 만한 식용유가 없다는 데 있다. 참고로 인간은 하루 평균 권장 열량의 10%가량인 300kcal를 식용유에서 보충하고 있다고 한다. 유엔식량농업기구(FAO, Food and Agriculture Organization of the United Nations) 데이터를 보면, 2019년 전 세계에서 생산된 식물성 기름은 모두 2억2,603톤이다. 이 중 팜커널유(PKO, Palm Kernel Oil)를 포함한 팜유 원유(CPO, Crude Palm Oil)가 36.7%를 차지하고 있다. 우리가 식탁에서 흔히 보는 콩기름(33.6%)을 압도적으로 앞지른다. 그리고 팜유만큼 경제성이 뛰어난 기름은 지금껏 지구상에 존재하지 않는다. 팜유는 가성비를 따져보면 다른 어떤 식용유보다 월등하다. 콩기름을 1톤 생산하려면 2헥타르의 땅이 필요하다. 카놀라유도 1톤을 생산하려면 1.25헥타르의 토지가 필요하다. 반면 팜유는 0.25헥타르면 충분하다.

또 팜유가 식품으로서는 어떠한가. 한국식품연구원장을 지낸 윤석후 박사는 "우선 팜유에는 최근 문제 되고 있는 트랜스지방산이 전혀 없으며, 경화유지의 대체 유지로서 경제성이 가장 뛰어나다"며 "팜유에 함유된 토코페롤, 토크트리에놀은 항산화 성분으로 노화를 억제하고, 카로틴은 항암성분"이라고 했다. 윤 박사는 "사실 팜유에 대한 논란 배경에는 정치적인 이유가 적지 않다"며 "미국의 일부 정치인들이 대두협회와 결탁해 팜유의 가치를 깎아내리면서 논란을 부추겼다"고 했다. 이어 "결론적으로 말해 팜유는 유해하지 않다"고 했다.

내가 보기에도 팜유는 지구상에서 인류가 이용하는 현존하는 가장 가성비가 우수한 식용기름이라는 것이다. 그럼에도 불구하고 팜유가 오늘날 환경단체들로부터 환경파괴의 주범으로 공격을 받는 것은 일정 부분 책임도 있다고 생각한다. 물론 그러한 것들은 과거의 문제일 수 있다. 현재 말레이시아와 인도네시아 정부는 환경 친화적 팜유 정책을 통해 무분별한 산림훼손이나 팜유 가공 과정에서의 환경오염에 대해 규제를 가하면서 전 세계의 기후변화라는 재앙에 호응하고 있기 때문이다.

1.5도 이상 뜨거워진 지구는 재앙이다

그런 측면에서 2021년 말 방영된 KBS의 다큐멘터리 「붉은 지구」는 팜유 산업의 미래와 방향성을 예고하는 좋은 프로그램이었다. 「붉은 지구」 시리즈를 보면 자연의 재앙이 얼마나 무서운 결과를 가져오는가를 확인할 수 있다. 그 자연재앙은 인간이 배출한 이산화탄소 때문이다. 숲 아래 탄소를 가득 머금고 있는 '이탄 지대'가 불에 타면서 엄청난 양의 이산화탄소를 방출했다. 그것이 산불, 가뭄과 홍수 등 엄청난 자연재해를 불러일으켰던 것이다.

2021년 7월 과학기술의 혁명적 진보를 이뤄냈다. 아마존 창업자 제프 베조스를 포함한 4명이 지구 상공 107km를 왕복하는 성공적인 우주여행을 한 것이다. 그러나 이날의 하이라이트는 기술의 진보에 대한 찬사가 아니라 베조스가 남긴 소감, "인간이 살 수 있는 행성은 지구뿐이다(We have to take care of it!)"라는 말이었다.

나는 KBS의 프로그램 「붉은 지구」를 보면서 팜유 산업의 지속가능성(sustainability)을 생각하지 않을 수 없었다. 우리가 지금 누리는 팜유의 가성비 높은 혜택을 우리 후손들도 똑같이 누리려면, 지금 우리가 무엇인가를 하지 않으면 안 된다는 것이다. 그러기 위해서는 식량, 물, 에너지 및 기타 천연자원을 소비하는 우리의 패턴은 환경 문제를 효과적으로 해결하기 위한 방향으로 변화해야만 하는 것이다.

그러나 나는 이 책에서 팜유에 대해 적극적인 변호를 아끼지 않을 것이다. EU나 미국에서 일부 팜유에 대한 보이콧 운동은 비실용적일 뿐만 아니라, 팜유 산업에 종사하는 농부들의 이익을 해칠 것이다. 팜유가 다른 모든 유분 작물 중에서 가장 큰 토지이용 효율을 갖고 있기 때문에 오히려 무분별한 대규모의 삼림 벌채를 대체해 줄 수 있는 것이다.

팜유를 대체하기 위해 합성 오일을 만드는 것은 오히려 우리의 호주머니를 더욱 빈털터리로 만드는 결과를 가져올 것이다. 학자들은 팜유 산업을 영위하면서 지속 가능한 방향으로 팜유 산업을 이끌어가는 것이 오히려 환경 영향을 최소화하면서 가장 실현 가능한 방안이라고 제안한다.

유엔이 설립한 세계환경개발위원회(WECD)에서 발표한 「브룬틀란 보고서(Brundtland Report)」에서 팜유 산업의 지속 가능한 개발(Sustainable Development)이라는 개념이 처음으로 정의됐다. 보고서에선 "지속 가능한 개발은 미래 세대가 자신의 필요를 충족시킬 수 있는 능력을 손상시키지 않고 현재의 요구를 충족시키는 개발"이라고 명시하면서 구체화됐다. 이런 측면에서 '지속 가능한 팜유 생산을 위한 협의체(RSPO, The Roundtable on Sustainable Palm Oil)'가 비정부 기구로 2004년 설립됐고, 지속 가능성을 높이기 위한 노력을 기울이고 있다.

나는 책 『아낌없이 주는 팜유』를 이렇게 구성했다. 제1부는 팜유 나무의 일생이다. 콩기름은 아는데, 팜유는 뭘까? 장을 보러 마트나 편의점에 갔을 때 우리가 쉽게 접하는 식용유는 대부분 콩으로 만든 기름일 것이다. 콩기름 외에는 올리브유, 포도씨유, 카놀라유 등이 매대를 장식하고 있을 것이다. 그런데 우리의 눈을 세계로 넓혀보면 식용유 시장에서 가장 높은 점유율을 보이는 건 놀랍게도 콩기름이 아니라 팜유란 사실이다.

팜유 나무가 씨앗에서 묘목장에서 자라나 플랜팅의 과정을 거치고, 성목(成木)이 되어 팜유 나무 열매(FFB, Fresh Fruit Bunch)를 맺는 과정을 보여준다. 식재 이후 25~30년이 지나면 팜유 나무는 늙는다. 키가 커 관리가 어렵고, 수확량도 떨어진다. 이때 늙은 팜유 나무들을 베어버리고 새로 심어야 한다.

제2부는 팜유의 역사다. 인류는 어떻게 기름을 얻었을까? 팜유 나무는 1500만 년 전(BP) 나이지리아의 중신세(Miocene)의 식물 오일 야자(Elaeis guineensis)의 화석 꽃가루에서 그 모습을 구체적으로 드러냈다. 고대의 이집트인들도 아프리카인들처럼 옛날부터 팜유를 사용해왔던 것이다. 이러한 사실은 1800년대 후반 BC 5000년 경 고대 이집트 도시 아비도스(Abydos)의 무덤에서 발견된 질그릇 항아리에 엄청난 양의 팜유가 남아 있는 것에 의해 증명됐다.

영국과 프랑스 등 식민지 열강이 여러 열대 지방에서 계속 영향력을 확대함에 따라, 팜유 농장이 늘어나기 시작했다. 수십 년 만에 동남아시아 숲의 광활한 숲이 제거되고, 팜유 생산의 글로벌 허브로서의 서아프리카 시대는 종식을 고하고, 19세기 초반 말레이시아를 필두로 팜유의 동남아시아 시대가 열리게 됐다.

제3부는 팜유의 생산과정과 식생활을 소개한다. FFB는 신기하게도 연중무휴로 수확이 가능하다. FFB 산출고는 헥타르당 연평균 20~30톤 이상이다. 여기에서 생산되는 CPO는 약 3톤 정도 생산이 되고, 팜 커널(Palm Kernel)에서는 팜커널유 약 750킬로그램을 생산한다. FFB를 짜는 과정에서 커널(팜 열매의 씨)을 분리해 압착하면 PKO라는 질 좋은 기름이 나오고, 이를 정제하면 팜커널올레인·스테아린으로 탄생한다. 식용유의 탄생 과정은 이렇듯 심플했다. 여기에다 메탄올과 첨가제를 넣어 가공하면 친환경 연료인 바이오디젤이 만들어진다. 그리고 기업의 ESG(Environment, Society, Governance) 정책 및 저탄소 녹색 성장에 적합한 바이오가스 및 바이오메탄을 소개했다.

파리협정을 통해 약 190여 개 국가가 지구 평균기온 상승을 1.5도 이내로 제한하는 노력을 하기로 합의했다. 1.5도는 인류 생존을 위한 한계선이기 때문이다. 지금처럼 기온 상승이 계속된다면 우리가 살아갈 지구는 지금과 많이 달라질 것이다. 특히, 한국의 평균기온 상승치는 전 세계 평균의 두 배에 달한다는 점에서 기후변화 문제에 보다 책임감을 가지고 긴급하게 대응해야 할 필요가 있다.

이런 에너지 전환 측면에서 바이오메탄은 '게임 체인저'가 될 수 있다. 바이오가스의 생산성은 다양한 공급 원료의 에너지 함량이 핵심 요소다. 말레이시아와 인도네시아에서 최적으로 공급할 수 있는 원료가 있다. 바로 팜유 생산공장에서 나오는 팜유 폐액(POME)이다. 바이오가스 산업이 활성화돼 있는 유럽과 달리 아직 아시아 시장은 무주공산(無主空山)이다.

제4부는 팜유가 어떻게 생산되고 유통되고 있는지, '전 세계 팜유 산업 동향'이란 제목으로 설명했다. 세계 최대 팜유 생산국 인도네시아가 2022년 4월 28일부터 팜유 수출을 금지했다. 러시아-우크라이나 전쟁으로 해바라기유의 주요 생산국인 우크라이나의 공급이 불안함에 따라 대체유인 팜유 가격이 치솟고 전 세계 수요가 급증하는 현상이 발생하고 있는 것이다.

인도네시아는 세계 최대의 팜유 생산국이자 수출국으로, 인도네시아 팜유협회(IPOA, The Indonesian Palm Oil Association)에 따르면 2021년 기준 인도네시아의 팜유 생산량은 4,688만 톤이며 제품 수출량은 3,420만 톤을 기록하고 있다. 2021년 기준 한국의 인도네시아산 팜유 수입 비중은 56.1%, 수입액은 3.7억 달러에 달한다. 한국은 대부분 인도네시아 및 말레이시아에서 팜유를 수입한다.

제5부는 우리가 잘못 알고 있는 팜유에 대한 오해들, 'Oh, those myths!'들을 정리했다. 팜유 산업의 지속적인 성장에 대해 NGO들은 팜유 산업의 확대로 일어난 삼림 벌채, 오랑우탄 서식지에 대한 위협, 건강 문제 등 부정적인 의견들을 제기하고 있다. 나는

이들의 억측에 가까운 주장들에 대해 이번 장에서 '팩트 체크'를 시도했다.

제5부는 팜유가 우리 일상에서 얼마나 친근한 존재인지를 설명하고 있다. 우리는 사실 매일 팜유와 그 화합물을 잘 알지 못하면서 소비하고 있기 때문이다. 마가린, 요리용 오일, 빵, 파이, 타르트, 크루아상, 비스킷, 샐러드드레싱, 마요네즈, 시리얼, 인스턴트 밀크, 카레, 라면…. 팜유를 이용한 크림과 과자류는 입에서 빠르게 녹아 순하고 차가운 입맛을 남기게 될 뿐만 아니라, 시장 접근이 쉽지 않은 저개발국에서는 유통기한이 길다는 장점이 있다.

제6부는 팜유 산업과 지구의 미래를 이야기했다. 팜유 산업의 지속가능성에 대해 고민해 본 챕터다. 말레이시아 팜유 산업은 지속 가능한 가장 우수한 실천과 환경보호의 최선봉에 서 있는 산업 중의 하나라고 할 수 있다. 말레이시아 정부는 식재된 경작면적 안에서 게놈 기술, 조직 배양, 기계화 등 개선된 육종 기술을 통해 헥타르당 팜유 수확량을 증가시키는 것이 경작지를 늘리는 것보다 식품안전과 친환경을 위해 더 중요하다고 생각하고 있다.

팜유 나무는 지구 대기로부터 많은 양의 이산화탄소를 흡수할 수 있어 지구 온난화를 줄일 수 있다. 말레이시아에서는 7억 그루가 넘는 팜유 나무들이 '그린 캐노피' 역할을 하고 있기에 유해한 온실가스를 흡수하므로 크고 효과적인 이산화탄소 흡수계(Carbon Sink)를 형성하고 있다. 말레이시아 정부는 팜유 나무의 재식 과정에서 '제로 버닝(Zero Burning)'이란 용어를 만들어내며 환경 보호에 앞장서고 있다.

제7부는 팜유 산업을 선도하는 기업들을 간략하게 소개했다. 사임다비 플랜테이션은 세계 최대의 팜유 회사다. 총면적 75만 192헥타르에 팜유 나무가 식재된 면적만 58만2,563헥타르에 달한다. 사임다비 플랜테이션은 전 세계 CPO 기름의 3.1%를 생산하고 있고, RSPO가 인증하는 인증 팜유(CSPO, Certified Sustainable Palm Oil)의 최대 생산자다. 글로벌 CSPO 생산량 가운데 19%를 점유하고 있다.

윌마인터내셔날은 세계 최대의 팜유 생산 및 유통회사다. 윌마는 1991년에 설립된 팜유 기업으로 싱가포르에 본사를 두고 있다. 오늘날 아시아 최고의 농업 비즈니스 그룹이다. 윌마는 싱가포르 거래소의 시가 총액으로 가장 큰 상장 기업 중 하나다. 윌마의 실제 소유주는 1923년생으로 98세인 탄 스리 로버트 꾁은 말레이시아 최고의 부자 중의 한 명이다. 한때 사탕수수 사업으로 '설탕왕(Sugar King)'이라는 별명까지 얻었던 그는 호텔사업에 진출해 '샹그릴라'를 세계적인 호텔 브랜드로 만들어 놨다. 한국 기업으로는 인도네시아에서 팜유의 지속적인 발전을 위해 국위 선양 중인 포스코인터내셔날과 코린도 등이 있다.

끝으로 나의 책 출간 취지를 듣고 격려와 많은 자료 지원을 아끼지 않은 사임다비 오일의 모하마드 해리스(Mr. Mohd Harris) 대표 그리고 하리 박사(Dr. Hari), 바이오가스의 미래에 대해 조언을 아끼지 않은 아시아 태평양 천연가스 자동차 협회(ANGVA) 리 기옥셍(Mr. Lee Giokseng) 사무총장, 바이오메탄 사업의 핵심 기계인 컴프레서를 생산하면서 유럽의 다양한 바이오 시장 정보를 들려준 광신기계 권환주 대표, 꼼꼼하게 자료를 정리해준 피다우스(Firdaus), 첫 독자의 입장에서 조언을 아끼지 않은 에버켐 김정중 이사, 인도네시아 에버켐 법인 문정완 감사를 비롯한 여러분들께 깊은 감사의 말씀을 드린다. 사실, 원고를 탈고하고 가볍게 산티아고 순례길을 떠나려 했다가, 순례길의 종착지 산티아고 데 콤포스텔라에서 하룻밤 묵으면서 이 글을 쓴다.

2022년 11월
산티아고 콤포스텔라에서
김종화

추천의 글

팜유 산업의 과거, 현재, 미래를 말하다

말레이시아의 수도 쿠알라룸푸르 공항에 착륙하기 전 비행기 창밖으로 내다보면 바둑판처럼 정리돼 있는 '야자나무숲'이 끝없이 펼쳐져 있다. 그런데 놀라지 마시라. 그것은 야자나무숲이 아니라 '팜유 나무숲'이다. 팜유는 세계 식용유의 40% 이상을 차지하는 대표적인 식물성 식용유지만, 적도 부근에서만 자라는 탓에 우리 국민에게는 생소한 나무임에 틀림없다.

환경운동연합 사무처장 출신에다 환경부장관을 지내며 일평생 환경운동에 투신한 나조차도 2019년 11월 주 말레이시아 대사로 부임하기 전까지는 팜유 나무와 팜유에 대해 솔직히 문외한(門外漢)이었다. 쿠알라룸푸르에서 3년간 대사직을 수행하면서 느낀 것은 말레이시아인들은 팜유 나무를 '부(富)'의 상징처럼 여긴다. 실제로 팜유 산업은 전자, 석유화학·가스에 이어 세 번째로 비중이 큰 산업이다. 언론은 하루도 빠지지 않고 팜유 관련 뉴스를 전하고, 외신은 매일 팜유 시장 가격을 주가지수와 환율처럼 속보로 전한다.

말레이시아와 인도네시아는 세계 팜유 물량의 85% 이상을 생산한다. 2021년 팜유가 1톤당 평균 770달러였을 때, 중국·인도·EU를 상대로 한 수출액만도 318억 링깃(약 8조6,000억 원)이었다. 팜유 산업은 50여만 명의 말레이시아인들에게 일자리를 제공해 준다. 말레이시아에서 팜유 산업이 차지하는 비중은 '화폐'가 말해 준다. 예전에는 50링깃(1링깃은 약 350원) 지폐 뒷면을 석유·가스로 도안했지만, 신권에는 팜유 나무로 교체했을 정도다.

팜유 나무 열매에서 추출되는 CPO는 저탄소녹색성장 시대에 '뜨는' 바이오 에너지다. 식용유, 마가린, 쇼트닝 등과 같은 식용은 물론 비식용으로 바이오디젤의 원료 그리고 바이오가스 및 바이오메탄 생산까지 가능해 탄소 중립의 주요한 에너지원으로도 자리매김이 가능하다고 한다.

지난 10월 말레이시아 대사 임무를 마치고 귀국했을 때 쿠알라룸푸르에서 반가운 소식이 들려왔다. 말레이시아와 인도네시아의 팜유 농장을 셀 수 없이 함께 다니며 팜유 산업에 대해 많은 대화를 나눴던 김종화 에버켐 대표가 국내에서 처음으로 본격적인 팜유의 모든 것을 다룬 책을 낸다는 것이었다.

저자인 김종화 대표는 말레이시아에서 약 20여 년간 한국산 비료와 팜유 산업과 관련한 기계류 등을 수출한 자타가 공인하는 종합상사 출신의 '무역 전사'다. 그의 눈에 팜유의 부정적인 면만 강조되는 현실은 누구보다도 견디기 어려웠을 것이다. 현재 서구 입장에서 볼 때, 제3세계 국가인 말레이시아와 인도네시아가 세계 팜유 시장을 양분하고 있는 형국이다. 유럽을 중심으로 한 NGO 단체들은 두 나라의 팜유 농장 건설이 열대우림 지역의 심각한 삼림 벌채, 원주민들과의 갈등, 노동력 착취, 그리고 위기에 처한 야생동물의 멸종을 불러온다고 집중적으로 여론전을 펼치고 있다. 김 대표는 팜유와 대두유의 세력 쟁탈을 둘러싸고 '녹색 신 식민주의'라고 지적한다.

미국을 중심으로 대두유 농장과 목축업이 삼림 벌채로 팜유 농장보다 훨씬 더 심각한 환경문제를 일으킴에도 불구하고 애써 외면하는 모습을 본 그는 실상을 제대로 알려야 한다는 사명감으로 책을 썼다고 한다. 책장을 넘기다 보면 저자 김종화 대표가 지난 20여 년 간 말레이시아와 인도네시아 팜유 농장을 방문하면서 현장에서 수집한 생생한 팜유 산업 자료를 바탕으로 팜유의 과거, 현재, 미래를 이야기하고 있다. 이 책은 팜유 산업을 공부하려는 분들에게 커다란 지침서가 될 것으로 확신한다.

특히 그는 팜유의 지속가능성에 대해 많은 지면을 할애했다. 현재 4,000개 이상의 회원사를 보유하고 있는 RSPO의 가이드라인을 기초로 현재 말레이시아와 인도네시아는 팜유의 지속 가능성을 위해 공동 목표를 설정해 정·재계가 합심하고 있다. 그는 독자들에게 RSPO 인증 마크가 붙어 있는 상품을 본다면, 지속 가능한 생산을 돕고, 기후 변화와 탄소 중립을 위해 힘을 보탠다는 심정으로 가격은 좀 비싸더라도 현명한 소비를 하자고 권하고 있다.

김종화 대표의 『아낌없이 주는 팜유』는 다소 생소하고 전문적인 용어, 그리고 지속가능성이라는 무거운 주제를 다루고 있지만, 누구나 부담 없을 만큼 쉽게 읽힌다. 탄소 중립과 탄소 국경세 등 어려워지는 경제 환경 등으로 더 많은 지혜가 필요한 시점이다. 김 대표가 팜유의 다운스트림(팜유를 정제·유통·판매하는 것) 제품을 이용한 팜유 관련 신사업을 갈망하는 한국 기업들과 국민에게 자세한 피가 되고 살이 되는 현지 소식을 전해준다는 사실 만으로도 반갑기 그지없는 일이다.

나아가 김 대표는 세계 팜유 산업의 중심에 서있는 말레이시아와 인도네시아에 이 책을 바탕으로 현지어 만화를 발간해 팜유의 장점과 지속 가능성을 알리겠다니 나도 모르게 엄지손가락을 치켜세우게 된다. 나는 김 대표의 이 책이 우리 생활 곳곳에 들어와 우리와 함께 하는 '소중한 팜유'가 이번 기회에 정당한 평가를 받을 수 있는 '마중물' 역할을 할 것이라 확신한다. 끝으로 바쁜 가운데 시간을 쪼개 2019년 펴낸 말레이시아 안내 서적『슬라맛다땅 말레이시아-25억 할랄 시장을 잡아라』에 이어 두 번째 책을 발간한 김종화 대표의 끝없는 열정에 아낌없는 박수를 보낸다.

-

2022년 11월 2일

이치범

전 환경부장관, 전 주 말레이시아 대사

약어집(List of Abbreviation)

- RSPO가 인증하는 인증 팜유(CSPO, Certified Sustainable Palm Oil)
- 경제협력개발기구(OECD, Organization for Economic Cooperation and Development)
- 국내총생산(GDP, Gross Domestic Product)
- 국민총소득(GNI, Gross National Income)
- 국제식품규격위원회(CAC, Codex Alimentarius Commission)
- 국제자연보호연맹(IUCN, International Union for Conservation of Nature and Natural Resources)
- 국제표준화기구(ISO, International Standard Organization)
- 기업의 환경·사회적 책임·지배구조(ESG, Environment, Society, Governance)
- 기후변화 및 생물다양성 표준(CCBS, Climate Change and Biodiversity Standard)
- 누텔라(Nutella)
- 단계(PH, Phase)
- 말레이시아 식용유 제조업 협회(MEOMA, Malaysian Edible Oils Manufacturers Association)
- 말레이시아 올레오 케미컬 제조업자 그룹(MOMG, Malaysian Oleochemicals Manufacturers Group)
- 말레이시아 인증 팜유(MSPO, Malaysian Sustainable Palm Oil)
- 말레이시아 팜유 등록허가국(PORLA, Palm Oil Registration and Licensing Authority)
- 말레이시아 팜유 생산자협회(MPOA, Malaysian Palm Oil Association)
- 말레이시아 팜유 정제업자 협회(PORAM)
- 말레이시아 팜유연구소(PORIM, Palm Oil Research Institute of Malaysia)
- 말레이시아 팜유위원회(MPOB, Malaysian Palm Oil Board)

- 말레이시아 팜유평의회(MPOC, Malaysian Palm Oil Council)
- 메가와트전력(MWe, Megawatt electricity)
- 메가줄(MJ, Megajoule of Carbon in Land Use and Energy)
- 메소캅(Mesocarp)
- 미국 비영리 매체 식품환경보고네트워크(FERN, Food & Environment Reporting Network)
- 미국 식품의약국(FDA, U.S. Food and Drug Administration)
- 바이오매스(Biomass)
- 비정부기구(NGO, Non-Governmental Organization)
- 사임다비 플랜테이션(Sime Darby Plantation)
- 새천년도전기금(MCC, Millennium Challenge Corporation)
- 생물연료(Bio-fuel)
- 생물학적산소요구량(BOD, Biological Oxygen Demand)
- 생화학적 산소요구량(COD, Chemical Oxygen Demand)
- 세계 식량가격지수(FFPI)
- 세계기상기구(IPCC, Intergovernmental Panel on Change)
- 세계은행(World Bank)
- 세계자연기금(WWF, World Wide Fund for Nature)
- 세계환경개발위원회(WECD)
- 식품환경보고네트워크(FERN, Food & Environment Reporting Network)
- 신재생에너지 의무 할당제(RPS, Renewable Portfolio Standard)
- 아시아개발은행(ADB, Asia Development Bank)
- 압축천연가스(CNG, Compressed Natural Gas)
- 액화천연가스(LPG, Liquid Petroleum Gas)
- 에너지광물자원부(MEMR, Ministry of Energy and Mineral)
- 연평균 성장률(CAGR, Compound Annual Growth Rate)
- 염화칼륨비료(MOP, Muriate of Potash)
- 온실가스(GHG, Greenhouse Gas)
- 온실가스배출권(CER, Certified Emission Reduction Resources)

- 완효성 비료(CRF, Control Release Fertiliser)
- 용존산소(DO, Dissolved Oxygen)
- 윌마인터내셔날(Wilmar International)
- 유럽연합(EU)
- 유럽연합의 배출권 거래제 EU ETS European Union Emission
- 유엔 산하 기후변화에 관한 정부 간 패널(IPCC, Intergovernmental Panel on Climate Change)
- 유엔기후변화협약(UNFCCC, United Nations Framework Convention)
- 유엔생물다양성보호협약(UN Convention on Biological Diversity)
- 유엔식량농업기구(FAO, Food and Agriculture Organization of the United Nations)
- 인공위성 자동 위치 측정 시스템(GPS, Global Positioning Systems)
- 인도네시아 기후변화 국가위원회(DNPI, Dewan Nasional Perubahan Iklim)
- 인도네시아 친환경 팜유 정책(ISPO, Indonesian Sustainable Palm Oil)
- 인도네시아 팜유협회(IPOA, The Indonesian Palm Oil Association)..
- 자발적 탄소배출권(VER, Voluntary Emission Reduction)
- 재생에너지 기반 온실가스 감축 프로그램 사업(POA, Program of Activity)
- 저탄소 녹색성장(Green Growth)
- 정제표백탈취유(RBD Oil)
- 제로 버닝(Zero Burning)
- 지구온난화지수(GWP, Global Warming Potential)
- 지리적 정보 시스템(GIS, Geographic Information Systems)
- 지속 가능한 대두유위원회(RTRS, Round Table on Responsible Soy)
- 지속 가능한 팜유 생산을 위한 협의체(RSPO, The Roundtable on Sustainable Palm Oil)
- 천연가스차량(NGV, Natural Gas vehicle)
- 청정개발체계(CDM, Clean Development Mechanism)
- 총부유물질량(TSS, Total Suspended Solid)
- 탄소 인증 국제표준(ISCC, International Standard for Carbon Certification)
- 탄소표준(VCS, Verified Carbon Standard)
- 탈산소화(Decarbonization)

- 투자양해각서(MOU, Memorandun Of Understanding)
- 팜 화이버(Palm Fiber)
- 팜산유(PAO, Palm Acid Oil)
- 팜슬러지유(PSO, Palm Sludge Oil)
- 팜유 가공공장(CPO Mill)
- 팜유 나무 열매(FFB, Fresh Fruit Bunch)
- 팜유 나무 줄기(OPT, Oil Palm Trunk)
- 팜유 부산물(PFAD, Palm Fatty Acid Distillate)
- 팜유 빈 열매송이(EFB, Eempty Fruit Bunch)
- 팜유 원유(CPO, Crude Pail Oil)
- 팜유 유기성 퇴비(Bio Organic Compost)
- 팜유 폐액(POME, Palm-oil mill effluent)
- 팜커널(Palm Kernel)
- 팜커널밀(PKM, Palm Kernel Meal)
- 팜커널쉘(PKS, Parm Kernel Shell)
- 팜커널엑펠러(PKE, Palm Kernel Expeller)
- 팜커널케이크(PKC, Parm Kernel Cake)
- 팜커넬유(PKO, Palm Kernel Oil)
- 페레로로쉐(Ferrero Rocher)
- 합셍그룹(HapSeng Group)
- 허버트 밋포드 다비(Herbert Mitford Darby)
- 헥타르(Hectar)
- 현재 이전(BP, Before present)
- 휘발성 고형물(VSS, Volatile Suspended Solid)
- 휘발성 지방산(VFA, Volatile Fatty Acid)

팜유 나무의 일생
The Life of Palm Oil Trees

목차

들어가며	004
추천의 글	018
약어집	024
팜유나무의 일생	028

제1부_ 팜유 나무의 일생

1. 팜유 여행을 시작하며	047
2. 팜유 나무의 일생	054

제2부_ 팜유의 역사

3. 인류는 어떻게 기름을 얻었을까?	081
4. 고대 이집트인들도 팜유 사용	083
5. 팜유와 다호메이	086
6. 리버풀과 브리스톨의 노예 상인들	089
7. 동남아 시대의 개막	095
8. 윌리엄 사임과 헨리 다비	097
9. 팜유 최대 생산국 인도네시아	101
10. 팜유로 국부 일군 말레이시아	103

제3부_ 팜유의 생산과정과 식생활

11. 팜유 생산 과정	119
12. 테네라 팜유 나무	128
13. 말레이시아의 첨단 팜유 정제시설	129
14. 팜유 부산물	136
15. 팜유와 식생활	162
16. CPO와 PKO로 만든 제품	170
17. 말레이시아의 팜유 가공과 소비	190
18. 전 세계인의 식탁에서 사랑받는 팜유	193
19. 한국에서의 팜유 유통	199

제4부_ 세계 팜유산업 동향

20. 세계 식물성 유지류 생산 동향	205
21. 전 세계 팜유 생산 동향	212
22. 국가별 팜유 생산	216
23. 팜유 생산 대국 ① 말레이시아	223
24. 팜유 생산 대국 ② 인도네시아	228
25. 팜유 교역 동향- 팜유 수출	237
26. 팜유 교역 동향- 팜유 수입	244
27. 우리나라의 팜유 수입 동향	249

제5부_ Oh those myths!- 팜유에 대한 오해들

28. 팜유의 대표적 오해 세 가지 — 261

29. 팜유와 식품 안전 — 282

30. 팜유의 신비한 효능 — 294

제6부_ 팜유 산업과 지구의 미래

31. 웨더노믹스의 시대 — 317

32. 팜유 산업의 지속 가능성 — 343

33. RSPO vs RTRS — 353

34. MBC 보도에 대한 반박 — 360

35. 말레이시아, 바이오가스 설비 의무화 — 363

36. 말레이시아와 인도네시아의 공동 대응 — 367

제7부_ 팜유 산업을 선도하는 기업

37. 사임다비 — 375

38. 윌마인터내셔날 — 384

39. 합셍그룹 — 390

40. 포스코인터내셔날 — 395

41. 코린도 — 399

참고문헌 — 406

FOR HOSU & YELIN

1부

팜유 나무의 일생

1.
팜유 여행을 시작하며

세계 최대 팜유(Palm油, Palm Oil) 수출국인 인도네시아가 2022년 4월 28일부터 식용유와 식용유 원료의 수출을 전면 중단했다. 자국 내 식용유 부족과 가격 급등 문제를 해결하기 위한 조치였다. 그런데 이 사건을 따라가 보면 러시아와 우크라이나 전쟁을 발견할 수 있다.

코로나19 대유행 이후 물가 상승의 여파로 2021년 말부터 팜유 가격이 오르고 있었던 데다, 해바라기씨유 수출 1, 2위 국가인 우크라이나와 러시아가 전쟁으로 해바라기씨유를 제대로 수출할 수 없는 상황이 돼버렸다. 그러자 그 대체재인 팜유의 수요가 급증했던 것이다.

팜유 생산량 및 수출 1위 인도네시아의 상황을 보자. 팜유의 수요가 늘어나면서 가격도 덩달아 뛰어올랐다. 국제 가격이 오르자 인도네시아에선 자국 내 거래 물량이 부족할 정도로 수출이 크게 늘어나버렸다. 결국 인도네시아 정부는 자국 내 팜유 물량확보를 위해 수출 중단을 선언할 지경이 되어버렸던 것이다.

팜유에 대해 본격적으로 이야기를 하기 전에 독자 여러분에게 팜유에 대한 간단한 소개를 하고 넘어가려 한다.

팜유가 팜유 나무 열매에서 뽑아내는 기름인 만큼, 팜유 생산은 팜유 나무의 서식지인 적도 부근에 몰려 있다. 그중에서도 특히 아시아 국가들의 비율이 높다. 2019년에 생산된 8,294만 톤의 팜유 가운데 아시아에서만 88.4%인 7,331만 톤이 생산될 정도로. 그중 압도적인 생산량을 자랑하는 곳이 바로 인도네시아와 말레이시아다. 2021년 기준, 인도네시아는 전 세계 팜유 생산의 57.2%를, 말레이시아는 26.7%를 기록하고 있다.

팜유를 마트에서 볼 수 없는 이유

장을 보러 마트나 편의점에 갔을 때 우리가 쉽게 접하는 식용유는 대부분 콩으로 만든 기름일 것이다. 콩기름 외에는 올리브유, 포도씨유, 카놀라유 등이 매대를 장식하고 있을 것이다. 그런데 우리의 눈을 세계로 넓혀보면 식용유 시장에서 가장 높은 점유율을 보이는 건 놀랍게도 콩기름이 아니라 팜유다.

팜 열매는 껍질(29%), 씨앗(11%), 과육(60%)으로 구성돼 있다. 과육으로 만든 기름을 팜유 원유(CPO, Crude Palm Oil), 팜의 씨앗으로 만든 기름을 팜커널유(PKO, Palm Kernel Oil)라 하며 CPO가 식용, 식품 가공용 등으로 흔히 쓰인다.

팜유 열매로부터 최초로 짜낸 기름인 팜유(CPO). 메소캅(과육)의 색은 빨간색이다. 따라서 천연 팜유는 높은 비활동성 비타민 A의 함량 때문에 자연스레 펄프 색깔과 비슷하게 붉은색을 띤다. 팜유는 팜커널유(PKO)나 코코넛오일과는 다르다. 팜유는 요리 목적으로 코코넛오일과 혼합해 포화도가 높은 식물성 지방을 만들기도 한다. ⓒ 알리바바

유엔식량농업기구(FAO) 데이터를 보면, 2020년 전 세계에서 생산된 식물성 기름은 모두 2억 2,603톤이다. 팜유가 36.7%를 차지하고 있다. 콩기름은 33.6%로 2위를 기록하고 있다. 사실 국내에서도 팜유가 식용보다 식품 가공용으로 널리 쓰이기 때문에 식탁에서 눈에 띄지 않을 뿐, 콩기름(대두유) 보다 많이 생산되는 기름이기도 하다.

팜유의 활용 범위는 무궁무진하다. 팜유는 80%가 식용유로, 20%는 비식용 유지로 사용된다. 우선 식품부터 살펴보면, 팜유는 고온으로 가열하더라도 잘 변하지 않고 오랫동안 보관해도 산화되

지 않아 튀김요리를 만드는 기름으로 적합하다. 우리가 자주 먹는 라면과 과자를 만드는 데 팜유가 쓰인다. 마가린과 쇼트닝의 원료로도 쓰이고, 초콜릿을 만들 때에도 팜유를 사용한다. 심지어 치약, 샴푸, 립스틱에도 팜유가 들어가고, 비누와 액상 세제(물비누)에도 들어가 있다. 자연 보호를 위해 설립된 세계 최대의 환경단체인 세계자연기금(WWF, World Wide Fund for Nature)에선 우리가 슈퍼마켓에서 구매할 수 있는 제품의 절반가량은 팜유가 들어있을 것이라고 말한다.

그렇다면 인도네시아의 팜유 수출 금지가 우리나라에 미치는 영향은 얼마나 될까. 관세청 자료를 보면, 2021년 우리나라 팜유 수입 물량 중 56%를 인도네시아에서 수입했고, 나머지 44%는 말레이시아산이었다. 수입량이 상당한 만큼 적지 않은 피해가 예상된다.

다만 식품업계에서 주로 사용하는 팜유가 말레이시아산이고, 이미 보관하고 있는 식용유도 있어서 즉각적인 피해가 오진 않을 거라는 전망도 있기는 하다. 교촌, bhc, BBQ 등 이른바 치킨 메이저 3사에서도 팜유 대신 다른 기름으로 튀기고 있는 상황이다. 그러나 상황이 장기화되면 다른 식용유 값도 영향을 받을 수 있어 기업들이 신경을 곤두세우고 있다.

우크라이나의 상황이 진정되지 않는 한, 팜유 수요는 더욱 늘어날 것이다. 가격 상승세도 이어질 것이다. 이 상황에서 인도네시아와 말레이시아의 팜유 생산기업들은 더 큰 이윤을 남길 것으로 전망된다. 하지만 EU와 환경 관련 NGO 단체는 이런 상황을 탐탁지 않게 보고 있다. 그들은 예전부터 팜유 생산과 소비에 대해 부정적인 시선을 보내고 있었다. 이제 왜 그들이 팜유를 부정적으로 보는지, 그들의 주장이 왜 사실과 다른지를 이야기를 해보려고 한다.

대체 불가 식용유, 팜유

국제자연보호연맹(IUCN) 보고서에 따르면, 팜유 수요는 매해 급증하고 있으며, 2050년에는 2020년 수요량인 1억2,500만 톤 대비 2배가 급증한 2억5,000만 톤의 수요가 예상된다. 그렇다면 팜유가 '환경파괴의 주범'이라는 주장을 하는 EU와 NGO 단체들의 공세에도 불구하고, 도대체 왜 팜유는 계속해서 생산량이 늘어나고 인기가 있는 것일까.

이유는 바로 팜유를 대체할 만한 식용유가 없다는 데 있다. 1톤의 기름을 생산하는데 필요한 토지가 어느 정도인지 비교해 보자. 콩기름을 1톤 생산하려면 2헥타르의 땅이 필요하다. 카놀라유도 1톤을 생산하려면 1.25헥타르의 토지가 필요하다. 반면 팜유는 0.25헥타르면 충분하다.

이처럼 다른 식물성 기름에 비해 같은 재배 면적에서 10배 정도의 양을 생산할 수 있어 생산성이 높고 가격경쟁력이 가장 우수한 기름에 속한다. 그리고 포화지방이 많아 고온으로 가열하거나 장기 보존해도 산패되지 않아 보존성이 좋다. 이 때문에 팜유는 튀김요리를 만드는 기름으로 매우 적합하다.

　팜유를 생산할 때 토지를 적게 사용한다는 점이 생산하는 입장에서 돈이 덜 든다는 장점도 있지만 환경 측면에서도 긍정적인 부분이 있다. 만일 팜유의 환경파괴를 막기 위해 팜유 대신 콩기름으로 생산을 바꾼다면 어떻게 될까? 팜유를 생산하는 데 필요한 토지의 8배가 더 필요하게 될 것이므로 오히려 환경에 악영향을 미칠 수 있다.

　IUCN도 식물성 기름에 대한 수요가 줄지 않는 한 팜유를 대체할 식용유가 없다고 인정했다. 일례로 유지제품을 생산하는 다국적기업 유니레버(Unilever)는 버터에 포함된 포화지방이 심장병의 주요 원인임을 파악하고 마가린으로 대체했었다. 그러나 마가린에서 포화지방보다 더 해로운 트랜스 지방이 발견됨에 따라 버터보다 포화지방 함량이 낮고 트랜스지방은 생성하지 않는 팜유를 모든 공정에 적용하기 시작했다. 그 결과, 오늘날 유럽과 미국의 가공식품 선도업체로 부상했다.

지속 성장하는 팜유 산업

　1970년 불과 200만 톤에 불과했던 세계 팜유 생산량이 2021년 현재 약 8,000만 톤 이상 기하급수적으로 전례 없는 성장을 하고 있다. 세계 식물성 기름의 40%가량을 차지하고 있고, 이를 시장 가치 기준으로 따지면 약 324억 달러(2020년, FAO 통계) 수준이라고 한다. 이렇게 급격하게 성장한 배경에는 팜유가 식용유 이외에 제약, 사료 미용, 의료용 등 인간의 영양(營養)에서 바이오 에너지 기술, 더 나아가 탄소 중립에까지 고효율의 자원으로 각광받기 때문이다. 이런 팜유의 세계적인 지배의 배경에는 무슨 이유가 있을까?

▲팜유 나무는 튼튼하다. 해충이나 잡초에 강한 저항성을 가지고 있다. ▲ 파인애플이나 바나나처럼 환금성 있는 교차 재배가 가능하고, ▲3년이 지나면 첫 열매가 열리고 일 년 내내 수확이 가능해 수익성이 높고, ▲ 대부분 열대 지방에서 재배가 가능하기에 충분한 강우 조건이라 관개(灌漑)가 거의 필요가 없기 때문이다.

그럼 어떤 기후 조건에서 팜유 나무 재배가 이루어질까? 팜유 나무는 일 년 내내 충분한 강수량이 있는 안정적이고 더운 지역에서 가장 잘 자란다고 한다. 그래서 팜유 주요 생산국들은 모두 적도상에 위치하고 있다. 팜유 재배를 위한 최적온도는 섭씨 30~32도(86~90F)로, 적어도 연간 80일 이상은 보장돼야 한다. 섭씨 20도(68F) 이하나 40도(104F) 이상이 되면 수확량이 확연하게 떨어진다. 하루 5~6시간의 일조량과 75~100% 습도가 보장돼야 한다. 그리고 연간 2,500~4,000mm 강우량이 일 년 내내 균등하게 내리는 지역이 최고의 생산량을 기록할 수 있는 최적지다. 인도네시아나 말레이시아가 여기에 거의 해당이 된다. 전 세계 생산량의 85% 이상을 차지하는 이유가 여기에 있다.

2.
팜유 나무의 일생

본격적으로 팜유 나무의 일생에 대해 알아보자. 팜유 나무는 평균 3년 이상 지나야 첫 수확이 나오기 때문에 환금성이 좋은 단기 작물은 아니다. 필자는 팜유 산업에 대한 강의나 토론이 있을 때마다 팜유 나무는 생로병사(生老病死)를 겪는 사람의 일생과 비슷하다고 말한다.

그럼 팜유 씨앗부터 살펴보자. 팜유 씨앗은 전 세계에 3가지 종류가 있다. 팜유 나무는 기름야자 나무인 엘라에이스 귀닌시스(Elaeis Guineensis)로 대표되는데, 이는 종려나무과인 아레카케아이(Arecaceae)에 속해 있다. 서아프리카에서 유래된 엘라에이스 속(Genus)으로, 2~8mm의 두꺼운 껍질을 갖고 있는 두라(Dura), 그리고 껍질이 없는 피시페라(Pisifera)와 이 두 가지를 교잡한 테네라(Tenera)가 있다. 이 테네라가 얇은 껍질(shell)과 가장 고급 기름을 포함한 큰 사이즈의 알맹이(kernel)을 갖고 있어 지금 전 세계에 가장 많이 상용되고 있는 씨앗이다. 팜유 씨앗은 생산국마다 엄격히

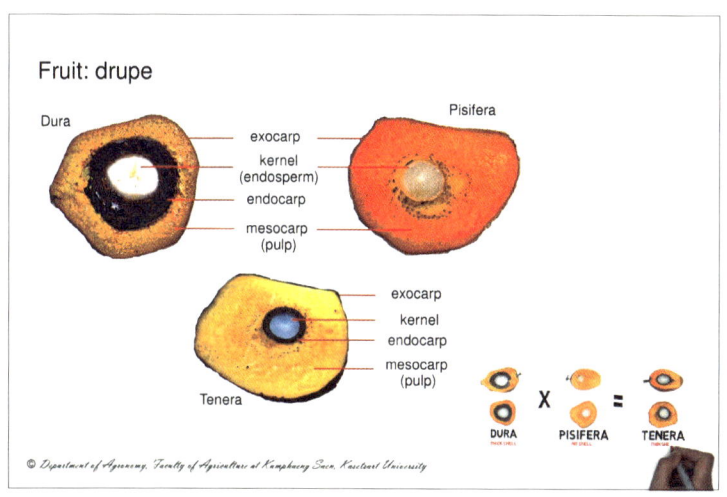

두라(Dura)와 피시페라(Pisifera)를 교잡한 테네라(Tenera)는 껍질이 얇고 알맹이가 커 전 세계 팜유농장에서 가장 인기가 있는 품종이다.

통제하고 관리되고 있다.

    팜유 나무는 섭씨 약 40도 되는 온실에서 90~100일 정도 건조시키고 4일에서 5일 동안 매일 물을 갈아주고 담그면(발아 사진 참조), 약 12일이 지나면 씨앗이 발아한다. 발아 과정을 잘 지키지 않으면 수 년 후에 발아가 되니 엄격한 발아 과정을 준수해야 한다.

    발아가 되고 나면 영양가 가득한 흙이 담긴 작은 검정 폴리에틸렌 백에 옮겨심어 잎이 날 때까지 3개월가량 키우며 이후 1년간 묘목장에서 키운다(사진 참조). 1년 정도가 지나면 15~20개 정도의 건강한 푸른 잎이 나오고, 또 1미터 이상의 훌륭한 팜유 나무 묘목으로 자라게 된다.

1부_ 팜유 나무의 일생   055

팜유 나무 씨앗이 묘목장에서 발아하고 있다. ⓒ MPOB

묘목장에서 자라고 있는 팜유 나무 묘목들. ⓒ MPOB

필드 플랜팅 준비 단계로 충분한 뿌리 발육을 위해 땅을 1미터 정도 판다. 1년생 묘목들은 잘 정비된 팜유 농장에 이식한다. ⓒ MPOB

    1년간 성장한 팜유 나무는 폴리에틸렌 백에서 탈출시켜야 한다. 약 2년여간 유년기가 시작되는 순간이다. 팜유 나무의 유년기가 시작되는 현장은 유기물이 풍부하고 잡초가 없는 잘 정비된 개활 지역이어야 한다. 최적의 이식 타이밍은 비가 충분히 내리는 시기다. 이는 비가 적게 오는 건기 전에 충분히 뿌리가 내릴 수 있게 만드는 것이다. 이식 후 약 2년이 지나면 본격적으로 팜유 열매가 열리면서 청장년기가 시작된다. 최근에는 여러 연구와 기술의 발달로 첫 팜유 열매 열리는 기간이 짧아지고 있다고 한다.

    22~25년간 사람의 중장년기처럼 팜유 열매는 일 년 내내 열

리게 된다. 팜유 나무가 황혼기에 들어가는 25년 이후부터는 급격히 수확량이 줄어 많은 유산을 남기고 장렬하게 생을 마감하게 된다. 팜유 나무는 죽어서도 가구용 목재로 사용된다. 반면, 야생에서 자라는 200여 년 이상의 팜유 나무는 키가 크지만 수확량도 현저히 떨어지고 또 팜유 열매를 수확하기 어려워 사실상 상용으로는 적합하지 않다.

석유처럼 팜유 나무는 정말 버릴 것이 하나도 없다. 심지어 폐수로 분류되는 POME조차도 또 다른 정제 과정을 거쳐 전기를 생산하고 심지어 수소나 바이오 에탄올 등의 재생에너지로도 산업계 전반에 널리 사용된다.

① 팜유 씨앗

팜유 씨앗(Palm oil seed)에는 2~8mm의 두꺼운 껍질을 가지고 있는 두라 그리고 껍질이 없는 피시페라 그리고 이 두 가지를 합친 하이브리드 형태의 테네라가 있다. 이 테네라 품종이 팜유와 팜핵유 기름의 최상의 조합으로 수확량이 많아 제일 많이 사용이 되고 있는 품종이다.

인도네시아와 말레이시아가 세계 최대의 팜유 생산국가인 만큼, 팜유 씨앗 또한 동남아산 팜유 씨앗이 주종을 이룬다. 대표적으로 'Felda Yangambi DxP', 'Sime Darby Calix 600 DxP' 등이 있으며 최근 거래 씨앗 가격은 통상 미화 1달러 이상으로 거래되고 있다.

팜유 나무의 암술(왼쪽)과 수술 사진.

②묘목장

팜유 나무 씨앗을 약 1년 정도 묘목장(nursery)에서 키운다. 약 3개월가량을 예비 묘목장 단계(Pre Nursery)라고 해 발아시키고 9개월가량은 본 묘목장(Main Nursery)으로 옮겨 지극정성을 다한 관리로 키우게 된다. 대규모 농장을 제외하고는 자체적인 묘목장이 없어서 전문적으로 묘목을 키워 판매하는 업체도 많다. 팜유 나무 한 그루당 약 30링깃(약 1만 원)에 판매되고 있다.

사임다비 직원이 암술에서 딱정벌레를 이용해 수술하는 방법을 보여주고 있다. ⓒ Everchem

③ 필드 플랜팅

묘목장에서 잘 관리되고 재배된 1년생 팜유 나무는 필드 플랜팅(Field Planting)을 통해 잘 정비된 야외 팜유 농장으로 옮겨져 청소년기의 삶을 시작하게 된다. 이때부터는 식욕(?)도 왕성해져서 제법 많은 양의 비료를 필요로 한다. 팜유 나무는 열대작물임으로 가장 최적의 온도는 섭씨 30~32도로, 섭씨 20도 이하나 40도 이상에서는 수확량이 현저히 떨어지면서 사실상 재배가 어렵다.

일조량은 하루 약 5~6시간 이상의 일조량, 그리고 습도는 75~100%가 적합하다. 동남아 중에서도 왜 유독 말레이시아와 인도네시아에 팜유 농장이 많은지 그 이유를 알게 하는 대목이다. 적합한 연간 강수량은 2500~4000mm로, 강수량이 적은 경우엔 관개 작업을 하기도 한다.

미얀마의 남부에 위치한 보핀(Bokpyn) 지방 팜유 농장의 경우, 강수량이 부족해 대규모 관개 작업을 통해 충분한 수분을 공급해 팜유 나무의 스트레스를 줄여주고 있다. 팜유 나무를 식재하기에 적합한 토지는 충분한 뿌리 발육을 위해 약 1미터 이상의 깊이로 땅을 파야 한다. 유기질이 풍부하고 산도(PH) 4~8 정도여야 하고, 습기가 충분한 토지가 최상의 필드 플랜팅 후보지인 것이다.

④ 수분 과정

팜유 나무의 열매가 열리기 위해선 다른 식물과 마찬가지로 수분(受粉, pollination)이라는 과정이 꼭 필요하다. 수분은 종자식물에서 수술의 화분(花粉)이 암술머리에 옮겨붙는 일로, 바람·곤충·새, 또는 사람의 손에 의해 이뤄진다.

한여름 한적한 숲길을 걷다 보면, 머리 위로 산제비나비가 신선처럼 유유히 날아 지나간다. 풀숲이나 키 작은 관목의 꽃에는 호랑꽃무지와 꽃하늘소들이 머리를 박고 정신없이 꽃가루를 먹어댄다. 길옆의 상수리나무의 몸통에는 수액이 흘러나오며 말벌, 고려나무쑤시기 등이 좋은 자리를 차지하려고 경쟁을 벌인다. 마침 나무껍질 속으로 뚫린 구멍에서 몸을 내밀었던 넓적사슴벌레가 인기척을 느끼고는 황급히 몸을 숨긴다. 숲속을 좀 더 자세히 들여다보면 만날 수 있는 곤충의 모습들이다. 학자들은 지구상에 존재하는 곤충은 500만 종 이상일 것으로 추정하고 있다.

　식물 종수의 70% 정도는 곤충이 꽃가루받이를 해주어야 새로운 식물이 태어날 수 있다고 한다. 지구상에서 꽃 피는 식물이 약 1억5000년 전에 나타나기 시작했다고 하는데, 바로 그 시기부터 곤충과 맺어온 공생의 관계라고 할 수 있다. 각각의 식물의 종마다 꽃의 생김새가 다르고, 꽃 피는 시기가 다르지만, 그것에 맞춘 곤충들이 분화하기 시작했다. 곤충의 종수가 지금처럼 엄청난 수로 늘어나는 데 숲이 기여한 셈이다.

　팜유 나무의 경우도 마찬가지다. 처음에는 수술만 있다가 동일한 팜유 나무에 수개월 후에 암술이 생긴다. 모두 수상꽃차례(spike·한 개의 긴 꽃대 둘레에 여러 개의 꽃이 이삭 모양으로 피는 화서, 즉 꽃이 줄기나 가지에 붙어 있는 상태를 이른다) 형식으로 존재한다. 수술이 사람의 손이나 곤충의 힘을 빌려 이루어지면 수정된 암술은 한 송이의 과실(cluster of fruit)로 변한다.

　팜유 나무 열매는 수술에서 암술로 바람이나 곤충에 의해 수분이 이뤄지며, 통상 2년 후부터 팜유 열매가 열린다. 물론 유전적 요인과 기후환경으로 인해 팜유 나무 중 일부는 수술이나 암술만 존재하기 때문에 팜유 열매를 맺지 못하기도 한다.

　수술(male inflorescence)과 암술(female inflorescence)의 성별 비율은 팜유 나무의 꽃 중에서 암술의 비율로 정의된다. 말레이시아와 인도네시아처럼 일년 내내 강우량이 많은 지역에서는 팜유나무의 성비(性比)가 일 년 내내 일정한 경향이 있다. 서아프리카와 같이 현저하게 건조한 지역에서는 성비가 광범위하게 변동하는 경향을 띤다. 수술 개화가 많이 이뤄지는, 가장 낮은 성비의 기간은 장마철에 발생하며, 이러한 특징은 대기 습도가 높기 때문에 공기 중 꽃가루 밀도의 감소에 대한 적응이라고 학계에서는 보고 있다.

팜유 나무의 수분 과정에 대해 살펴보자. 팜유 나무의 수분은 주로 바람과 곤충에 의해 이뤄진다. 수많은 곤충들이 팜유 나무의 수분에 간여하지만, 그중에서 바구미(일명 딱정벌레)가 가장 많이 팜유 나무의 수분에 간여한다.

말레이시아와 인도네시아의 팜유 나무 농장에서는 처음엔 사람의 손을 통해 팜유 나무의 수분을 해왔다. 그러다가, 아프리카에서 곤충을 수입한 이후, 팜유 열매의 수확이 급증했다고 한다. 그중 하나가 바로 바구미인 것이다. 이 바구미는 1981년부터 아프리카 카메룬에서 수입돼 말레이시아와 인도네시아 농장에 뿌려졌다. 바구미는 장마철에도 활동력이 뛰어나고 팜유 나무에 대한 기호가 높은 데다, 꽃가루를 많이 운반한다.

⑤ 비료

팜유 나무를 잘 생육시키려면 팜유 나무에 적당한 시기에 양질의 비료를 시비해야 한다. 비료를 적게 주거나 병해충 등에 의해

노동력 부족으로 완효성 비료를 주는 팜유농장이 늘고 있다. 필드 플랜팅하기 전의 팜유 나무 1년생. 에버켐의 '에버맥스' 완효성 비료를 준다. ⓒ Everchem

산출고가 오르락내리락하기 때문이다. 전 세계 비료의 물동량은 약 2억 톤이다. 아시아 시장이 세계 전체의 35%를 차지한다. 중국, 인도, 인도네시아, 베트남, 태국, 말레이시아 순으로 대규모의 비료를 소비하고 있다.

특히 말레이시아와 인도네시아는 팜유 나무에 많은 양의 비료가 투입되고 있다. 팜유 산업에서 비료가 차지하는 비중은 상당하다. 연간 1헥타르당 1톤 이상의 비료가 투입되기 때문에 비료에 투입되는 비용은 팜유 원가의 50~60% 이상을 차지한다고 한다. 더군다나 2~3개월 이상 적당량의 비료를 주지 않으면 2~3년 후의 팜유

팜유 나무에 기생하는 해충들. ⓒ MPOB

나무 열매 수확량에 지대한 영향을 미치는 것으로 알려져 있다.

    그런데 최근 러시아의 우크라이나 침공으로 인한 비료 수급 차질로 팜유 농장마다 비상이 걸렸다. 물론 팜유 가격도 2배 이상 올랐지만, 비료 가격도 이보다 더 올랐기 때문이다. 여기다 코로나 팬데믹으로 인한 노동력 부족과 운송비용 등 운영 비용의 지출이 크게 늘어나면서 팜유 관련 기업들은 울상이다. 통상적으로 팜유 나무 한 그루당 연간 12킬로그램 정도의 비료를 준다.

    통상 1헥타르당 135그루의 팜유 나무를 심는다. 그러면 1헥타르당 1.62톤 정도의 비료가 필요하다. 일반적으로 1년에 5~6차례 시

팜유 나뭇잎을 갉아먹고 있는 애벌레처럼 보이는 해충들. 뿌리와 잎에 기생하면서 팜유 나무를 병들게 한다. 초기에 방제하지 않으면 팜유 농사를 전부 망칠 정도로 심각하다. 최근엔 해충까지 제거하는 비료가 개발되고 있다. ⓒ MPOB

비를 한다. 1인 노동자가 하루에 시비할 수 있는 면적은 약 3헥타르(약 1만 평) 정도다. 만약 1만 헥타르를 소유한 팜유 농장이라면 약 62명의 노동자가 필요하다. 노동자 1인당 월 급여를 약 50만 원 정도로 가정하면, 1헥타르당 노동비용은 3만3,000원 정도가 될 것이다.

반면 1년에 단 2차례 시비하는 비료도 있다. '주식회사 조비'가 생산하고 필자가 운영하는 에버켐이 팜유 농장에 독점적으로 판매하는 '에버맥스' 완효성(緩效性) 비료가 그것이다. 270일 완효성 요소에 일반 복합비료를 섞은 형태의 비료다. 일반 비료와는 달리 인건비가 60% 이상 절감되는 효과를 가져오는 데다, 비료 사용을 줄일 수 있어 비용 절감이 기대된다. 그리고 일반 비료를 사용할 때보다 30% 이상의 수확량 증가를 기대할 수 있다. 10여 년 전부터 지금까지 많은 팜유 농장에서 '러브콜'을 받고 있는 비료다.

이와 함께 팜유 나무에도 소나무 재선충병처럼 적기에 예방하지 않으면 안 되는 치명적인 병이 있다. 예를 들면 곰팡이(Ganoderma Boninense)에 의해 야기되는 기저줄기 썩음(Basal Stem Rot)은 팜유 나무의 주요 질병 중 하나이다. 증상으로는 프란드(Fronds·팜유 나무의 길게 갈라진 잎)가 얼룩덜룩하게 노랗게 변색되며 괴사(壞死)가 이뤄진다.

실질적으로 이 질병에 걸린 팜유 나무는 팜유 수확량을 현저히 감소시킨다. 2010년 초에 말레이시아팜유위원회(MPOB, Malaysian Palm Oil Board)가 조사한 자료에 의하면 말레이시아 반도, 사바 및 사라왁을 포함한 말레이시아의 기저줄기 썩음에 걸린 발병률은 3.71%라고 하며 해당 면적은 5만9,148헥타르라고 한다.

소나무 재선충병의 치유 방법은 무엇일까. 현재로서는 잘라내고 격리시키는 방법밖에는 없다.

팜유 나무는 무엇인가 방법이 있을 것이다. 여기에서 자세히 밝힐 수는 없지만, 에버켐은 MPOB에서 인가한 제품을 바탕으로 말레이시아 최대의 복합 비료 제조 회사인 '헥스타'사와 함께 한국에서 생산된 비료를 원료로 해 현재 여러 가지 테스트를 진행 중이다. 실제로 현지 프트라말레이시아대학교(UPM, Universiti Putra

어린 팜유 나무에 완효성 비료를 약 5그램 정도 주고 있다.

3개월 된 팜유 묘목을 9개월 동안 성장할 수 있게 더 큰 폴리백으로 옮기는 작업 광경. 이때 9개월짜리 완효성 비료를 약 300그램 준다.

1년 동안 자란 팜유 나무를 플랜테이션으로 옮겨 심는다. 이로부터 1년 반에서 2년이 지나면 팜유 열매(Fresh Fruit Bunch)를 25년간 수확하게 된다.

이식이 완료된 1년생 팜유 나무. 빠른 성장과 튼튼한 발육을 위해 팜유 전문가나 비료 공급자들은 질소(N)과 인산(P) 성분이 높은 복합 비료 '15/15/6'과 인광석을 연간 헥타르당 1톤 이상 시비하라고 추천하고 있다
ⓒ Everchem

Malaysia)에서 이러한 종류의 비료가 기저줄기 썩음 질병을 방지하는 데 큰 도움이 된다고 하는 연구 결과도 나온 바 있다. 테스트 결과가 양호하게 나온다면, 연간 300억 원 이상의 매출 증대로 이어져 또 다른 캐시카우(현금줄)가 될 것이라고 예상한다.

한편, 최근 들어 말레이시아와 인도네시아 팜유 농장에도 정보통신(IT) 기술을 활용해 보다 효율적으로 팜유 농장을 관리하는 체계가 도입되고 있다. 예를 들면, 인공위성 자동 위치 측정 시스템(GPS, Global Positioning Systems)과 지리적 정보 시스템(GIS, Geographic Information Systems)을 활용해 팜유 농장 현장 정보를 수집하고 이를 IT 기술을 통해 관리하는 것이다.

현재 국가 산업의 경쟁력은 디지털 경제 전환 속도에 좌우된다고 한다. 이로 인해 로봇 자동화 도입률이 높은 기존의 자동차, 전자산업뿐만 아니라 전통적이고 보수적인 생산방식을 고수하는 산업에 대한 로봇 활용의 필요성이 증대되고 있다.

건설, 철강, 식품, 농업 등 이러한 산업군은 비표준화된 생산방식에 따른 인력 의존도가 높아 전반적으로 생산성이 낮고, 열악한 작업환경으로 인해 안전사고율 또한 매우 높은 편이다. 이러한 산업이야말로 로봇 자동화 도입에 대한 시급성이 더욱더 요구되는 상황이다.

최근 전통적인 농업 분야에도 로봇을 활용한 자동화 생산방식에 대한 검토가 활발히 이루어지고 있다. 2022년 미국 거대 농업

6~7년 차 정도 되는 성숙한 팜유 나무(왼쪽). 25년생이 넘은 팜유 나무(오른쪽). 성숙한 팜유나무는 가지(prond)가 무성하게 사방으로 펼쳐졌지만, 늙은 나무는 가지가 앙상하다. ⓒ MPOB

기계 제조업체인 존디어가 거스오토메이션과 자동화솔루션 개발을 위한 합작법인을 설립했고, 국내 현대자동차그룹도 현대로템과 함께 농업 자동화 로봇 등을 개발하고 있다. 당사 또한 열악한 건설, 철강 생산 분야에 특화된 로봇자동화 설루션을 개발하여 관련 기업에 공급하고 있으며, 바이오, 농업 등의 분야에도 관련 업체들과 개발을 모색하고 있다.

팜유는 식품, 화장품, 화학, 바이오디젤, 제약 등 소비재 원료 또는 산업용 유지로 널리 사용되고 있다. 전 세계 팜유 생산량은 지난 10여 년 간 2배 이상 증가했고, 지속적으로 수요가 증가할 것

팜유 산업에도 4차산업 혁명시대를 맞아 로봇 자동화 바람이 불고 있다. 팜유 농장에서 드론으로 농장을 관리하고(왼쪽) 농약 살포기를 이용해 팜유 나무 주변에 제초제를 준다(오른쪽). ⓒ Everchem

으로 전망하고 있다. 향후 밝은 전망의 팜유 산업이지만 관련업계는 생산량 대비 낮은 생산성 및 강제노동, 아동 착취 등 노동인권 문제 등 해결해야 할 숙제들을 안고 있다. 향후 팜유 산업이야말로 성장한 규모 및 디지털 경제 전환속도에 발맞추어 더욱더 적극적으로 로봇 자동화를 도입해야 할 산업이다.

스마트팩토리 로봇자동화 솔루션 전문기업 로보콘(대표 반창완)은 최근 말레이시아의 대표적 팜유 생산 그룹인 사임다비와 농장 관리용 로봇을 공급하기 위한 MOU(투자양해각서)를 체결했다. 로보콘은 지난해 설립, 철강·건설 분야에 특화된 스마트팩토리 로봇

자동화 설루션을 공급하고 있다. 제강, 건설, 스마트 팩토리 출신의 전문 연구인력들과 해외 유명 로봇·설비공급 업체와 협업하고 있다.

    로보콘은 2021년 9월 머스트자산운용, 신한금융투자, 무림캐피탈 등으로부터 총 100억 원 규모의 시리즈A 투자를 받았기도 했다. 특히 철근 가공분야 로봇 자동화 설루션인 'ARON(아론)'은 싱가포르와 영국에 수출했고, 현재 대만 제강그룹사, 이탈리아 대형 건축자재 유통기업 등과 설루션 공급 협의를 진행하고 있다. 로보콘의 말레이시아 팜유 산업 진출은 우리나라 로봇과 드론 기업들의 진출에 교두보 역할을 할 전망이다.

⑥ 성숙한 나무

    팜유 나무는 식재 후 2~3년이 지나 성숙한 나무(Matured Tree)가 되면 팜유 열매의 수확이 가능하다. 대개 수령이 6~18년의 경우에 가장 팜유 열매가 많이 달린다.

⑦ FFB와 수확

    팜유 나무는 이식 이후 2년 정도가 지나면 FFB(Fresh Fruit Bunch)가 열리기 시작한다. 학계에서는 팜유 나무의 종류를 2가지로 본다. 하나는 앙골라와 감비아 사이의 서아프리카 지역에서 자생한 아프리카 팜유 나무(Elaeis guineensis)다. 또 다른 하나는 남아메리카의 열대지역에서 자생한 아메리카 팜유 나무(Elaeis

한 눈에 보는 8년생 팜유 나무	
종 (種)	Elaeis Guineenisis (아프리카 팜유 나무)
원산지	아프리카
품종 (品種)	테네라 (Tenera)
나무 높이	2.3미터
묘목장 생육 기간	24개월
수확 간격	15일
Fresh Fruit Bunch 무게	190kg
Bunch의 개수	19
평균 Bunch 무게	10kg
Bunch 당 열매 개수	1,000개
열매당 Kernel 비율	7%
열매당 과육(메소캅) 비율	83%
과육당 팜유 비율	75%
Bunch당 팜유 비율	22%
연간 팜유 생산량	42.5%
Bunch당 Kernel 비율	4%
연간 Kernel 생산량	8kg
식재 밀도	헥타아르당 148그루
경제 수명	25년

8년생 팜유 나무의 생산능력 조견표(Facts At a Glance Of An 8-Year Old Oil Palm Tree).
ⓒ Everchem

oleifera)이다. 팜유 나무는 아프리카와 적도 아프리카에서 자라왔던 야생식물인 것이다.

  FFB는 개당 10~40kg 정도의 무게를 지닌 클러스터 형태로 열린다. FFB는 기름이 풍부한 과피(果皮, pericarp)와 씨앗인 팜 핵(核, kernel)으로 구성돼 있고 수백 개의 작은 열매로 구성돼 있다.

팜유 나무에서 열린 팜유 열매인 FFB. 1개의 FFB에는 보통 수백 개의 작은 열매가 달린다. 사진. 중앙은 작은 열매를 절개한 사진인데, 흰색은 PKO의 원료인 팜커널, 외피에 해당하는 과피에서는 CPO가 나온다. ⓒ Everchem

팜유 나무에서 열린 팜유 열매인 FFB. 숙성한 열매는 빨간색이고, 익지 않는 열매는 보라색을 띤다. ⓒ Everchem

FFB의 무게는 최고 50kg 수준까지 이른다. 그런데 그 FFB에 달린 열매들이 동시에 익지 않아 처음 익은 열매와 맨 나중에 익은 열매까지의 기간은 보통 18~20일의 간격을 보인다. 수확하는 즉시 일정한 시간이 지나면 열매를 맺는 신기한 작물이다. 첫 수정(受精) 이후 팜유 열매가 성숙과가 되기까지 약 6개월 이상 소요된다. 1헥타르당 팜유 나무에서 연간 약 20~30톤의 FFB를 수확한다. 헥타르당 평균 2.2톤의 CPO와 160kg의 PKO가 생산되는 것이다.

고품질의 팜유를 얻기 위해서는 잘 익은 팜유 열매인 FFB를 10~15일 간격으로 수확하는 것이 바람직하다. 그리고 FFB를 수확한 후에 CPO Mill(팜유 가공공장)으로 수송하는 과정에서 FFB가 상처를 입지 않도록 유의해야 한다.

팜유 나무 FFB 수확은 팜유 나무의 높이에 따라 끌이나 낫 또는 도끼 등을 이용해 팜유 나무에서 FFB를 절단해 수확한다. 이 수확 작업은 농장 인부들이 육안으로 잘 익은 FFB를 분간해 수확해야 하기 때문에 기계화가 불가능하다. 인부들이 FFB를 수확을 할 때면 FFB 뭉치에서 일부 잘 익은 열매들이 땅에 떨어진다. 이럴 경우 인부들은 FFB 수확 적기라고 판단하고 수확 작업에 들어간다.

FFB의 줄기를 절단해 수확하는데, 절단된 FFB는 수작업으로 트럭이 다니는 도로가에 운반해 놓는다. 트럭이 농장 내의 일직선으로 난 도로를 순환하면서 수확된 FFB를 수집해 가공공장으로 운반한다. 그래서 팜유 농장을 비행기에서 내려다보면 바둑판처

25년생이 넘은 늙은 팜유 나무를 베어내고 어린 팜유 나무로 리플랜팅을 했다. ⓒ MPOB

럼 사방이 잘 정리가 되어 있어 보인다. 무거운 FFB를 이송시키기 편하게 소형 트럭이나 특수 차량이 팜유 농장 안까지 들어가게 길을 잘 정비한 것이다. 최근에는 FFB 수확을 편하게 할 수 있는 여러 종류의 절단기가 개발돼 FFB 수확 능률을 높이고 있다.

⑧ 리플랜팅

그리고 식재 이후 25~30년이 지나면 팜유 나무의 키가 20미터 이상 자라 관리가 힘들어지는 데다 수확량이 떨어진다. 이때 기존의 늙은 팜유 나무들을 베어버리고 새로 심어야 한다. 그렇기 때문에 식재농업을 상대적으로 오래전부터 시작한 말레이시아와 인도네시아의 경우, 2000년대부터 수령이 오래된 팜유 나무들을 새로 심어나가는 리플랜팅(Replanting) 작업을 하고 있다.

2부

팜유의 역사

3.
인류는 어떻게 기름을 얻었을까?

인간이 살아가는 데 꼭 필요한 3대 영양소, 탄수화물, 단백질, 지방 가운데 인류는 기름이라고 불리는 지방을 어떻게 확보했을까? 팜유의 역사를 거슬러 올라가면 BP(방사성 탄소 연대 측정법에 의거해 1950년을 기준으로 역산한 고고학의 연대) 1억2000만년 전, 남아메리카 대륙이 아프리카 대륙에서 떨어져 나간 즈음인 백악기 암석에 팜유를 사용했던 흔적이 보인다고 기록돼 있다.

1500만 년 전(BP) 나이지리아의 중신세(Miocene)의 팜유(Elaeis guineensis)의 화석 꽃가루에서 그 모습을 구체적으로 드러냈다. 팜유 나무는 아프리카와 적도 아프리카(Equatorial Africa)에서 자라왔던 야생식물이며, 수천 년 동안 인간의 식품과 에너지 자원으로 사용되어 왔다.

팜유의 가장 오랜 사용 역사는 기원전으로 거슬러 올라간다 그리고, 약 2500년 전 건조한 시기에 서아프리카와 중앙아프리카 전역에 걸쳐 원시 팜유 나무 숲이 폭발적인 확장을 해나갔고, 인간

팜유는 서기 5000년 전 서아프리카 지방에서 식용으로 사용했다는 기록이 나온다. 팜유 열매에서 처음 착유하면 붉은색을 띤다.

은 종자 분산과 개간 과정에서 사용되는 '슬래시 앤 번'(Slash-and-Burn, 숲에 불을 질러 경작지를 확보하는 것) 방식으로 팜유 나무 전파를 촉진했다.

고고학적 증거에 따르면, 팜유 열매와 기름은 이미 5000년 전에 서아프리카 식단의 필수적인 부분을 형성해 왔다고 한다.

4.
고대 이집트인들도 팜유 사용

　고대의 이집트인들도 아프리카인들처럼 옛날부터 팜유를 사용했었다. 이러한 사실은 1800년대 후반 발견된 BC 5000년 경 고대 이집트 도시 아비도스(Abydos)의 무덤 속 질그릇 항아리에 엄청난 양의 팜유가 남아 있는 것에 의해 증명됐다. 아랍 무역인들이 이집트로 들여온 것으로 추정된다고 한다.

　팜유 나무의 종류에 대해 2가지 학설이 있다. 하나는 앙골라와 감비아 사이의 서아프리카 지역에서 자생한 아프리카 팜유 나무(Elaeis guineensis)다.

　아프리카 대륙의 가장 서쪽에 위치한 곳으로서 유엔에서는 베냉(Benin), 부르키나파소(Burkina Faso), 코트디부와르(Cote d'Ivoire), 카보베르데(Cape Verde). 감비아(The Gambia), 가나(Ghana), 기니아(Guinea), 기니비사우(Guinea-Bissau), 라이베리아(Liberia), 말리(Mali), 모리타니(Mauritania), 니제르(Niger), 나이지리아(Nigeria), 세네갈(Senegal) 등의 500만km^2 지역에 위치한 16개

아프리카 코트디브와르에서 주민들이 팜유 열매에서 팜유를 채유하고 있다.

국을 의미한다. 서아프리카인들은 이미 1500만 년 전부터 팜유를 사용한 것으로 학계에 보고되고 있다(Corley 1976).

또 다른 하나는 남아메리카의 열대지역에서 자생한 아메리카 팜유 나무(Elaeis oleifera)이다. 주로 브라질 쪽에서 다양한 품종의 팜유 나무가 발견이 되고 있고, 또 서아프리카인들이 주로 카사바와 팜유를 같이 먹는 식습관이 있는데, 이러한 식습관이 브라질에서 먼저 시작되었기 때문에 아메리카 팜유나무가 남미에서 먼저 시작해 서아프리카로 전달되었다고 주장하는 이들도 있다.

또 독일의 기상학자인 알프레프 베게너(Alfred Wegener· 1880~1930)가 제창한 대륙이동설(Continental drift theory)에 따라

원래 두 가지 종류의 팜유 나무가 존재했으나, 1억 2000만 년 전에 일어난 대륙이동으로 인해 진화하였을 경우를 주장하고 있다. 그러나 유감스럽게도 아메리카 팜유 나무는 아프리카 대륙에서는 발견이 되지 않아 학계에서는 통상적으로 팜유 나무를 설명을 할 때 서아프리카산(Elaeis Guineensis)을 말한다.

    유럽에는 15세기에 팜유가 소개됐다고 알려졌다. 15세기 중반 서아프리카로 향한 유럽 여행객들이 요리에 팜유를 사용했다는 기록이 발견됐다. 16세기와 17세기의 '붉은 팜유'는 카라반과 대서양 노예무역 네트워크 발전에 중요한 아이템이 됐다.

5.
팜유와 다호메이

팜유 나무의 역사를 이야기할 때 '다호메이(Dahomey)'란 지명을 빼놓을 수 없다. 다호메이 왕국은 지금의 아프리카 베냉 남부 해안지대에 위치한 왕국이었다. 17세기 초에서 19세기말까지 존재했다. 당시 포르투갈인들이 아메리카 신대륙에서 필요한 노예를 확보하기 위해 이 지역으로 들어왔으며, 다호메이 왕국이 많은 노예를 공급하였기 때문에 이 지역은 곧 '노예해안'으로 알려졌다.

1818년 왕이 된 게조(Gezo)는 '다호메이 아마존(Dahomey Amazons)'으로 알려진 여성 전사 중심의 강력한 군대를 조직, 국내 질서를 회복해 서아프리카에서 강력한 왕국을 만들었다. 그는 노예무역만으로는 국가의 번영을 누릴 수 없다고 판단하고 농업을 일으켰다. 기니만에 면한 산림과 사바나 일대는 많은 강우량으로 농경재배에 천혜를 입은 땅이었던 것이다.

그는 코코넛과 야자수를 해안지역을 따라 심게 하고, 한편으로는 왕실 팜유 나무 농장을 운영했다. 그리고 팜유 나무에서 추

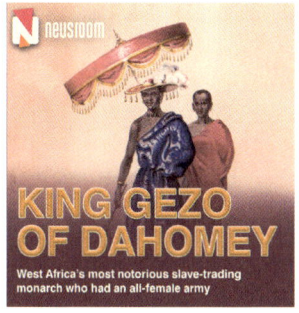
다호메이 왕국의 9대 왕 게조(Gezo). 16세기부터 서아프리카에서 일어났던 '다호메이' 왕국은 근세로 들어오면서 노예 무역에 깊숙이 개입하면서 강력한 전제국가로 성장했다. 1894년 프랑스와 두 차례의 전쟁을 치른 끝에 프랑스의 식민지가 됐고, 1904년 프랑스령으로 편입됐다. 1960년 프랑스로부터 독립해 나이지리아에 이웃한 베냉(Benin)으로 존재하고 있다.

출한 식용유인 팜유를 중요 교역품으로 삼았다. 그 당시에는 남자들은 팜유 나무에 올라가 팜유 열매를 수확했고 여성과 아이들은 잘 익어서 땅에 떨어진 팜유 열매를 모았다.

주로 여성들에 의해 팜유 식용 기름으로 가공이 됐으며, 시간이 많이 걸리고 노동 집약적인 과정을 통해 많은 물을 이용해 팜유 열매를 반복적으로 끓이고 여과를 했고 그렇게 팜유를 원시적인 방법으로 얻었던 것이다. 이러한 방법은 아직도 서부 아프리카에서 흔히 팜유를 얻는 방법으로 사용되고 한다.

팜유는 삶은 얌(Yam), 간와(Kanwa) 소금, 방가(Banga) 스프 등 서아프리카 요리에 필수적인 기름이었다. 팜유는 당시에도 지금처럼 비누 제조에도 사용됐는데, 오늘날 요루바 블랙 두두 오순(Yoruba black Dudu-Osun) 비누는 나이지리아를 대표하는 비누 브랜드로 알려져 있다.

한편, 다호메이왕국은 1892년 프랑스 식민지가 되었다가

1960년 다호메이공화국이라는 이름으로 프랑스의 식민지에서 독립했고, 1975년 베냉 인민공화국이 됐다. 베냉은 이후에도 가나와 나이지리아 사이에서 완충 역할을 하면서 서아프리카 지역에서 팜유 나무를 재배하고 있는 대표적인 국가이다. 지금도 베냉을 비롯한 서아프리카 지역에서는 팜유 나무가 야생 숲에서도 자라고 있다.

    다호메이 왕국에서 팜유는 가로등과 궁전 벽의 건축 자재로, 각종 의식이나 의약적인 용도, 특히 피부와 독에 일반적인 해독제로도 사용됐다. 프론드(Frond)라고 불리는 팜유 나무의 줄기는 역시 지붕으로 사용됐다. 현재의 팜유 산업에 적용되는 용도와 대동소이한 것이다.

6.
리버풀과 브리스틀의 노예 상인들

19세기 초에 대규모 수입을 시작한 것은 리버풀과 브리스틀 노예 상인이었다. 그들은 서아프리카에서 팜유의 여러 가지 용도를 알고 있었고, 미 대륙으로 이송되는 노예들을 위한 음식으로 정기적으로 구입하면서 팜유의 가치를 알게 됐다.

1807년 미 대륙으로 노예무역이 폐지되며 영국의 서아프리카 상인들은 서아프리카의 천연자원 즉 팜유를 유럽으로 팔 궁리를 시작했다. 당시 북유럽의 지방(脂肪)과 오일의 주공급원은 라드(lard·돼지의 지방 조직을 정제한 기름)나 생선 기름이었는데, 만성적인 공급 부족으로 인해 팜유와 같은 식용기름이 시장에 먹히기 시작했던 것이다. 팜유는 식용뿐만 아니라 산업용 윤활유, 가로등, 양초 제조, 비누 생산을 위한 반고체로 사용이 됐으며, 1820년대 공업용 비누에 사용되며 폭발적인 수요를 불러일으켰다.

팜유 소비는 1570년대 후반에 연간 사용량이 불과 157톤이었으나 1850년대 초반에는 3만2,480톤으로 증가됐다. 오늘날 니제

오늘날 나이지리아의 오일 리버 지역의 이그보(Igbo) 족들은 유럽 바이어에게 팔기 위해 팜유가 가득 든 칼라바시라는 조롱박 통을 갖고 온다. 1900년 경 이미지. © Jonathan Adagogo Green, 대영박물관 수탁자.

르 델타(Niger Delta)의 나이저강 하류에 해당하는 '오일 리버' 지역에는 팜유를 거래하는 수십 개의 무역회사가 있었다고 한다. 서아프리카 지역은 유럽의 수요를 충족시킬 만큼 야생 혹은 반야생 팜유 나무가 넘쳐났다. '오일 리버'와 다른 많은 지역의 내륙엔 수확할 수 있는 야생 팜유 나무가 풍부했다.

당시 유럽 상인들은 주로 요리기구나 소금, 천과 같은 유럽 상품을 서아프리카에 내다 팔았고 서아프리카에 도착하면 말라리아나 황열병(黃熱病)과 같은 치명적인 유행병을 피하고자 주로 무역선 위에서 기거하며 지역 브로커와 마을 족장에 의해 엄격하게 판매량과 가격이 통제된 팜유를 거래했다고 한다.

기하급수적으로 늘어나는 팜유의 수요를 맞추기 위해 야생 팜유 나무가 상대적으로 적었던 가나 남동부의 크로보(Krobo)에서 체계적인 재배가 시작됐다. 다호메이에도 더 많은 농장이 생겨나기 시작했지만, 그 당시에는 토지 관리, 소유권 또는 생태학적인 체계적인 변화가 있었다.

당시 자료에 의하면, 초창기의 팜유의 품질은 전적으로 사람에 의존한 제조라 더럽고 산패(酸敗·유지를 공기 속에 오래 방치해 두었을 때 산성이 되어 악취가 발생하는 현상) 해 먹지 못할 정도의 저급 팜유라 제값을 받지 못하였으나, 재배기술의 발전과 유럽으로의 수출 가능한 강 하구나 바닷가로 유통 경로가 개발되자 부유한 족장들이 중개무역을 통해 엄청난 부와 막강한 권력을 쥐게 됐다고 한다.

1837년부터 1854년까지 보니(Bonny, 나이지리아 동남부 지역)의 야만야나보(왕이란 뜻을 가진 현지어) 윌리엄 다파 페플(William Dappa Pepple)은 대표적인 브로커 출신 부호였다고 전해진다. 지역 브로커들 대부분은 노예상인 출신이었다. 니제르 델타의 노예무역은 즉시 폐지되지 않았고, 1840년대까지 팜유 무역과 함께 계속됐다.

19세기 후반, 화학자들은 식물성 오일을 마가린으로 가공하는 데 '수소화'를 사용할 수 있다는 것을 발견했다. 마가린은 유럽에서 늘어나고 있는 도시 노동자들에게 지방을 공급하는 데 점점 더 중요한 역할을 하게 됐다. 1850년대에서 1890년대 사이에 서아프리카 팜유의 영국 수입량이 평준화되었지만, 이 새로운 식용 제품의 대규모 생산은 20세기 초에 팜유에 대한 수요를 새롭게 자극했다.

1854년에서 1874년 사이에 프랑스와 영국은 이미 세네갈, 라고스, 골드 코스트에 공식적인 유럽 식민지를 건설하기 시작했다. 영국은 서아프리카에 시에라리온, 감비아, 골드 코스트, 나이지리아(영국 카메룬 포함)를 포함시켰다. 1930년대에 영국 서아프리카는 매년 약 50만 톤의 팜유를 수출했다. 팜유는 서아프리카 농촌 경제에서 중요한 수입원 역할을 계속했으나, 식민지 행정부 하에서 지역 통제에 따른 무역의 쇠퇴와 수탈로 인해 지역민들에게 그동안 부를 가져다준 팜유 생산은 더 이상 발전을 못 하게 된다.

팜유의 무역 거래에 관해 살펴보면 1590년에 제임스 웰쉬(James Welsh)에 의하여 32배럴(barrel, 약 192.4리터)의 팜유를 영국으로 수입해간 것이 팜유 해외 무역의 효시로 여겨지고 있다. 그 이후 아프리카와 무역을 하는 유럽의 상인들이 가끔 유럽에서 사용하기 위해 팜유를 구입하기도 하였으나, 이 팜유의 부피가 크고 가격이 저렴해 실제로 서아프리카 지역 밖으로는 팜유가 거의 수출되지 못했었다.

그러나 1870년경에는 팜유가 가나와 나이지리아 같은 국가에서는 주요 수출품목이 됐다. 그러던 것이 1966년부터는 말레이시아와 인도네시아가 세계 팜유 시장의 큰 부분을 차지하게 됐다. 1940~1960년 식용유 정제와 운송의 기술적 발전은 서양 음식에 비

팜유 타임라인

1500's
Lorem ipsum dolor sit amet, consectetur adipiscing elit, sed do eiusmod tempor incididunt ut labore et dolore magna aliqua. Quis ipsum suspendisse ultrices gravida. Risus commodo viverra maece

1940
Lorem ipsum dolor sit amet, consectetur adipiscing elit, sed do eiusmod tempor incididunt ut labore et dolore magna aliqua. Quis ipsum suspendisse ultrices gravida. Risus commodo viverra maece

1650's
Lorem ipsum dolor sit amet, consectetur adipiscing elit, sed do eiusmod tempor incididunt ut labore et dolore magna aliqua. Quis ipsum suspendisse ultrices gravida. Risus commodo viverra maece

1960's
Lorem ipsum dolor sit amet, consectetur adipiscing elit, sed do eiusmod tempor incididunt ut labore et dolore magna aliqua. Quis ipsum suspendisse ultrices gravida. Risus commodo viverra maece

1700
Lorem ipsum dolor sit amet, consectetur adipiscing elit, sed do eiusmod tempor incididunt ut labore et dolore magna aliqua. Quis ipsum suspendisse ultrices gravida. Risus commodo viverra maece

1970's
Lorem ipsum dolor sit amet, consectetur adipiscing elit, sed do eiusmod tempor incididunt ut labore et dolore magna aliqua. Quis ipsum suspendisse ultrices gravida. Risus commodo viverra maece

1807
Lorem ipsum dolor sit amet, consectetur adipiscing elit, sed do eiusmod tempor incididunt ut labore et dolore magna aliqua. Quis ipsum suspendisse ul

1970's-1980's
Lorem ipsum dolor sit amet, consectetur adipiscing elit, sed do eiusmod tempor incididunt ut labore et dolore magna aliqua. Quis ipsum suspendisse ultrices gravida. Risus commodo viverra maece

1807-1840
Lorem ipsum dolor sit amet, consectetur adipiscing elit, sed do eiusmod tempor incididunt ut labore et dolore magna aliqua. Quis ipsum suspendisse ultrices gravida. Risus commodo viverra maece

1990's
Lorem ipsum dolor sit amet, consectetur adipiscing elit, sed do eiusmod tempor incididunt ut labore et dolore magna aliqua. Quis ipsum suspendisse ultrices gravida. Risus commodo viverra maece

1840
Lorem ipsum dolor sit amet, consectetur adipiscing elit, sed do eiusmod tempor incididunt ut labore et dolore magna aliqua. Quis ipsum suspendisse ultrices gravida. Risus commodo viverra maece

2000-2020
Lorem ipsum dolor sit amet, consectetur adipiscing elit, sed do eiusmod tempor incididunt ut labore et dolore magna aliqua. Quis ipsum suspendisse ultrices gravida. Risus commodo viverra maece

1900
Lorem ipsum dolor sit amet, consectetur adipiscing elit, sed do eiusmod tempor incididunt ut labore et dolore magna aliqua. Quis ipsum suspendisse ultrices gravida. Risus commodo viverra maece

2020
Lorem ipsum dolor sit amet, consectetur adipiscing elit, sed do eiusmod tempor incididunt ut labore et dolore magna

팜유 산업 연대기.
ⓒ Everchem

(非)수소화된 팜유 사용을 촉진시켰다. 1970~1990년 말레이시아는 세계에서 제일가는 팜유 생산국이 됐고, 1990년까지 전 세계 팜유 생산량은 1,100만 톤에 달했다.

112~115페이지에 팜유 산업의 역사를 연대기로 정리해 표로 만들어 보았다 BP 120만 년 전, 대륙이동설에 따라 남아메리카 대륙이 아프리카 대륙에서 떨어져 나간 즈음인 백악기 암석에 팜유를 사용했던 흔적에서부터 이집트 무덤에서 팜유가 발견된 사실, 영국에서의 팜유 수입, 싱가포르 식물원에 팜유 나무 식재, 팜유가 유럽에서 마가린 제조에 사용되고, 말레이시아에서 팜유 시범재배가 시작됐고, 2004년 RSPO가 만들어지고, 2006년 인도네시아가 말레이시아를 제치고 팜유 세계 최대 생산국이 됐다는 사실 등을 담고 있다.

7.
동남아 시대의 개막

더욱이 영국과 프랑스 등 식민지 열강이 열대 지방의 다른 곳에서 계속 영향력을 확대함에 따라, 팜유 나무의 판도를 바꾸는 개발이 서서히 시작됐다. 팜유 나무 농장이 늘어나기 시작했다. 수십 년 만에 동남아시아 숲의 광활한 숲이 제거되고, 팜유 생산의 글로벌 허브로서의 서아프리카 시대는 종식을 고하고, 동남아시아 시대가 열리게 됐다.

19세기 초 유럽인들이 운영하는 농장이 중앙아프리카와 동남아시아에 정착이 됐다. 1902년 독일의 투자를 받은 카메룬이 팜유 나무의 테네라 품종을 개발하는 데 성공했다. 생산성이 높은 이 품종은 오늘날 대규모 플랜테이션에서 식재되고 있다. 사실, 팜유 나무가 아프리카 이외의 지역으로 전파돼서 재배되기 시작한 것은 1848년에 네덜란드인에 의하여 암스테르담을 거쳐 인도네시아 자바 섬에 있는 1817년에 설립된 보고르(Bogor) 식물원에 네 개의 팜유 묘목이 도입되면서 시작됐다. 자바 섬은 인도네시아의 섬으로, 수도인 자카르타(Jakarta)가 이 섬 서쪽 끝에 있다. 면적은 13만 8,000km로, 세계에서 13번째로 큰 섬이다. 인구는 1억1,400만 명으로 세계에서 가장 많은 사람이 살고 있는 섬이다.

이 네 개의 묘목은 관상용으로 그리고 약용 목적으로 자바 섬의 '보고르 국립식물원'에 심겨졌다고 전해진다. 이것이 서아프리카에서 처음으로 동남아시아로 팜유 나무가 전파돼 식재되기 시작한 것이라고 할 수 있다. 그리고 1870년대 초 말레이시아는 팜유 나무 묘목을 한 묶음 전달받게 됐는데, 이 묘목은 아프리카에서 영국의 유명한 큐 왕립식물원(The Royal Botanic Gardens, Kew)을 거쳐 싱가포르(Singapore) 식물원을 통과해 말레이시아에 도착했다. 이 묘목은 시험재배 단계를 거쳐서 초기에는 정부 건물 주위와 공원의 장식용 식물로, 그리고 방갈로(bangalow)와 사무실 주위나 도로변에 식재되기 시작했다.

8.
윌리엄 사임과 헨리 다비

1910년에는 스코틀랜드 사람 윌리엄 사임(William Sime)과 영국의 금융가 헨리 다비(Henry Darby)에 의해 말레이시아에 최초로 팜유 나무 식재농업(Oil palm plantation)이 시작됐다. 그리하여 초기의 팜유 나무 인공식재는 윌리엄 사임과 헨리 다비와 같은 영국인 농장 소유자들에 의해 시작돼 운영됐다. 그러나 이 농장들은 1960~1970년대에 말레이시아 정부에 의해 국유화됐다.

거의 같은 시기인 1911~1912년경 말레이시아에서 커피를 재배하던 프랑스 사람 헨리 포콘니에(Henri Fauconnier)가 커피 농사에서 실패하고 나서 팜유 나무를 상업용으로 식재하기 시작했다. 이때부터 팜유 나무가 단순한 '관상용 식물'에서 '경제적 작물'로 확대 재배되기 시작한 것이다. 1905년 헨리 포콘니에는 20세기 초 많은 유럽인들과 마찬가지로 모험정신으로 말레이시아에 상륙해 고무나무와 커피나무를 심기 시작했다. 하지만, 사실상 팜유 나무에 대해선 백지상태에서 식재농업을 시작했던 것이다.

1910년 윌리엄 미들턴 사임(William Middleton Sime·왼쪽 사진)과 헨리 다비(Henry d'Esterre Darby), 그리고 허버트 밋포드 다비(Herbert Mitford Darby)는 멜라카에 사임다비를 설립했다. 아래는 초창기의 사라왁에 위치한 사임다비 건물. ⓒSimeDarby

헨리 포콘니에는 인도네시아 수마트라 섬에서 묘목을 구해 셀랑고르(Selangor)에 이르는 도로변에 팜유 나무 묘목을 심기 시작했다. 인도네시아의 수마트라에서는 이미 1911년 벨기에 농학자인 아드리엔 핼럿(M. Adrien Hallet)이 최초의 팜유 나무 농장을 시작하고 있었기 때문에 묘목을 쉽게 구할 수 있었다. 헨리 포콘니에가 수마트라를 방문했을 때, 핼럿은 말레이시아에서의 팜유 나무 식재농업에 대한 아이디어를 설명했다. 아마도 헨리 포콘니에는 말레이시아에서의 팜유 나무 식재농업을 아드리엔 핼럿으로부터 배웠을 것으로 추정된다.

이치범 전 주말레이시아 대사(가운데)와 함께 캐리섬에 있는 말레이시아 최대 팜유 생산기업인 사임다비를 방문한 필자(앞줄 왼쪽 두번째).

1917년 헨리 포콘니에가 본격적인 말레이시아의 팜유 나무 식재농업을 셀랑고르에서 처음 시작한 이후, 오늘의 광대한 팜유 나무 식재농업과 팜유 산업의 기반이 형성됐다. 1925년 무렵 말레이시아에선 팜유 나무 농장 규모가 약 3,350헥타르에 달했고, 제2차 세계대전 직전에는 2만 헥타르에 이르렀다.

참고로 말레이시아에서 팜유 산업의 선두주자인 사임 다비의 경우, 말레이시아 수도 쿠알라룸푸르 중심지에서 약 50분 거리인 캐리 아일랜드(Carey Island) 전체 섬의 77%인 1만1,542헥타르에 팜유 농장을 운영하고 있다. 싱가포르 섬의 약 25%, 말레이시아 유명 관광지인 페낭 섬의 절반의 크기다.

이 섬은 에드워드 캐리(Edward Carey)에 의해 1899년에 개발됐다. 초기에는 커피와 차, 그리고 코코아 등을 재배한 것으로 알려졌고, 1908년 팜유 나무를 식재한 것으로 전해진다. 이미 100년 이상의 팜유 나무 식재를 한 셈이다. 사임다비 그룹에서도 팜유 농장 체험 센터를 운영하며 팜유 산업을 적극적으로 홍보하고 있다.

사임다비 그룹은 말레이시아를 방문하는 주요 인사들을 이곳으로 초대해 팜유 농장 견학을 시키며 팜유 산업의 전반적인 현황을 소개하는 한편, 그룹이 팜유 산업에 대한 긍정적 측면을 홍보하려는 노력을 적극적으로 홍보하고 있다.

이런 기업들과는 달리 1960년대부터 말레이시아 정부에선 농민들의 빈곤 퇴치를 목적으로 팜유 나무 식재 농업을 본격적으로 시작했다. 이주자들에게 약 4헥타르의 땅을 배당해 팜유 나무 또는 고무나무를 심게 했고, 토지 대금은 20년에 걸쳐서 상환하도록 했다.

이러한 팜유 나무 식재농업 정책에 의해 말레이시아에서는 도농(都農) 간의 빈부격차를 완화시킬 수 있었고, 농촌 노동력의 고용을 증대시킬 수 있었다. 그뿐만 아니라 수출을 통한 외화 획득, 농촌 교육수준의 향상, 농촌의 하부구조 향상, 농촌인구의 도시 이동 증가율의 감소 등 다방 면에서 긍정적인 경제개발 효과를 보였다.

9.
팜유 최대 생산국 인도네시아

1만7,000여 개의 섬으로 이루어진 인도네시아는 세계에서 가장 섬이 많은 나라다. 면적은 한반도의 8.6배에 해당하는 190만5,000㎢다. 인구는 2억7,000만 명으로 세계 4위의 인구 대국이다. 국민들의 87%가 이슬람교도다. 1인당 국내총생산(GDP, Gross Domestic Product)는 4,225달러(2021년)로, 수출은 2,256억 달러, 수입은 1,958억 달러를 기록하고 있고. 2030년 세계 7대 무역 국가를 목표로 뛰고 있는 활기찬 국가다.

한국과는 1973년 수교했으며, 수출은 63억 달러, 수입은 75억 달러를 기록하고 있다. 인도네시아는 한국형 전투기 KF-21의 공동 개발국으로 참여하고 있다. 2021년 4월 보라매 전투기의 시제 1호기 출고식에 이어 2022년 7월 19일 초도 비행 성공으로 한국과 인도네시아는 '4.5세대 초음속 전투기 개발국' 문턱에 한 걸음 더 바짝 다가서게 됐다.

인도네시아는 2016년 한국항공우주산업(KAI)과 KF-X 공동개발 본 계약에 최종 서명했고, 인니 정부가 개발비의 20%를 분담하기로 했다. 최근 인니가 분담금 납부를 지체하면서 난항을 겪다 2021년 11월 인니의 분담금을 1조6,000억 원으로 조정하고 현물 납부를 승인하면서 공동 개발 사업이 본 궤도에 오를 수 있게 됐다.

한편, 2005년 이후부터 인도네시아가 팜유 최대 생산국에 등극했으며, 가장 빠른 속도로 증산이 이뤄지고 있다. 인도네시아는 팜유 나무가 성장할 수 있는 이상적이고 최적의 기후조건을 갖추고 있다. 적도 부근에 위치하고 있으며 연중 온도는 25도에서 27도 내외이고 연간 강수량이 1780~2280㎜ 수준이며 습도 또한 높아 그야말로 팜유 나무 자라기에는 더할 나위 없이 최적의 조건을 갖추고 있다. 특히, 직사광선이 다량 필요한 식물이기 때문에 구름이 적게 덮인 인도네시아와 같은 동남아 지역이 팜유 나무의 생산성이 높은 지역이다. 참고로 물이 부족한 곳에서는 잘 자라지 않으며 열매가 열리지 않는 수꽃의 비율만 높아진다. 게다가 인도네시아는 풍부한 토지에다 임금이 상대적으로 저렴하다는 장점을 지니고 있다.

인도네시아의 팜유 나무 생산량의 10%는 중앙정부가 소유한 플랜테이션에서 이뤄지며, 40%는 영세 소농들이 생산한 것이다. 나머지 50%는 대규모 민간 플랜테이션에서 생산되고 있다. 주로 수마트라 섬에서 대부분 생산이 이뤄지고 있으나, 칼리만탄 섬에서도 빠르게 성장하고 있으며, 동부의 파푸아 지역으로 확산되고 있는 추세이다.

10.
팜유로 국부 일군 말레이시아

팜유 산업은 단적으로 People(국민), Planet(지구환경), Profit(소득)이라는 '3P'로 설명할 수 있다. 말 그대로 팜유 산업이 말레이시아 산업에서 차지하는 비중을 나타낸다. 국민(People)은 약 65만여 명의 소농(smallholder)에게 지속 가능한 수입 제공과 팜유 거래, R&D, 팜유 정제나 관련 운송 사업 등 수십만 개의 일자리 제공을 의미한다.

둘째, 지구환경(Planet)은 최근 환경단체들이 문제 삼고 있는 환경파괴에 대한 명쾌한 답변이다. 말레이시아 정부는 더 이상의 팜유 농장 개발을 억제하는 최소한의 면적 사용과 개선된 팜유 농장 관리로 환경을 보호하며, 팜유 나무는 1년 내내 CO_2 발생을 억제하는 거대한 온실가스 흡수원(carbon sink) 역할을 한다.

또 하나는 소득(Profit)이다. 팜유 산업은 매력적인 수입을 보장하는 산업으로 관련 산업의 활성을 유발한다. 2008년 당시 이명박 대통령은 건국 60년 경축사에서 '저탄소 녹색성장'(Green

말레이시아의 50링깃 지폐. 말레이시아에서 팜유산업의 비중을 말해준다.

Growth)을 발표했다. 청정에너지와 녹색기술을 통해 에너지 자립을 이루고, 신성장 동력과 일자리를 창출한다는 개념이었다. 2009년 2월 대통령 직속기구로 녹색성장위원회를 출범시키기도 했다. 이때부터 언론은 청정에너지로서 POME로 만드는 바이오디젤에 대해 관심을 갖기 시작했다.

말레이시아를 번영시킨 나무

팜유 나무는 말레이시아의 경제적 성장과 번영에 중대한 기여를 했다. 말레이시아의 독립 이전에는 고무와 주석에 기초한 주로 농촌 경제 상태에서 미개발된 상황이었다. 빈곤은 사회의 전반적인 현상이었으며, 소득분배의 불평등이 극심했었다. 문맹률은 높았고, 영국의 기술적 자문과 원조에 크게 의존했다. 다민족과 다중교적 국가였다.

오늘날의 말레이시아는 정치적 안정과 복합적인 경제 그리고 인종 간의 화합에 긍지를 가지고 번영하는 국가다. 우수한 하부구조와 세계의 일부 선진국들과도 경쟁할 수 있을 정도인 시설을 지니고 빠르게 개발되고 있는 국가다.

팜유 나무는 말레이시아의 이러한 번영을 떠받치는 '번영의 나무'이며 거대한 경제적 엔진 역할을 해왔다. 말레이시아 경제의 기둥인 팜유는 외화를 벌어들이고 말레이시아인들의 고용을 창출했다. 팜유를 통해 얻은 소득은 말레이시아의 급격한 사회경제적 발전을 촉진시켰다. 이러한 연쇄적 효과의 진전으로 인해 말레이시아는 단기간에 산업화에 성공했다. 말레이시아 경제는 지난 30년간 연평균 7%의 성장을 지속하고 있다.

팜유 나무 산업에 의한 도시 이외 지역의 직접 고용은 약 40만 명 수준에 이르렀다. 특히, 이 산업으로 인해 농촌인구의 대도시 유입이 감소했고, 군소(群小) 도시와 말레이시아 농촌지역의 센터의 형성에 큰 도움이 됐다. 결국, 팜유 나무 산업은 150만 명이나 되는 고용을 창출했는데, 이는 총 노동력의 14%에 해당한다.

팜유 산업이라는 거대한 '경제적 엔진'을 장착한 말레이시아는 전역에 항구와 도로, 학교, 통신시설과 보건시설의 효과적 네트워크 건설에 나서게 했다. 많은 말레이시아 도시들을 형성하게 했고, 번영하게 만들었다. 말레이반도의 글루앙, 세가마트, 텔룩인탄, 그리고 사바 섬의 산다칸, 라하드 다투, 그리고 사라와크 섬의 빈툴루 등이 바로 이러한 도시들이다. 이러한 도시들은 상업과 용역의 중요한 중심지 역할을 해오고 있다.

팜유 나무 산업은 말레이시아의 '정치적 안정성'의 버팀목이다. 이 산업은 농촌의 무산자들과 보다 부유한 도시 주민들 간의 소득격차를 줄이고, 사회적 하부구조의 발달, 그리고 농촌지역의 안정적이고 이윤을 창출하는 경제활동과 고용을 창출함으로써 정치적 안정에 기여했다.

농촌의 빈민들에게는 정부가 지원하는 토지가 없는 사람들에게 토지를 주는 계획을 통해 주로 팜유 나무를 식재함으로써 새롭고 향상된 삶의 길을 열어줬다. 이처럼 매우 성공적인 토지개발 계획은 세계은행으로부터 호평을 받았고, 유명한 라몬 막사이사이(Ramon Magsaysay, 1907-1957) 상을 수상했다. 또한, 75만 명의 이주자를 도왔으며, 1956년 이래 그 이주자들의 자녀들에게 정상적인 교육과 보다 많은 일자리를 주었다. 초기 이주자들의 많은 자녀들이 의사, 엔지니어, 회계사 등 전문직 종사자들로 자리를 잡았다.

1970년 이후 토지의 무소유자들에게 토지를 주는 정책은 말레이시아 빈곤층의 비율을 50% 수준에서 5%로 크게 감소시켰다. 이어서 2015년까지 극심한 빈곤 상태를 근절시키고자 하는 유엔의 목표를 달성하고자 하는 길을 착실히 밟고 있다. 그 결과 유엔은 말레이시아를 다른 개발도상국들의 모델로 삼을 수 있도록 자극하고 있다.

한편 말레이시아인들의 문맹률이 1991년의 11%에서 최근에는 5% 수준으로 감소됐다. 참고로 동아시아인들의 문맹률은 평균 14% 수준이다. 그뿐만 아니라 교육에 높은 목표를 두고서 말레이시아는 많은 사립 대학교와 단과대학들은 물론 13개의 공립대학교 사이에 강한 네트워크를 형성하고 있다.

오늘날 다수의 개발도상국들은 그 경제발전에 대한 교훈을 배우기 위해 말레이시아를 주목하고 있다. 선진국들은 말레이시아의 업적을 인정한다. 말레이시아는 한 국가가 어떻게 적당한 기획, 혁신 그리고 결단을 통해 번영할 수 있는가에 대한 모델이 되고 있다. 지난 세기 말레이시아의 경제발전 성공담은 팜유 산업의 성공 스토리이기도 하다.

말레이시아는 석유·가스 자원과 신재생에너지가 모두 풍부한 복(福) 받은 나라다. 석유 매장량 55억 배럴(세계 24위)과 가스 매장량 84조 큐빅피트(세계 16위)를 보유하고 있고, 하루 170만 배럴에 달하는 석유·가스를 생산하고 있다. 또한 신재생에너지의 대표주자로 부상하고 있는 팜유의 세계 최대 수출국으로 전 세계 교역량의 46%를 차지하고 있다. 최근에는 팜오일 정제 과정에서 나오는 부산물까지 고가(高價)의 신재생 에너지원으로 사용되고 있어,

말레이시아 팜농장 정책을 총괄하는 다토 샤히르 팜오일위원회 전 총재. ⓒ Everchem

말레이시아는 앞으로 '표정관리'를 하며 살아야 할지도 모르겠다는 생각이 들었다.

MPOB 총재가 말하는 말레이시아 팜유 정책

필자는 2011년 5월경 말레이시아 팜농장 정책을 총괄하는 다토 샤히르(Dato Shahrir·당시 61세) MPOB 총재를 만난 적이 있다. 벌써 10년이란 세월이 흘렀지만, 그의 말은 오늘날 말레이시아 팜유 정책에 그대로 반영되고 있어 우리가 새겨볼 만한 구절들이 많아 소개한다.

MPOB는 말레이시아의 정부 산하 기관으로, 말레이시아 정부에서 차지하는 비중이 크다. 총재는 통상 정부 각료를 지낸 인사들이 맡는다. 다토 샤히르총재도 말레이시아 상공부장관(Minister of Domestic Trade and Consumer Affairs)을 지낸 인물이다. 다토 샤히르총재는 보름 전 팜유의 수출촉진을 위해 MPOB 직원들을 서울에 파견하기도 했다고 한다. 그때 나눈 대화를 요약 정리해 보았다.

> 말레이시아와 인도네시아가 세계 팜유 시장을 양분하고 있다. 그러나 NGO단체들은 팜농장 건설이 열대우림 지역의 심각한 삼림 벌채, 원주민들과의 갈등, 노동력 착취, 그리고 위기에 처한 야생동물의 멸종을 불러온다고 반발하고 있는데?

"(웃으며) 오랑우탄 이야기를 하려고 하는 거죠? 말레이시아는 국토의 50%만 개발하고 나머지 50%는 그린벨트로 지정해 개발을 금지하고 있어요. 팜농장을 개간하는 경우, 깊은 계곡이나 험한 지형은 개발할 수 없기 때문에 오랑우탄 등 야생동물이 서식할 수 있습니다. 현재 1만8,000마리의 오랑우탄이 보르네오섬 지역에서 살고 있는 것으로 조사되고 있습니다."

그는 "현재 84만 헥타르 정도의 연방토지개혁청 소유 팜농장이 전국에 산재해 있다"면서 "이러한 프로젝트는 가난을 부(富)로 이끈 좋은 성공 사례로 전 세계로부터 주목받고 있다"고 했다.

<u>일부 유럽 국가에서는 RSPO 등을 통해 팜유 수입 규제를 강화하고 있습니다만.</u>

"RSPO는 팜유 생산과 관련해 환경이나 노동 관련 법규를 제정하고 이를 이행하기 위해 설립된 조직입니다. 현재, 팜유 농장, 팜유 가공 공장, 은행, 투자자, 소매상, 그리고 NGO까지 참여해 자발적인 RSPO를 따르게 하고 있습니다. 만일 노동자를 열악한 환경에서 착취하거나, 오랑우탄 등 동식물들을 살상하면서 생산한 팜유는 전 세계 국가들이 수입하지 않기로 약속한 거지요."

<u>한국은 상당량의 팜유와 관련 제품을 수입하고 있습니다. 향후 한국과 팜유 산업과 관련해 어떤 협력이 가능할까요.</u>

"팜유 생산은 5000년의 역사를 갖고 있습니다. 현재 150여 개국 30억 이상의 인구가 팜유를 애용하고 있고, 팜유도 심장병 예방 등 건강에 크게 기여하고 있습니다. 예컨대 세계보건기구(WHO) 산하 국제식품규격위원회(Codex Alimentarious Commission Program)는 팜유를 표준 음식으로 지정했습니다. 지금 한국에서는 올리브유가 더 잘 팔린다고 들었습니다만, 건강 측면에서 보면 팜유가 훨씬 낫습니다. 이건 공인된 데이터로 말씀드리는 겁니다. 팜유는 트랜스지방산이 해바라기유, 올리브유보다 훨씬

낮다는 것이 입증됐습니다.

말레이시아는 최근 겨울철에도 동결(凍結) 하지 않는 사계절용 팜유를 개발해 수출하고 있습니다. 팜유는 바이오디젤로도 사용이 가능하고, 팜유 원액 가공 과정에서 나오는 부산물들을 '신재생에너지'로 사용할 수 있으니까요. 예컨대 팜 열매껍질은 CPO Mill의 자체 연료나 도로 복구 사업에 사용하고 있습니다.

팜유를 짜고 남은 팜 부산물은 다시 팜유 농장으로 보내 멀칭이나 비료로 사용합니다. 최근에는 펠릿 타입으로 부가가치를 높여 재생산하는 사업까지 활발하게 진행하고 있습니다. 말레이시아 정부는 이런 일련의 사업들을 한국과 공동 프로젝트로 진행하고 있습니다."

팜유산업 연대기

연도	사건	비고
1억2000만 년 전(BP)	백악기 암석의 화석 유적에서 추론된 Palmae(Syn. Arecaceae) 가족의 출현(남아메리카가 아프리카에서 분리된 때).	래터프(Latiff, 2000), 펄스글로브(Purseglove, 1972)를 인용.
1500만 년 전(BP)	나이지리아에서 팜유 나무의 초기 존재는 신생세(Miocene) 지층에 있는 팜유 야자(Elaeis guineensis)의 화석 꽃가루와 유사하거나 동일한 화석 꽃가루의 발견으로 밝혀졌다.	콜리(Corley, 1976), 지벤(Zeven, 1964)을 인용.
5000년전(BP)	고대에 사용된 것으로 추정되는 팜유가 이집트 무덤에서 발견되었고, 현재의 팜유와 화학적으로 유사함.	콜리(Corley, 1976)와 버거(Berger, 2010)는 프리델(Friedel, 1897)을 인용.
5000년전(BP)	나이지리아 동굴에서 팜유 열매를 부수기 위한, 야자 커넬을 깰 때 사용한 도구 발견.	버거(Berger, 2010)
900년대	마다가스카르에 E. 기니엔시스종의 팜유 도입.	슐테스(Schultes, 1990)는 펄스글로브(Purseglove, 1972)를 인용.
1435~1600	서아프리카에서 팜유 관련 유럽 탐험가들의 기록 발견.	버거(Berger, 2010). 콜리와 팅커(Corley & Tinker, 2003). 하틀리(Hartley, 1988). 리스(Rees, 1965)
1500~1522	서아프리카에서 포르투갈 상인의 팜유 거래.	
1570~1696	E. 기니엔시스, 암수 수술, 팜유 열매 및 커넬에 대한 초기 설명.	하틀리(Hartley, 1977), 로벨리우스(Lobelius, 1570. 1576. 1581)을 인용.
1590	서아프리카에서 영국으로 첫번째 팜유 수출	Sheil et al(2009)
1696	자메이카에 E. 기니엔시스의 수입 기록.	하틀리(Hartley, 1977), 슬로안(Sloane, 1696)을 인용.

연도	사건	비고
1763	Jacquin의 E. 기니엔시스에 대한 첫 번째 공식 설명.	콜리(Corley, 1976). 콜리와 팅커 (Corley & Tinker, 2003). 하틀리 (Hartley, 1977, 1988)
1763	잭퀸(Jacquin)의 중남미 팜유 나무 (Elaeis oleifera)에 대한 첫 번째 설명.	하틀리(Hartley, 1977)
1790	영국에서 팜유 수입에 대한 공식 기록의 시작.	버거(Berger, 2010)
1807	서아프리카에서 상업 작물로서의 재배 시작.	하틀리(Hartley, 1977)
1832	서아프리카에서 유럽으로 팜 커널의 첫 번째 수출.	하틀리(Hartley, 1977)
1848	네 그루의 팜유 나무가 보고르 식물원에 심어짐. 나중에 동남아시아에서 첫 번째 상업 재배의 종자로 사용.	게리츠마와 웨셀(Gerritsma & Wessel, 1997) 하돈(Hardon, 1995) 하틀리(Hartley, 1977)
1870	싱가포르식물원에 팜유 나무 식재.	버킬(Burkill, 1966)
1870s	팜유, 유럽에서 마가린 제조에 사용됨.	하틀리(Hartley, 1977)
1875	수마트라 델리 지역에 보고르산 팜유 나무 전파.	하틀리(Hartley, 1977)
1875	싱가포르 통해 보고르산 팜유 말레이시아에 전파.	이맘(Imam, 1984), 아노트(Arnott, 1963)를 인용.
1878	큐 가든에서 얻은 팜유 커널 너트를 사용해 사바 주 라부안에 팜유 시범 재배 실시.	버거(Berger, 2010)
1897	코르테스(Cortes)의 중남미 팜유 나무(E. oleifera)에 대한 공식 설명(이전에는 E. guineensis의 한 형태로 간주됨).	하틀리(Hartley, 1977) 래터프(Latiff, 2000)

연도	사건	비고
1900s	영국, 산업 수요 증가로 팜유 수입 급증.	하틀리(Hartley, 1988) 버거(Berger, 2010)
1903	말레이시아, 팜유 시범 재배 시작. 말레이시아, 팜유 시범 재배 시작.	이맘(Imam, 1984), 자고(Jagoe, 1952)를 인용.
1909	서아프리카에서 최초의 기계화 된 공장 등장.	콜리와 팅커(Corley & Tinker, 2003), 하틀리(Hartley, 1988)
1910	수마트라 델리에서 대규모 팜유 농장 등장.	게리츠마와 웨셀(Gerritsma & Wessel, 1997)
1911-1917	말라야에서 델리 야자의 첫 번째 상업 재배.	하틀리(Hartley, 1977)
1917	팜유를 추출하기 위해 손으로 조작한 프레스의 도입.	하틀리(Hartley, 1988)
1919	수마트라에 설립된 최초의 기계화된 공장.	하틀리(Hartley, 1988)
1920s	콩고(Zaire)에서 팜유의 첫 번째 상업 재배.	콜리(Corley, 1976)
1922	말라야에서 사용된 보조 수분은 수확량을 크게 늘려주는 것으로 나타남.	이맘(Imam, 1984)
1931	말레이시아 세르당 팜유 가공공장(Serdang CPO mill) 가동.	이맘(Imam, 1984)
1937	기계화된 팜유밀의 일반적인 소개.	게리츠마와 베셀(Gerritsma & Wessel, 1997), 블롬멘다알(Blommendaal, 1937)을 인용.
1941	껍질 두께의 단일 유전적 제어의 발견은 테네라 야자수의 재배를 생산으로 연결시킴.	베이너트와 밴더위엔(Beirnaert & Vanderweyen, 1941)
1952	덤피 야자수의 발견.	자고(Jagoe, 1952)

연도	사건	비고
1956	농무부의 네 개의 영지를 포함하는 협동조합 증식 조직을 말라야에 설립.	이맘(Imam, 1984), 하돈과 통 (Haddon & Tong, 1959)을 인용.
1959	서아프리카에서 기름을 추출하기 위한 유압 핸드 프레스의 도입.	하틀리(Hartley, 1988)
1969	MARDI(말레이시아 농업 연구소)는 팜유 나무 연구에 관한 사무를 말레이시아 농무부로부터 인수.	
1979	말레이시아 팜오일연구소(PORIM) 설립 및 MARDI로부터의 오일팜 연구를 이전.	
1981	서아프리카에서 동남아시아로 수분을 공급하는 바구미(Elaeidobius kamerunicus)의 소개.	시드 외(Syed et al, 1982)
2000	PORIM과 PORLA(팜오일 라이센스 기관)의 합병으로 MPOB(말레이시아 팜유 위원회)를 설립.	
2004	지속가능한 팜유위원회(RSPO)에 원탁회의 형성.	
2004	팜유는 대두유를 제치고 식물성 기름의 정상으로 자리매김함.	말레이시아팜유위원회(MPOB, 2008)
2006	인도네시아, 말레이시아 제치고 팜유 최대 생산국으로 등극.	미국 농무부(USDA, 2007)

3부

팜유의 생산과정과 식생활

11.
팜유 생산 과정

팜유 나무 묘목장(plant nursery)을 만들고 농장 부지(farm site)를 준비하면서 본격적인 팜유 생산의 첫걸음이 시작된다. 묘목을 준비된 농장 부지에 심어 재배 관리를 하면 3년이란 시간이 흐르면 FFB가 열린다. 그러면 FFB를 수확해 CPO Mill(팜유 가공공장)로 수송해 가공하게 된다. 그 과정을 요약해서 설명하면 다음과 같다.

- 팜유 농장에서 수확된 FFB는 24시간 이내에 추가 처리를 위해 가공공장으로 옮겨진다. 이 과정에서 FFB 무게를 측정하고 등급을 매긴다. 등급에 따라 팜유 관련 기관에서 고시한 가격이 매겨지고 FFB 이송 컨테이너로 내린다. 참고로 FFB 등급은 매일 정부 유관 기관에서 등급별 가격을 고지한다.
- FFB의 멸균작업을 수행한다. FFB에 혹시 있을 수도 있는 곤충과 불순물을 제거하기 위해 증기를 이용해 멸균 작업을 한다.

- FFB의 기름 방출을 개선하기 위해 열처리 작업을 한다. 이어 FFB 추가 압착 작업을 준비한다.
- 팜유는 스크루 압출기를 통해 추출한다. 그리고 팜유 세척 작업을 진행한다.
- 팜유(CPO)는 충분한 양의 물이 공급되는 수직 탱크에서 실시한다.
- 세척하는 동안 팜유를 수용성 불순물과 분리한다.
- 팜유와 물의 혼합물은 원심분리기로 보내 팜유에서 물을 예비적으로 분리한다. 그 후 팜유를 건조해 잔류 수분을 제거한다.
- 팜 원유를 과열 증기로 정제한 다음, 원액을 표백기로 보낸다. 탈색 처리된 기름은 원주 모양의 탈취 공정으로 들여보낸다. 탈취 공정은 내부에 디스크 모양의 판, 환형의 구멍이 뚫린 노즐이 있는 밀폐된 원통형 용기다. 정제 과정을 개선하기 위해 탈취 공정은 진공 및 고온에서 작동한다.
- 다른 식물성 기름과 마찬가지로 팜유는 트리아실 글리세리드(글리세롤과 지방산 에스테르)의 혼합물이다. 따라서 각각 고유한 물리적·화학적 특성, 그리고 녹는점이 존재해 분획이 형성된다. 팜유 처리에서 중요한 점은 분별이며, 그 결과 액체와 고체의 분획이 얻어진다.
- 올레인은 녹는점이 섭씨 19~24도인 팜유의 액체 분획이다.
- 스테아린은 녹는점이 섭씨 44~54도인 팜유의 단단한 부분이다.
- 올레인과 스테아린 외에도 팜유의 다른 분획이 존재한다. 예컨대 올레산 함량이 최대 46%까지 높고 팔미트산 함량이 감소한 슈퍼올레인 또는 이중 분획 올레인(융점 섭씨 13~17°도)이 그것이다. 평균 분율은 섭씨 32~38도이다.

팜유 원유(CPO)의 화학적/물리적 정제

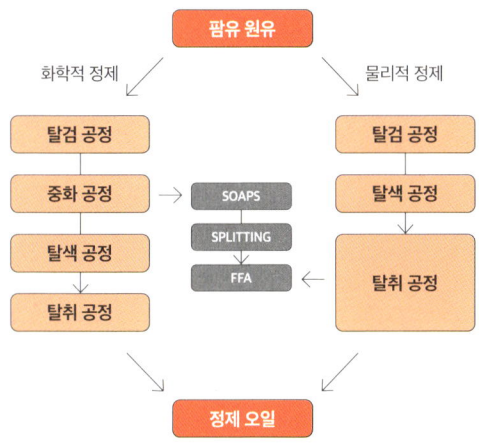

Crude Palm Oil 제조 과정

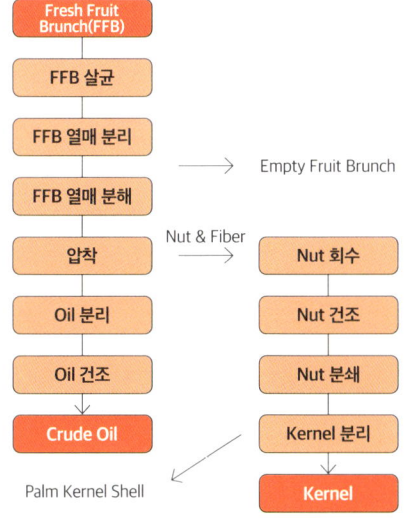

The Milling Process

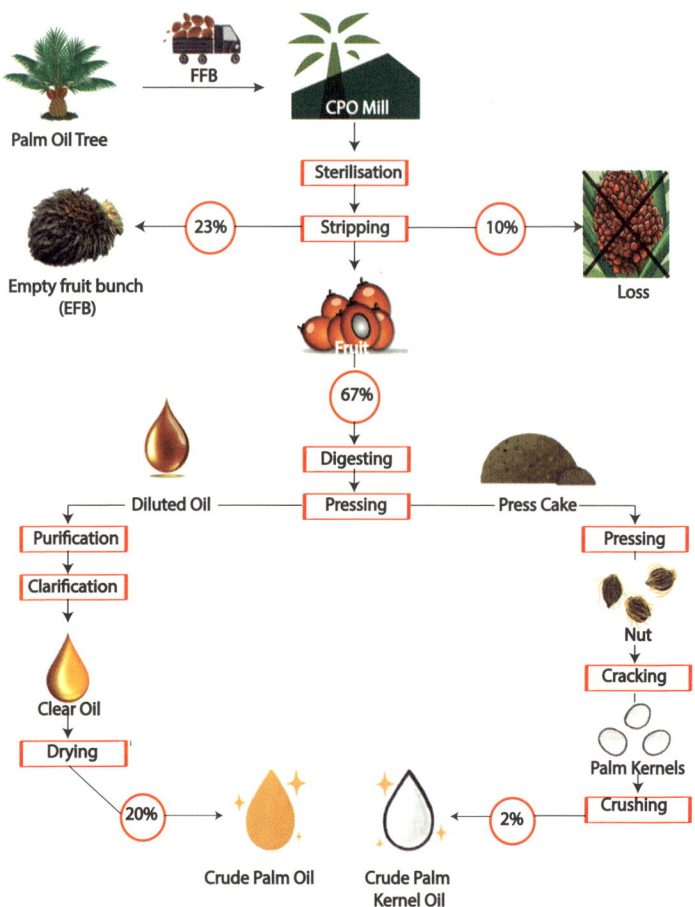

팜유 원유 생산 공정. ⓒ Everchem

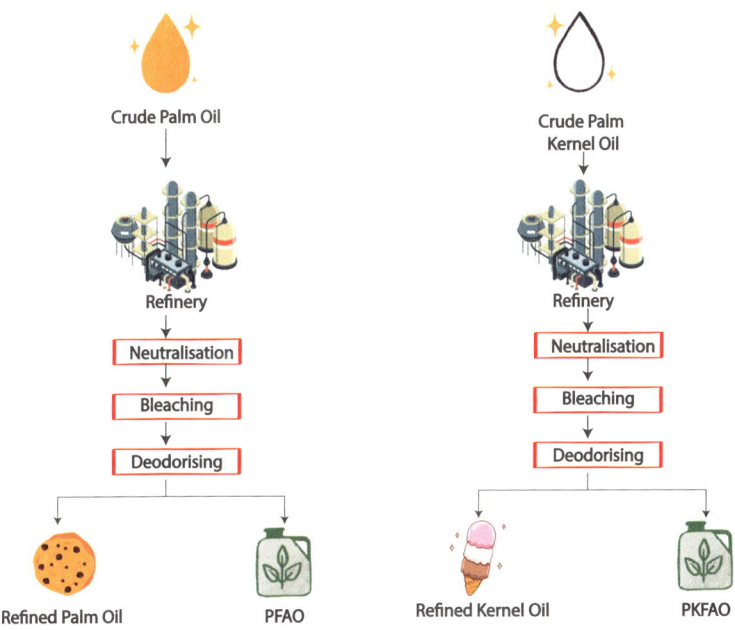

팜유 정제 공정. ⓒ Everchem

팜 열매의 씨인 팜커널에서 PKO를 짜내고 나면 껍질(Nut)을 제거하는 과정에서 PKS가 생긴다. PKS는 과거 자체 스팀용 원료나 도로 포장용 등으로 사용되다 최근 신재생에너지 개념이 등장하면서 용도가 다양해졌다. ⓒ Everchem

팜유 나무의 FFB는 신기하게도 연중무휴로 수확이 가능하다. FFB 산출고는 팜유 농장마다 제각각이지만 헥타르당 연평균 20~30톤 이상이다. 물론, 헥타르당 연간 35톤 이상의 FFB를 수확하는 팜유 농장도 있다. 일례로, 말레이시아 사라와 지방의 토지는 인(燐) 성분이 많은데, 수용성이 높은 인 성분의 비료를 주게 되자 평균 30% 이상의 수확량이 나오고 있다. 물론, 수용성이 높은 비료 가격은 훨씬 높다. FFB 가공을 CPO Mill에서 생산 공정을 거치면 평균적으로 헥타르당 팜유(CPO)의 경우 약 3톤 이상이 생산된다. FFB의 씨앗에 해당하는 팜커널(Palm Kernel)은 약 750~800

킬로그램을 생산한다.

팜커널에서 다시 PKO 250킬로그램과 가축 사료나 유기질 비료 원료로 사용되며 팜박으로 불리는 팜커널밀(PKM, Palm Kernel Meal) 또는 팜커널엑펠러(PKE, Palm Kernel Expeller) 500킬로그램의 부산물 생산이 가능하다. 결국, CPO와 PKO를 합치면 팜유 나무는 헥타르당 3,250킬로그램 이상의 팜유와 가축 사료, 그리고 유기질 비료에 사용되는 팜박 500킬로그램 이상을 생산할 수 있다는 계산이 나온다.

PKS는 CPO 공장에서 팜핵을 둘러싸고 있는 껍질(Nut)을 제거하는 과정에서 생기는 물질이다. 통상 1톤의 FFB에 5% 정도가 나온다. 빈 열매송이(EFB, Empty Fruit Bunch)와 마찬가지로 자체 스팀용 원료나 팜유 농장 내 도로 포장용 등으로 주로 사용됐으나, 신재생에너지 개념의 등장과 함께 혜성과 같이 등장해 '귀하신 몸'이 되기 시작했다. 수분은 보통 15%를 함유하며 4000~4500 $kcal$ 정도의 발열량을 갖고 있다. 다른 바이오매스와 마찬가지로 이 물질이 많고 수분이 높아 품질 관리에 어려움이 많다.

필자도 2010년부터 한국 에너지 기업들과 많은 상담과 계약을 진행했으나, 한국으로 수입한 다음 발생하는 품질 클레임 때문에 애를 많이 먹었다. 말레이시아에서 공급 가능한 PKS는 대부분 일본으로 수출되고 있는데, 어떻게 품질 관리가 이뤄지고 있는지 자세히 알려지지 않았다. 아마 수출 전에 수입업자 측에서 말레이시아 현지에서 PKS 수거 장소나 PKS의 건조 등을 직접 관리하고 있으리라 추측해 본다.

이렇듯 CPO를 정제해 제조한 팜유 제품은 다양하다. 요리에 사용될 수 있는 각종 오일 제품, 팜유를 첨가시킨 식품들이 있다. 예컨대 과자류, 마가린, 아이스크림 등에 팜유를 사용하면 뛰어난 맛을 낼 수 있다. 그리고 버터에 팜유를 첨가시켜 빵이나 기타 음식에 잼처럼 발라 먹을 수도 있다. 그 외에도 커피나 차에 사용할 수 있는 크리머(creamer) 분말과 캔 제품 등에 다양하게 사용되고 있다. 그리고 식용품 이외에도 각종 화장품이나 고급 양초 제품에 이르기까지 팜유를 이용해 부가가치가 높은 상품으로 제조해 국내외로 대량 수출하고 있다.

팜유는 크게 CPO와 PKO, 팜 올레인(Palm Olein), 팜 스테아린(Palm Stearin), 팜커넬 올레인(Palm Kernel Olein), 그리고 팜커넬 스테아린(Palm Kernel Stearin) 등으로 구분한다. 팜유의 지방산(fatty acid)의 내용은 팔미트산(Palmitic acid) 44.3%, 올레산(Oleic acid) 38.7%, 리놀레산(Linoleic acid) 10.5%, 스테아르산(Stearic acid) 4.6%, 미리스트산(Myristic acid) 1.0% 등으로 구성돼 있다.

특히 팜커넬을 짜낸 기름을 PKO라고 한다. 이것은 팜유 나무 열매의 핵(核)에서 압착법으로 채유(採油)하는데, 이 팜핵의 함유율(含油率)은 45~50% 수준으로 매우 높은 수준이다. 이 PKO의 녹는점은 섭씨 25~30도이며, 주요 성분으로서 지방산은 라우르산(Lauric acid) 48.2%이며, 미리스트산(Myristic acid) 16.2%, 올레산(Oleic acid) 15.3%, 팔미트산(Palmitic acid) 8.4%, 카프르산(Capric acid) 3.4%, 카프릴산(Caprylic acid) 3.3%, 스테아르산(Stearic acid) 2.5%, 리놀레산(Linoleic acid) 2.3% 등을 함유하고 있다.

팜 올레인은 팜유를 정제시킨 액상 오일이고, 팜스테아린은 팜유를 정제해서 고체화시킨 것이며, 팜 커널 올레인도 PKO를 정제한 액상 오일이다. 그리고 팜커널스테아린은 PKO를 정제시켜 고체화한 것이다.

12.
테네라(Tenera) 팜유 나무

팜유 나무를 연구하는 학자들은 팜유 FFB 껍질의 두께가 유전된다는 사실을 발견했다. 이러한 발견은 결과적으로 육종학적 연구를 통해 팜유 생산에 획기적 전환을 가져왔다. 인도네시아와 말레이시아산 두꺼운 껍질의 듀라(Dura) 팜유 나무(우)에다 아예 껍질이 없는 아프리카산 피시페라(Pisifera) 팜유 나무(♂)로 수정시켰다. 그랬더니 테네라(Tenera) 팜유 나무가 탄생했다.

테네라 팜유 나무는 얇은 껍질과 두꺼운 과육(果肉)을 지녀 고품질의 팜유 나무로 평가받고 있다. 테네라 팜유 나무는 팜유가 많이 생산돼 말레이시아에서는 주된 식재 품종으로 꼽힌다. 말레이시아 정부는 테네라 품종 연구와 육종에 힘써 혁명적 팜유 증산을 가능하게 했고, 그 결과로 말레이시아 팜유 산업은 비약적 발전을 이뤘다. 말레이시아 정부는 최근 20여 년간 조직배양의 집중적 연구를 통해 팜유 나무의 복제에도 성공해 기존의 묘목 대비 30~40% 정도의 팜유 증산을 가능하게 했다.

13.
말레이시아의 첨단 팜유 정제시설

　　FFB의 결실 상태를 확인하기 위해 남방 특유의 긴 칼로 FFB를 후려치면 FFB 알갱이가 속살을 드러낸다. 열매는 커넬(kernel)이라는 씨, 메소캅(mesocarp)이라는 과육(果肉) 부분으로 나뉘어 있다. 이 메소캅을 짜면 팜유 원액, 즉 CPO가 되는 것이다. FFB 열매 다발은 무게가 20킬로그램 이상 나가는 것도 많고, 팜유 기름을 잔뜩 머금고 있어선지 고소한 향내가 코를 찌른다.

　　팜유 생산공정은 FFB를 살균하고, 과육을 분리한 다음, 압착과 원심분리, 그리고 여과 과정을 거쳐 CPO 원액으로 탄생한다. CPO를 정제하면 식용 팜올레인유·팜스테아린으로 '신분'이 업그레이드된다. FFB를 짜는 과정에서 커넬(팜 열매의 씨)을 분리해 압착하면 PKO라는 질 좋은 기름이 나오고, 이를 정제하면 팜커넬올레인·스테아린으로 탄생한다. 식용유의 탄생과정은 이렇듯 단순했다. 여기에 메탄올과 첨가제를 넣어 가공하면 친환경 연료인 바이오디젤이 만들어진다.

FFB를 실은 트럭들은 '웨이트브리지'를 통과한 다음, FFB 하치장으로 직행해 가공과정에 들어간다.
ⓒ Everchem

　　말레이시아의 팜유와 제품들은 전 세계적으로 고품질로 평가를 받는다. 말레이시아산 팜유가 고품질인 이유는 우수한 식재 농업 관리와 함께 엄격한 수확 기준, 통합된 FFB 운송, 효율적이고 세련된 가공 기술, 정제공정 등에 힘입은 것이다.
　　말레이시아의 CPO Mill과 정제공장은 1970년대 초부터 본격적으로 건설되기 시작됐고, 1980년대에는 147개의 CPO Mill과 42개의 정제 공장(Refinery)이 있었지만, 2021년 기준 451개의 CPO Mill과 연간 2,500만 톤의 정제가 가능한 49개의 정제 공장이 있다. 말레이시아 회사들뿐만 아니라 인도의 기업가들은 상호 기술협력을 통해 인도와 중국에서 증가하는 팜유 수요에 부응에 양질의 물량을 공급할 수 있는 태세를 갖췄다.

말레이시아와 인도네시아의 CPO Mill과 정제 능력(2021년도)

국가	CPO Mill(개)	원유 생산 능력 (백만 톤)	총 정제량	총 정제 능력 (백만 톤)
말레이시아	451	111.86	49	27.76
인도네시아	742	84.8	91	45.8
총계	1,193	196.86	140	74.56

자료출처: MPOB & IPOA

    말레이시아의 새로운 팜유 정제공장들은 끊임없는 노력으로 팜유 산업의 성장을 촉진하게 됐고, 전 세계적으로 새로운 팜유 시장을 개척하고 선도해 나갔다. 더 나아가 일부 말레이시아 팜유 농장 기업가들은 팜유 가공 부문을 포함한 전방 통합(forward integration)을 단행하면서 새로운 통합 성장전략을 구사했다. 원재료를 납품받던 회사를 통합하는 것을 후방 통합전략(backward integration)이라면, 말레이시아의 경우 제조업체의 제품을 판매하는 유통 업체를 인수하는 형태로 이뤄지는 기업의 성장전략을 구사한 것이다.

    팜유 나무 농장과 정제공장을 소유하고 있는 'IK플랜테이션'을 살펴보자. 농장주 카마루자만(Kamaruzaman) 박사와 인도네시아 팜유 농장을 자주 동행했다. 그는 필자의 오랜 비료 고객이

CPO Mill. 여압탱크로 옮겨진 열매알을 스팀을 이용해 저어 주면 오일을 함유한 메소캅(과육)이 너트와 분리된다. 그렇게 분리된 메소캅을 압축기로 눌러 오일을 짜낸다. ⓒ Everchem

다. 인도계 말레이시아인인 그는 말레이시아와 미얀마 일대에서 10만 헥타르에 달하는 대규모 팜유 농장과 고무농장을 경영하고 있는 회사의 CEO다. 국립 말레이시아 농대에서 박사학위를 받은 그는 팜유 농장 연구원으로 30년 이상 근무했다.

인도네시아 팔렘방공항에서 사륜구동차로 중앙선도 없는 '누더기' 포장도로를 1시간가량 달려가면 팔렘방 인근에 있는 그의 CPO Mill, 레스타리(Lestari)의 정문이 나타난다. 그의 팜유 공장은 인근지역에서 FFB를 싣고 들어오는 차량들로 북새통이다. '웨이트 브리지(weight bridge)를 통과하며 자동으로 무게를 단 트럭들은 FFB 하치장으로 직행한다.

카마루자만 박사는 "팜유 원액에 '유리지방산'이 증가하는 것을 막기 위해 신속하게 FFB를 수송해 짜야 한다"면서 "5000헥타르 이상의 팜농장을 갖고 있으면 반드시 CPO Mill을 보유해야 한다"고 했다. 그는 "그러지 못한 인근의 영세한 팜 농장주들의 FFB를 우리 CPO Mill에서 정부 고시 가격 기준으로 등급을 매겨 구매를 한다. 대금은 전부 현금으로 지불한다"면서 "우리 농장 인근 100km 반경 내에 40개의 CPO Mill이 있고, 현재 말레이시아에는 450개 이상의 CPO Mill이 있다"고 했다. IK플랜테이션이 보유한 CPO Mill의 찬디란(Chandiran) 공장장이 팜유 원액 생산 공정을 소개해 주었다. 찬디란 씨는 "여의도 면적(224만 평)의 약 6배 규모인 1,200만 평에서 수확되는 팜유 열매를 레스타리 팜유밀은 시간당 60톤 정도 처리한다"면서 "연간 250만 톤을 생산할 수 있는 능력"이라고 했다. 찬디란 공장장은 "레스타리 팜유밀에는 말레이시아에서 온 직원들을 포함해 600여 명의 직원이 근무하고 있다"면서 "이들의 자녀들을 위해 유치원 2개를 지어 운영하는 등 1년에 30억 원을 직원복지에 투자하고 있다"고 했다.

인구 3,200만 명 이상의 말레이시아는 GDP 1만2,000달러 이상으로 인도네시아보다 약 3배 정도 부유하다. 그 때문에 인도네시아인들은 노동자나 가정부로 말레이시아로 건너와 취업한다. 인도네시아에서 시간당 60센트를 받는 것보다 말레이시아(시간당 2달러

20센트)에서 일하는 게 훨씬 유리하기 때문이다.

    사임다비 등 말레이시아 최대의 정제시설은 대부분 항구 부근에 위치하고 있어, 팜유 수출을 위한 좋은 입지를 확보하고 있다. 말레이시아의 정제시설은 실제 높은 가동률을 보이고 있으며, 폐수를 적게 배출하면서 고품질의 팜유를 생산하고 있다. 정제공장 시설에서는 팜유가 소비자 수요에 맞게 다양한 제품으로 가공돼 수출된다.

    말레이시아는 동남아의 교차로에 있는 독특한 지정학적인 위치에 있다. 따라서 말레이시아는 현대화된 항구시설, 지정학적으로 중요한 위치에 있다. 이들 항구들은 대기시간을 절약하기 위해 다수의 정박시설을 갖추고 있고, 화물 발송 서비스와 뛰어난 보안 시스템을 갖췄다. 항구에는 고속 펌프가 가능한 대규모 터미널이 있다. 전자데이터 교환시스템은 각종 서류 업무를 단순화하고 빠르게 진행하기 위해 세관, 국제선박, 터미널 관리자, 화물 발송자를 연결하고 있다.

    항구들은 말레이시아의 각 지역을 거미줄처럼 도로와 철도망으로 연결하고 있다. 따라서 항구의 정제공장으로부터 전 세계로 운송이 신속하다. 말레이시아의 주요 항구는 대형 탱크들이 정박하기에 충분할 정도로 수심이 깊다. 팜유 산업의 성장으로 이러한 항구들 이외에 사바 주와 사라왁 주는 물론, 말레이반도에도 여러 항구들이 수출입 무역 업무를 취급하고 있다. 이들 사바 주와 사라와 주는 말레이시아 팜유 생산량의 40%를 점유하는 비중 있는 지역이다.

팜유 수출을 위해 '말레이시아 팜유 정제업자 협회'(PORAM: Palm Oil Refiners Association of Malaysia)와 유럽연합, 식품안전과 소비자 건강을 강조하는 유엔식량농업기구(FAO)와 세계보건기구(WHO)가 공동으로 운영하는 국제식품규격위원회(CAC, Codex Alimentarius Commission)에서 식품의 국제교역 촉진과 소비자의 건강보호를 목적으로 제정되는 국제식품규격인 코덱스(CODEX)는 명문화된 국제적 규정과 기준에 의거해 엄격한 품질검사를 시행하고 있다. 팜유의 신속한 수출을 위해 PORAM과 '말레이시아 식용유 제조업 협회'(MEOMA, Malaysian Edible Oils Manufacturers Association)의 표준 계약은 국제 수출시장에서 언제나 통용이 가능하다.

14.
팜유 부산물

팜유 생산을 통해 다양한 상품이 파생된다. 가공 과정에서 파생되는 부산물 중에서 열매를 이용하고 EFB(Empty Fruit Bunch) 폐기물을 이용해 각종 공산품 재료로, 또는 퇴비 생산에도 이용할 수 있다. 또 PKO에다 메탄올과 첨가제를 넣어 가공하면 친환경 연료인 '바디오디젤'이 만들어진다.

EFB

팜 열매를 가공하면 껍질 몸통만 남은 EFB가 남는다. 1톤을 가공할 때 20% 정도의 EFB가 나온다고 한다. EFB는 화력발전소에서도 연료로 사용하는 바이오매스(bio mass·연료나 화학 원료로 사용되는 생물체)의 일종이다. 인도네시아, 말레이시아는 이것을 '토양피복(멀칭·Mulching)'이라고 해서 연료로도 사용하지만 팜유 나무 주변을 덮어 비료로도 사용한다.

CPO Mill에선 팜유 열매를 증기에 찔 때 사용하는 증기도

EFB나 PKS를 태워 만든다. 팜유 원액 가공 과정에서는 팜 부산물 말고도 PKS도 1톤당 5%가 나오며, 발전용 연료로 현재 사용되고 있다.

팜유 열매 가공 과정에서 나오는 바이오매스는 목재 등 다른 바이오매스보다 열효율이 높고, 가격도 상대적으로 저렴해 화력발전용으로 인기가 높은 것으로 알려졌다. 한전의 자회사인 한국중부발전은 2007년부터 말레이시아 사바 주의 팜유 산업단지(POIC: Palm Oil Industry Cluster) 내에 EFB와 PKS를 연료로 하는 열병합발전소 건설을 추진했다. 하지만 투자 유치에 실패하면서 한국 최초의 해외 팜유 관련 열병합 발전소 건설 계획은 중단되고 말았다.

당시 열병합발전소가 성공적으로 완공되었다면 연간 30만 톤 규모의 탄소배출권을 획득할 수 있었다. 특히 열병합발전소가 위치할 사바 주 동쪽 도시 라하드 다투(Lahad Datu)는 주변에 100여 개 이상의 팜유 가공 공장이 산재해 있었다. 따라서 팜유에서 나오는 바이오매스 연료가 풍부해 입지 조건이 매우 좋았으나, 발전소 건설이 중단되면서 큰 아쉬움을 남겼다.

정부는 화석에너지 고갈과 기후변화협약에 대응하기 위해 에너지 사업자에게 공급량의 일정 비율을 신재생에너지로 하도록 의무화하는 '신재생에너지 의무 할당제'(RPS, Renewable Portfolio Standard)를 2012년부터 도입하고 있다. 그런 측면에서 본다면, 바이오매스 연료로서 팜유 부산물, 즉 EFB, PKE, PKS 및 PAO 등

CPO Mill에서는 생산한 팜유 원유를 탱크에 저장한다.(왼쪽)
팜 열매를 가공하고 껍질 몸통만 남은 팜 부산물 EFB가 CPO Mill 한 편에 쌓여 있다. ⓒEverchem

주목할 만한 신재생에너지 연료들이다.

 팜유 가공 과정에서 나오는 EFB는 팜유 CPO Mill의 전기 연료로 사용된다. 이 EFB 연소 과정에서 타고 남은 재(bunch ash)가 있다. 이 EFB를 소각한 재 또한 25~30% 정도의 칼륨 성분(K_2O)을 함유한다. 특히 염화칼륨비료(MOP)는 팜유 열매의 다수확과 밀접한 관계가 있는 비료여서 요즘 러시아-우크라이나 전쟁으로 인해 비료 가격이 폭등하고 있는 와중에 그나마 팜유 농장 주인들의 경제적인 부담을 덜어주는 고마운 비료다.

 아울러, 아래 사진과 같은 제조 공정을 거치면 매트리스 원료로 사용이 되고 실제로 중국으로 많은 물량이 수출됐다. 아울러, 아래 사진은 EFB를 잘게 분쇄해 펠렛 타입(pallet type)으로 만들어 시장에 유통이 되고 있는데, 이 제품 역시 연료로 사용이 되고 있다.

FFB는 하나에서부터 열까지 버릴 것이 하나도 없다. 환경론자들은 벌목 뒤에 조성되는 팜유 나무 농장이 오랑우탄의 서식지를 파괴하는 등 생태계를 파괴한다고 주장한다. 하지만 팜유는 환경오염을 줄이고 석유 등 화석연료를 대체하는 산업으로 각광받기 시작했다.

바이오가스와 팜유 가공 공장 폐수

현재 생산이 가능한 재생에너지 가스 종류로는 바이오가스와 합성가스, 수소가 있다. 이 중 바이오가스는 산소가 없는 환경에서 바이오매스에서 서식하는 유기물이 분해되면서 생산되는 다양한 기체의 혼합물이다. 팜유를 비롯해 식물 폐기물, 음식 쓰레기, 축산 오물 등에서 바이오가스를 얻을 수 있다.

2021년 3월, 세계바이오가스협회(WBA)는 전 세계적으로 생성되는 유기성 폐기물과 이를 원료로 생성할 수 있는 바이오가스의 추정 생산량 및 탈탄소화 가능성을 음식물 쓰레기 13억 톤, 하수 오물 690억 톤, 축산 오물 330억 톤, 팜유 등 식물 폐기물 20억 톤 등 총 1,057억 톤으로 추정했다. 아래 표는 100만 톤의 원료를

EFB는 비료, 퇴비, 연료 원료 그리고 메트리스에 사용이 된다.
ⓒ Everchem

EFB의 물기를 빼고 건조해 잘게 썰어 압착해 만든 펠렛 타입 연료 원료.
ⓒ Everchem

팜유 유기성 퇴비(bio organic compost). 미생물 원료를 사용해 일정 기간 보관하면 팜유 농장에 유기질 비료로 사용할 수 있다.
ⓒ Everchem

팜유 가공 과정에서 나온 부산물(EFB)을 태워 칼륨비료를 만들고 있다.
ⓒ Everchem

투입하면 생산되는 전기량과 탈탄소화량을 나타낸 것이다. 에너지 산업의 '탈탄소화(decarbonization)'란 에너지 생산 및 소비 과정에서 배출되는 탄소를 절감하고 제로 탄소 배출로 나아가는 모든 과정을 의미한다.

<표> 유기성 폐기물 투입에 따른 전기생산량과 탈탄소화량(백만 톤 투입당)

유기성 폐기물 종류	전기량(Gwh)	탈탄소화량(tonnes co2e)
음식물	1,008	826,000
하수 오물	814	704,000
축산오물	412	161,000
팜유 등 식물 폐기물	4,988	1,197,000

자료출처: Everchem

바이오가스는 주로 메탄(CH_4) 및 이산화탄소(CO_2)로 구성된 가스 혼합물이며, 황화수소(H_2S), 수소(H_2) 및 암모니아(NH_3)와 같은 다른 가스들도 소량 포함하고 있다. 60%의 메탄과 40%의 이산화탄소로 구성된 바이오가스는 전기와 열을 생산하거나, 각종 기계제품의 연료원으로 사용된다. 바이오가스를 업그레이드 후 94% 이상의 바이오메탄을 얻을 수 있다. 바이오메탄은 화학적으로 천연가스와 동일한 성분을 가졌기 때문에 주택의 난방이나 산업 원료, 발전용 및 자동차 연료로 사용된다. 특히 가스 배관망에 바로 투입 가능할 뿐만 아니라 바이오에탄올, 수소의 생산이 가능하다.

바이오가스는 신재생 에너지원 중에서도 유일하게 가스 원료로서 사용이 가능하다는 장점이 있다. 화석 연료를 대체하는 차량 원료로서 각광을 받고 있다. 이미 1990년대 초 스위스와 스웨덴에서 차량 연료로 처음 사용이 되었듯이 유럽에서는 수송 부문의 온실가스 감축 수단으로 바이오 가스 사용을 확대하고 있는 추세이다.

2010년 시장분석 기관인 GIA(Global Intelligence Alliance)의 보고서에 따르면 바이오가스 비즈니스 분야의 밸류체인에서 가장 매력도 높은 분야 중에 하나로 바이오가스 생산과 고질화를 통한 천연가스 배관망 주입과 차량 연료 공급 분야를 선정하고 향후 바이오연료 중에서 가장 매력적인 수송용 연료가 될 것으로 전망하고 있다.

수송용 연료로서 바이오가스의 중요성을 열거하면 우선 바이오가스는 바이오매스(태양 에너지를 받아 유기물을 합성하는 식물체, 땔나무와 숯, 생물의 기체도 포함)로부터 나온 연료이므로 '탄소중립적'이라는 장점이 있다는 사실이다. 둘째로는 가축 분뇨, 음식물 폐기물 등 유기성 폐기물의 환경적 처리에 가장 효과적인 대안이다. 셋째, 바이오가스를 정제해 96% 이상의 메탄 함량을 지닌 바이오메탄을 생산해 자동차 연료로 이용할 경우, NOx, HC, CO, PM 등 대기오염 물질의 배출량이 매우 낮아 대기오염 방지에 큰 역할을 한다.

넷째, 차량용 대체연료 중 가장 경제성이 탁월하다. 음식물 쓰레기, 축산분뇨 등 폐기물을 원료로 이용해 생산하기 때문에 저렴한 원료 공급이 가능하다. 경제성을 확보할 수 있다. 이러한 이유로 유럽연합을 중심으로, 압축천연가스(CNG, Compressed Natural Gas) 차량 연료로 바이오메탄의 사용량이 증가하고 있다. 특히 바이오메탄은 액화천연가스(Bio-LNG)로 공급이 가능해 장거리 혹은 대형 화물 차량에 적합하다.

건물 난방과 산업용 에너지원으로도 바이오가스의 활용 범위는 넓다. 유럽이나 동아시아처럼 계절별 온도가 큰 국가에서는 천연가스를 난방연료로 사용하거나 가정용 온수 혹은 요리 등 다양한 용도로 사용할 수 있다. 특히 바이오메탄은 기존의 천연가스 난방설비를 수정할 필요 없이 가정과 서비스에 공급하는 가스 그리드(배관)에 바로 투입을 할 수 있다. 특히, 러시아의 우크라이나 침공 이후 가스 공급 문제가 발생했기 때문에 바이오가스 수요가 더 늘어날 것으로 예상된다. 산업용 에너지 또한 특정 고온 공정을 전기화하는 데 필요한 기술적 어려움과 경제적 요구 사항으로 인해 2050년에는 가스가 산업 에너지 공급의 중요한 부분이 될 것으로 업계에서는 예상하고 있다.

그렇다면 오늘날 우리는 왜 바이오가스에 주목해야 하는 것일까. 바이오가스는 그린에너지 및 유기질 비료 생산이 가능하고, 탈탄소화 및 탄소배출권 거래가 가능하기 때문이다. 게다가 바이오가스 산업은 녹색 일자리 창출에 기여하고 농업 경제의 다양화를 가져온다.

바이오가스 산업의 수많은 장점에도 불구, 도전 과제 또한 만만치 않다. 생산적인 측면에서 보면, 원료 확보, 물류, 지속가능성 및 막대한 투자비와 유지비가 들어간다는 사실이다. 또 가스의 품질과 구성의 업그레이드 비용, 투자비와 운영비, 운송 및 공급망도 신경 써야 한다. 가스 그리드 사용 가능 여부도 염두에 둬야 하고, 배관망 부재 시엔 높은 운송비 부담을 각오해야 한다. 그렇다면 마지막으로 남는 문제는 누가 바이오가스를 사줄 것인가, 즉 바이오가스의 판매처를 확보하는 일이다. 우리가 해야 할 일은 적절한 홍보와 법적 제도를 마련하는 일이다. 정부는 강력한 정책 지원을 해야 하고 과감하게 인센티브를 부여해야 한다. 조기 투자 수익 회수를 위한 비즈니스 사례 모델 개발도 시급하다. 탄소 배출권 인증과 거래도 중요하다.

 한국의 경우는 어떤가? 우리가 주유소에서 넣는 경유, 이 안에는 바이오연료가 3.5% 포함돼 있다. 2012년부터 의무적으로 섞도록 제도를 만들었기 때문이다. 이런 제도의 취지는 탄소 배출량을 줄이려는 것이다. 한국을 포함한 전 세계 국가들이 앞다퉈 디젤 연료에 값이 싼 팜유를 섞기 시작했다. 팜유는 특히나 생산성이 높아 적은 땅에서 더 많은 연료가 나올 수 있기 때문에 더 각광받기 시작한 것이다.

 석유나 석탄 대신, 식물에서 짜낸 기름, 닭을 튀기고 난 기름, 삼겹살 굽고 남은 기름을 쓰면 친환경적이다. 그래서 바이오연료는 신재생에너지로 분류된다. 하지만 국내에서 이런 기름을 구하는 건 한계가 있다. 그래서 한국은 팜유를 대량 수입해, 디젤차 경유는 물론, 발전용 중유에도 섞어 쓴다. 2020년 한국이 수입한 식용 팜유는 1만9,000톤, 반면 바이오연료 원료로 수입한 팜유와 부산물은 60만 톤이나 된다.

하수처리장에서 바이오가스와 수소를 만들다

 바이오연료에 가장 적극적인 곳은 유럽연합이었다. 그런데 팜유가 환경파괴 논란이 일자, 2030년까지 팜유를 바이오연료에서 완전 퇴출시키기로 결정했다. 유럽연합은 팜유 농장 만들려고 숲을 파괴하는 과정에서, 오히려 석유보다 3배 더 많은 온실가스를 배출한다고 주장했다.

유럽연합과 환경단체들의 주장에 따르면, 팜유 농장이 급격하게 늘어나면서, 인도네시아 열대 우림의 15%, 남한 면적의 1.4배가 파괴됐다는 것이다. 15년 만에 오랑우탄 10만 마리, 수마트라 코끼리 서식지의 69%가 사라졌다고도 주장한다. 일부 기업들은 팜유 농장을 빨리 만들기 위해, 열대우림에 불법으로 불까지 질렀다며 2015년 대규모 산불이 계속되면서 유독성 연기로 50만 명이 호흡기 질환에 걸렸고, 엄청난 양의 온실가스가 배출됐다고 난리를 피운다.

그러나 필자의 생각은 다르다. 숲에 불을 질렀다고 해서 그것이 환경파괴일까. 물론 실제로 숲에 불을 지르는 경우는 이제 엄격히 통제 및 관리가 되고 있다. 팜유 나무를 심은 것이 환경파괴라는 것인가? 실제로 잡목들로 우거진 숲을 다른 식물로 대체한 것에 불과하다고 본다.

지구촌 어디서든 화재는 발생하고 있고, 또한 지구는 스스로의 자생력으로 그 상처를 회복한다. 그리고 기존 식물을 팜유 나무로 대처해 나가는 것뿐인데, 무슨 큰일이라도 난 것처럼 환경단체와 언론들이 매스컴에서 목소리를 높이는 것은 이해가 가지 않는다. 오히려 환경파괴의 주범인 자동차의 디젤연료를 바이오디젤로 바꾸는 것이 탄소 배출을 줄여 환경파괴를 그나마 줄이려는 노력이 아닌가.

다행스럽게도 한국은 친환경 연료에 대한 스탠스를 제대로 잡아가고 있는 중이다. 정부는 바이오연료 산업을 육성하기 위해 팜유 산업 관련 기업들에 저리 융자와 면세 등 각종 혜택을 주기로 했다. 또 현재 3.5%인 바이오디젤 의무 혼합 비율을, 2030년까지 5%로 높이기로 했다. 2008년 국제 유가가 급등하자, 팜유의 새로운 쓰임새가 생긴 것이다.

온실가스를 줄여 생산 과정 또한 환경친화적이고, 원료량으로 계산하면 원전 1기(1만 1000kwh) 이상의 전력을 생산할 수 있을 것으로 보고 있다. 세계적으로 각광받는 바이오가스 산업이지만, 현재 우리나라의 바이오가스 생산 시설은 101개로, 독일(1만1,000), 이탈리아(1,650), 프랑스(740) 등 유럽 국가들과 큰 격차를 보이고 있어 큰 아쉬움을 남긴다.

재생에너지 개발 강국 덴마크는 특화된 바이오가스 기술을 통해 생산 과정 중 악취를 제거하고, 부산물로 천연비료까지도 뽑아내고 있으며, 다방면의 바이오가스 활용으로 민간기업들의 시설 투자 또한 늘고 있다고 한다. 우리는 우리나라의 실정에 맞는 바이오가스 기술과 방식을 개발·선택하는 것이 중요하다. 전체 도시가스 중 23%를 바이오가스로 대체하고 2035년까지 100% 대체를 목표로 하려면 말이다.

스웨덴 정부는 차량 구매 보조금뿐만 아니라 다양한 정책으

바이오가스 밸류체인 흐름도. ⓒ Everchem

Wealth Generation

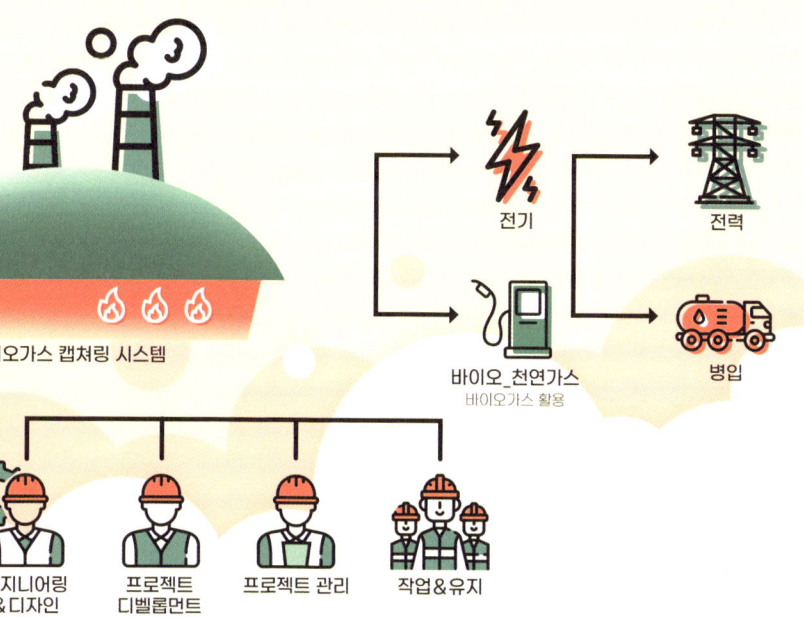

Experience   Wealth Generation

3부_ 팜유의 생산과정과 식생활

로 바이오가스 차량 연료화를 장려하고 있다. 바이오가스 차량 구매자에게 면세 혜택은 물론, 시내 혼잡 통행료 면제, 시내 공용 주차장 무료 혜택도 제공하고 있다. 차량 연료 자체에 대해서도 바이오가스 연료에 면세를 적용하고 있다.

독일은 그동안 높은 발전차액 보상으로 인해 대부분의 정제된 바이오메탄이 가스관 망을 통해 열병합발전소에서 소비됐지만, 최근에는 수송용 연료로의 활용에도 많은 관심을 갖고 있다. 바이오가스를 차량 연료로 사용하는 경우, 2015년까지 면세가 가능하며, 바이오가스 20%에 천연가스 80%를 혼합해 사용해도 면세 혜택을 주고 있다.

스위스는 2009년 기준으로 총 130여 기의 바이오가스 플랜트가 가동 중에 있으며, 연간 생산량은 약 630만Nm3로 추산되고 있다. 이 중 총 17개소에서 바이오메탄 생산 시설이 운영되고 있고, 최대 규모는 300Nm3/hr급으로써 모두 중소형 규모다. 바이오메탄 생산 시설의 85%는 차량연료 생산하고 있으며, 나머지 15%는 천연가스 배관망 공급용으로 사용되고 있다.

이처럼 EU 등의 선진국에서는 바이오가스를 고순도로 정제한 바이오메탄을 천연가스의 일부로 대체할 수 있음을 인식하고 이에 대한 많은 기반연구, 개술 개발 및 실증 프로젝트를 통해 현재는 사업 성숙기에 접어들고 있다. 이에 따라 국내에서도 바이오가스가 정부의 온실가스 감축을 위한 유력한 수단임을 인식하고 관련 법령 제정 등을 통해 확대 보급을 장려해야 할 것으로 보인다.

팜유 베이스 바이오가스

블록체인 기술은 점차 영역을 넓혀나가고 있다. 블록체인 기술은 팜유 유통 등 식품 분야로도 확대되고 있다. 블록체인은 실제 거래가 이뤄졌다는 정보를 불특정 다수의 컴퓨터에 일제히 저장하는 '분산 원장(공식 기록)' 기술이다. 누군가 한 명이 속이려 해도 수많은 다른 컴퓨터에 원본 정보가 남아있기에 위조가 불가능하다. 쉽게 말해 공급망의 매 단계마다 꼬리표가 달리고, 이 꼬리표를 수많은 사람이 공유해 투명성을 확보한 것이다. 이 기술을 활용한 것 중 하나가 비트코인 등 가상화폐다.

기업들은 블록체인을 활용해 그간 물류 운송 추적, 축산품 이력 관리 등을 해왔는데 이젠 그동안 다양한 이해관계로 인해 미뤄왔던 분야에도 블록체인을 차츰 적용하는 추세다. 미 최대 오프라인 유통업체 월마트는 IBM의 블록체인 공급망 시스템을 활용해 마트에 공급하는 식재료의 원산지와 제품 상태를 빠르게 확인하고 있다. 현재 500개 이상의 식품 품목을 추적하고, FDA(미 식품의약국)에 식료품의 잠재 오염원에 대한 정보를 1시간 안에 제공할 수 있다. 예컨대 매장에서 판매 중인 망고의 출처를 파악하기 위해 예전엔 6일이 걸렸다면 블록체인 기술을 활용하면 2.2초만 걸린다.

커피 원두도 마찬가지다. 커피 원두는 대표적으로 중개인들

수소도시, 수소의 다양한 잇점들. ⓒ Everchem

이 큰 폭의 부당 이득을 챙겨가는 품목으로 악명이 높은데, 블록체인을 활용하면 이를 막을 수 있다. 인도네시아의 커피 체인인 블루코린지는 커피를 구매하는 고객들이 커피 봉투에 그려진 QR코드를 찍으면 커피를 재배한 농부와 커피콩을 볶은 회사, 관련 물류 체인까지 확인할 수 있다. 이 기술을 적용한 커피 농가는 공급망이 투명해지며 더 높은 적절한 판매 대금을 받는 효과를 보고 있다. 스타벅스도 블록체인을 활용한 비슷한 서비스를 운영 중이다.

팜유 업계는 2004년 팜유의 지속가능성을 위해 RSPO를 설립해 투명성을 강조하고 있다. 2007년 RSPO는 첫 번째 원칙과 기준을 만들고, 2008년부터 8개 원칙과 39개 기준에 기초한 팜유 인증을 시작했다. RSPO의 인증 팜유인 CSPO의 기본 원칙을 ▲투명성, ▲법령 및 규칙의 엄수, ▲장기적 경제적, 재무적 책임, ▲농장 및 공장 운영에서 최선의 경영, ▲환경적 책임과 자원 및 생물 다양성 보전, ▲종업원 및 지역사회에 대한 책임, ▲신규 농장의 책임 있는 개발, ▲지속적 개선 등으로 정했다. 여기에 블록체인 기술을 적용해 팜유의 물류 추적 등 이력 관리를 할 수 있다면, 팜유의 신뢰성은 더 향상될 것이라고 본다. 소비자들에게 믿음을 줄 수 없다면 팜유 산업의 미래는 보장할 수 없을 것이다.

팜유 산업 생산물은 제품뿐만 아니라 에너지원으로도 활용된다. 제품의 경우에는 비료, 바이오 플라스틱, 펄프, 사료, 흡착제 등의 원료로 이용되며, 에너지원으로는 펠릿, 바이오에탄올, 바이오

한국 광신기계공업이 수출한 컴프레셔를 이용해 생산한 바이오가스를 압축시켜 가스를 공급하고 있다. 현재 광신기계는 덴마크나 스웨덴 등 북유럽 바이오가스 시장에 최적화된 압축기를 수출하고 있다. ⓒ 광신기계공업

〈Mini LNG Plant Container Type〉

광신기계공업이 타기업과 함께 국가 과제 사업으로 개발해 시험 중인 소형 LNG 컨테이너. 가스배관 시설이 없는 말레이시아나 인도네시아의 도서 지역에 팜유 베이스 바이오메탄과 연계되는 새로운 천연가스의 어플리케이션이 될 전망이다. ⓒ 광신기계공업

가스, 열분해 오일, 바이오 압축 가스(BioCNG), 바이오디젤, 직접 연소 등의 에너지원으로 광범위하게 활용돼 부가가치가 높은 산업이다.

최근 들어 팜유나 동물 지방과 심지어 요리에 사용된 오일과 같은 식용 오일을 이용해서 만든 미생물에 의해 무해(無害) 물질로 분해되는 무독성(無毒性) 디젤이 재생 에너지 자원으로 그리고 석유 디젤의 생존 가능한 대체재로 빠르게 등장하고 있다. 팜유는 '녹색연료'로서 화석연료의 대안으로 사용할 수 있는 바이오연료, 특히 바이오압축가스(BioCNG), 바이오 디젤이나 바이오메탄을 생산한다.

바이오 압축가스는 아래의 표를 보는 것과 같이 CPO Mill에서 나오는 POME를 이용하여 메탄가스를 포집하여 바이오 전기를 생산하고 업그레이드된 고순도의 메탄을 이용하여 천연가스와 성분이 거의 비슷한 수준의 바이오 천연가스를 압축하여 차량용 연료를 사용하는 것이다. 한국에서 볼 수 있는 천연가스버스에 들어가는 연료는 화석 연료에서 나오는 천연압축가스와 차이가 있는 저탄소 배출의 바이오 압축 천연가스인 것이다. 말레이시아의 경우 메탄이 주성분인 천연가스를 액화되지 않을 정도로만 압축한 것을 연료로 사용하는 천연가스차량(NGV, Natural Gas vehicle) 사업은 1985년부터 시작됐다.

한때 말레이시아 쿠알라룸푸르에서 운영되는 대부분의 택시는 천연가스를 이용해 운행될 정도로 인기가 있었다. 그런데 정부의 미흡한 지원과 환경에 대한 무관심 등으로 인해 2017년 179개소이던 천연가스 충전소가 2022년 현재 67개소로 감소하였다.

2022년 9월 현재 경유 가격은 리터당 2.05링깃(약 600원)이나 CNG의 경우 리터당 1.05링깃(약 300원)에 불과하다. 주변 국가들의 리터당 경유 가격은 리터당 4링깃 이상이다. 실제로 말레이시아 정부는 리터당 2링깃(약 600원)의 정부 보조금으로 말레이시아 국민들의 인플레이션에 대한 불만을 다소나마 달래고 있는 것이다.

세계적으로 에너지 가격이 상승하게 되자 팜유 업계에서도 팜유 제품을 이용한 에너지 생산에 더 많은 관심을 기울이고 있다. 이러한 분위기를 이용해 경남 창원에 위치한 광신기계공업에서는 CPO Mill에서 나오는 바이오 천연가스를 말레이시아 가스공사(Gas Malaysia)의 배관에 직접 공급하는 주요 기자재인 압축기를 공급하고 있다.

이와 함께 광신기계공업은 가스 배관이 없는 산간 또는 도서 지방에는 한국 정부의 정책 자금을 지원받아 소형 LNG 플랜트를 개발 및 시운전하고 있다. 특히, CPO Mill이 밀집돼 있는 말레이시아의 사바 주나 사라왁 주, 그리고 인도네시아의 칼리만탄 같은 지역은 가스 배관망이 제한적으로 깔려 있어 바이오 천연가스를 소형 LNG 플랜트를 통해 가정이나 산업 단지에 공급하게 된다면 말레이시아 정부나 인도네시아 정부에서도 쌍수를 들고 환영할 것이

글로벌 바이오디젤 수요량이 늘고 있고, 팜유 등 식물성 유지로 가공된 바이오디젤의 생산량도 2016년 이후 연평균 1.5%씩 증가하고 있다. 대형화물 천연가스차(NGV)가 압축천연가스를 주입하고 있다.

틀림없다.

사실 이웃 국가인 인도네시아의 경우, 석유 값 인상으로 연일 대규모 시위가 발생하고 있다. 기름값 안정을 위해 2022년 한해 46조 원이나 쏟아부은 인도네시아 정부는 결국 보조금 지급을 중단했다. 그러자 서민들이 주로 사용하는 휘발유와 디젤유 가격이 30% 넘게 급등했고, 화가 난 시민들은 연일 물가 폭등에 항의하는 과격한 시위를 벌이고 있다.

바이오디젤은 일반적으로 석유 디젤과 자유로운 혼합 비율로 혼합되고, 현재 운행 중인 최신 디젤엔진에는 아무 조정 없이 혼합 디젤을 사용할 수 있다. 이러한 혼합방식은 유럽 각국에서 적극적 호응을 받고 있으며, 2003년 5월에는 EU 지침이 통과되면서 모든 판매용 디젤에 최소한의 바이오디젤을 첨가시킬 것을 규정하고 있다. 다른 국가들도 이러한 추세를 따르고 있어 향후 팜유가 바이오 연료 분야에 비중 있는 연료로 부상할 전망이다.

말레이시아 정부는 팜유를 원료로 만든 바이오디젤의 생산과 소비를 적극 추진하고 있다. 말레이시아 정부는 자국 내 바이오디젤 소비를 증진시키기 위해 2016년 6월부터 'B10, B7 바이오디젤 프로그램' 정책을 시행하고 있다. 석유 디젤에 대한 의존도를 낮추고 온실가스 배출 최소화가 목적으로, 2018~2020년 사회경제정책에 의하면, 2030년까지 온실가스 배출량의 45%를 줄일 계획을 갖고 있다.

이를 위해 교통과 산업용으로 사용되는 디젤연료 혼합 비율을 교통 부문은 B10, 산업 부문은 B7으로 규정해 시행하고 있다. B10의 디젤 구성 비중은 메틸에스테르 10%와 디젤 90%의 혼합물, B7의 비중은 메틸에스테르 7%와 석유디젤 93%의 혼합이다.

글로벌 바이오디젤 수요량은 2016년 3,320만 리터에서 2025년 4,140만 리터로 연평균 2.5% 증가할 전망이다. 팜유 등 식물성 유지로 가공된 바이오디젤의 생산량도 2016년 이후 연평균 1.5% 증가해 2025년에는 3,010만 리터로 전망되고 있다. 3억 명 이상이 한 해 동안 먹을 수 있는 양이다.

바이오메탄의 중요성

바이오메탄의 산업 규모는 현재 매우 작다. 하지만 기존 인프라를 사용해 바이오가스를 업그레이드해 바이오메탄을 생산할 경우, 다양한 최종 사용자에게 탈탄소 청정에너지를 제공할 수 있다고 한다. 이러한 바이오메탄의 강력한 잠재력으로 인해 미래 성장의 주요 핵심으로 여러 국가에서 점점 더 많은 관심을 불러일으키고 있다.

바이오가스 업계에서는 세계 에너지 시스템 변화의 소용돌이에서 바이오가스와 바이오메탄이 '게임 체인저'가 될 수 있다고 말하고 있다. 업계는 그 이유로 바이오메탄은 탄소 배출 없이 천연가스와 같은 품질을 제공하며, 개발도상국을 위한 연료를 제공하는 한편으로 인프라가 열악한 지역 사회에 지속 가능한 열과 전력 공급을 제공한다는 것이다.

환경적인 면에서 볼 때, 바이오메탄은 유기 부산물이나 폐기물의 분해로 인해 대기로 방출될 수 있는 강력한 온실가스의 주범인 메탄을 처리할 수 있다는 것이다. 게다가 바이오메탄이 수입 가스를 대체하는 경우, 에너지 안보에서 상당한 이점으로 작용할 것이고, 다양한 유기 폐기물을 고부가가치 제품으로 전환함으로써 순환 경제의 개념에 적합한 연료라는 것이다. 그리고 바이오메탄은 수송 연료로서 적합하다는 것도 강점이다.

현재 전 세계적으로 약 3.5Mtoe의 바이오메탄이 생산되는데,

람보르기니가 2023년부터 바이오메탄으로 산타가타 볼로냐 공장 약 400㎡ 부지에 전력을 공급하기 위한 새로운 전력 시스템을 구축했다. 바이오메탄은 음식물 쓰레기나 가축 분뇨 등을 분해할 때 나오는 친환경 메탄가스다. 이는 현재 람보르기니의 연간 가스 요구량의 65%에 달하는 수준이다.
ⓒ Automobili-Lamborghini

유럽이나 북미 시장을 중심으로 생산이 이뤄지고 있다. 덴마크와 스웨덴과 같은 일부 국가에서는 총 가스 판매에서 바이오가스, 바이오메탄이 10% 이상을 차지한다. 특히 2022년 10월 중순 덴마크 바이오가스협회의 발표에 의하면, DKK 37억(약 7,500억 원)의 바이오메탄 가스를 생산해 러시아 천연가스 수입량을 대체했다고 한다. 또한 덴마크는 2030년까지 바이오가스에서 생산된 바이오메탄이 필요한 천연 가스량의 70% 이상을 대체할 것이라고 예상했다.

한편, 브라질, 중국, 인도 등 유럽과 북미 이외의 국가들이 바이오메탄 업그레이드 수가 2015년 이후 3배가량 증가하면서 바이오메탄 생산량이 빠르게 증가하고 있다. 특히 덴마크의 경우에서도 보았듯이 러시아-우크라이나 전쟁으로 인해 유럽의 많은 국가들이 바이오메탄 생산 확대에 투자하고 있음은 자명한 사실이다.

바이오 메탄에 대한 관심이 높아짐에 따라 전 세계적으로 운영되는 업그레이드된 바이오 메탄 플랜트(바이오가스 업그레이드 및 바이오매스 가스화 시설 포함)의 수가 2020년 약 1,000개를 넘어섰다. 플랜트에서 가동 중인 바이오메탄의 약 60%를 가스 분배망에 주입하고 나머지 20%는 차량 연료에 사용하고 있다. 나머지 20%는 다양한 용도에 사용되고 있다고 한다. 참고로 전 세계에 현재 약 70만 개의 바이오가스 플랜트가 있다.

바이오가스의 생산성은 다양한 공급 원료의 에너지 함량이 핵심 요소다. 말레이시아와 인도네시아에서는 최적화되어 있는 공급 원료가 있다. 바로 CPO Mill의 착유 공정에서 나오는 POME다. 2021년 현재 말레이시아는 451개, 인도네시아의 경우 742개 등 총 1,193개의 CPO Mill이 있다. 이 중 말레이시아의 경우 78개의 바이오가스 플랜트가 있다. 이 중 단 2곳만이 바이오메탄 생산 시설이 있으며, 모두 수송 연료로 사용하고 있다.

15.
팜유와 식생활

글로벌 시장 '식량 무기화' 공포

　인도네시아가 2022년 4월 28일 0시를 기해 팜유와 팜유 원유 수출을 전면 금지하기로 했다. 일주일 전인 4월 22일 발표한 팜유는 물론 팜유 원유인 CPO까지 전격적으로 통제 대상에 포함했다. 인도네시아 정부가 해군 함정을 동원해 수출 선박을 막겠다는 초강수 조치 발표가 나오자 팜유 가격은 급등했다. 팜유 대체재인 대두유(콩기름) 역시 사상 최고가를 찍었다. 월스트리트저널은 4월 27일 자에서 "세계 각국이 곡물 등의 수출을 통제하는 '식량 무기화'에 나서고 있다"며 "인도네시아의 수출 금지는 식량 보호주의의 최신 사례"라고 보도했다.

　세계 최대 곡창지대인 러시아와 우크라이나 간 전쟁은 연쇄적인 식량 수출 금지를 촉발했다. 사실 우크라이나는 유채유(카놀라) 최대 생산국이다. 러시아-우크라이나 전쟁이 발발하자 아일랜드에서는 유채유 가격이 1000배 이상 폭등했다는 소식도 들린다. 러시아도 수출 봉쇄에 나서고 있다.

국내 공급 부족을 우려한 러시아가 2022년 6월까지 카자흐스탄 등 인접국에 밀 옥수수 등의 수출을 중단했다. 그러자 카자흐스탄을 비롯해 세르비아, 헝가리, 불가리아 등이 잇달아 식량 수출 통제에 나섰다. 세계은행은 식량 수출 통제를 선언한 국가가 2022년 2월 러시아의 개전 이후 25% 늘어나 35개국에 달한다고 밝혔다. 캐나다 비영리기구 세계무역경보(GTA·Global Trade Alert)에 따르면, 세계적으로 식량 비료 등의 수출을 제한한 정책은 현재 36건에 이른다. 2022년 1월 7건, 2월 12건에 비해 크게 늘었다.

세계 각국은 각종 위기 상황에서 식량 수출을 통제해왔다. 코로나19 여파가 심각했던 2020년 상반기 일부 국가가 공급망 붕괴를 우려해 일시적으로 쌀, 밀 등의 수출을 중단했다. FT는 "팬데믹 초기 식량 수출 통제 움직임에 공급 부족 우려가 제기됐지만 당시 공급망은 생각보다 잘 버텼다"고 했다. 그러나 코로나가 끝나가는 상황에서 터진 러시아의 우크라이나 침공으로 식량 수출을 중단하는 나라가 줄을 잇고 있다.

식량 수출 금지는 '죄수의 딜레마'

팜유는 물론 팜유 원유인 CPO까지 전격적으로 수출을 금지한 인도네시아는 세계 1위 팜유 수출국이다. 연간 밀 수출 규모가 세계 10위권에 드는 카자흐스탄은 최근 밀 수출량에 대해 임시

할당제를 도입했다. 2022년 3월 중순엔 아르헨티나가 대두유(콩기름) 등 대두 관련 식품의 신규 수출을 막으려 했다. 아르헨티나는 브라질, 미국에 이어 세계 3위 대두 수출국이다. 하지만 국내외 비판 여론이 잇따르자 아르헨티나는 수출 금지 대신 수출세를 31%에서 33%로 높였다. 국외로 반출되는 대두의 양을 줄이겠다는 의도다.

최근에는 세르비아, 북마케도니아, 헝가리, 불가리아, 몰도바 등 소규모 생산국들까지 밀, 옥수수 등의 수출 제한에 동참했다. 대표적 식량 수입국인 이집트까지 "식량 재반출이 우려된다"며 3개월간 밀 옥수수 식용유 수출을 금지하겠다고 나섰다.

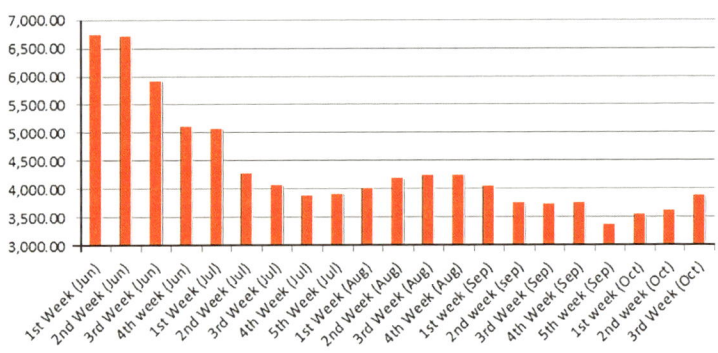

팜유 가격 최근 시세 변동표　　　　　　　　※기준: CPO FOB Price In Malaysia

자료: Everchem

각국 정부가 식량 수출 제한 조치를 취하는 것은 물가 안정을 위해서다. 물가를 잡으려고 국내에 우선 식량을 공급해야 하는 바람에 오히려 가격을 폭등시키고 마는 것이다. 미 시카고상품거래소에서 옥수수 가격은 2022년 2월 러시아 전쟁을 기점으로 부셸(27.2kg) 당 8달러 선을 뚫었다. 옥수수 8달러대는 2012년 이후 처음이다. 밀은 부셸당 11달러 돌파를 목전에 두고 있다. 2008년 식량위기 당시 가격(부셸당 9달러가량)을 훌쩍 뛰어넘었다. 대두유 값은 사상 최고인 파운드(약 0.45㎏) 당 87.8센트까지 치솟았다.

FAO는 3월 세계 식량가격지수가 전월보다 12.6% 상승한 159.3을 기록했다고 발표했다. 1990년 관련 집계를 시작한 이후 역대 최고치다. 러시아 전쟁으로 질소비료(Nitrogen)의 핵심 원료인 천연가스 가격이 치솟아 곡물 값은 상당 기간 고공행진을 이어갈 전망이다.

수출 통제는 가격 폭등을 불러온다. 인도네시아가 팜유 수출을 전면 금지한 이날, 말레이시아 쿠알라룸푸르 거래소에서 팜유 가격은 톤당 7,757링깃(약 226만 원)을 기록했다. 팜유 수출금지 보도가 나온 일주일 전의 4월 22일(6,871링깃) 대비 12% 올랐다. 2022년 들어 상승률은 50%에 달한다. 팜유를 대체하는 대두유는 미국 시카고상품거래소에서 파운드(약 0.45㎏) 당 87.8센트로 장을 마감해 역대 최고가를 경신했다.

세계은행은 2022년 4월 내놓은 '원자재 시장 전망 보고서'

를 통해 "전쟁 여파로 각종 곡물과 원자재 가격의 고공행진이 2024년 말까지 이어질 것"으로 내다봤다. 또 최근 곡물 가격 상승폭은 2008년 식량위기 이후 가장 크다고 분석했다. 데이비드 맬패스 세계은행 총재는 "국제적으로 식량을 무기로 보복을 가하는 흐름이 본격화하고 있다"며 "곡물 수출국의 이기심 때문에 식량을 수입하는 최빈국부터 쓰러질 것"이라고 지적했다. 이어 "각국 정부가 국내 가격 상승 압박을 해소하기 위해 수출 금지를 선택하면 국제 가격을 더 끌어올리는 '승수효과'를 발생시킨다"고 지적했다.

『파이낸셜타임스(FT)』는 최근 세계 각국의 식량 보호주의를 '죄수의 딜레마'(prisoner's dilemma)에 빗댔다. 식량 수출을 유지하는 것이 모두에게 이익이 되지만, 유일한 수출 국가로 남게 되면 내수 공급이 부족해질 것이라고 걱정해 수출 통제에 나선다는 것이다. 미국 투자 전문 매체 시킹알파(Seeking Alpha)는 "식량 보호주의가 유럽은 물론이고 다른 글로벌 시장까지 뒤덮기 시작했다"고 전했다.

인도의 고민

인도네시아 팜유 수출 금지 조치의 유탄(流彈)은 인도가 맞았다. 인도에서 비명소리가 들리기 시작했다. 인도가 고민하는 것은 팜유가 다양한 산업분야에서 사용되고 있기 때문이다. 인도네시아의 수출 중단이 가져올 산업계의 충격에 전전긍긍하는 모습이다. 팜유와 그 유도체는 식품, 세제, 화장품 및 바이오 연료를 포함한 다양한 산업에서 사용된다. 또한 비누, 마가린, 샴푸, 국수, 비스킷 및 초콜릿과 같은 일상 소비 제품을 제조하는 데 필수적이다. 따라서 인도의 팜유 부족은 소비재의 부족 사태를 야기해 인도 생활경제에 큰 충격파를 던질 수 있다는 것이다.

영자지『파이낸셜 익스프레스(Financial Express)』는 2021년 11월 23일 자에서 인도의 식품회사 파레프로덕트(Parle Products)가 비스킷 가격을 당장 5~10% 인상하기로 했다고 보도했다. 파레프로덕트는 설탕, 밀, 식용유와 같은 원자재 가격 상승 이후 투입비용이 크게 상승함에 따라 품목별로 5~10%의 가격을 인상했다고 밝혔다.

비스킷 부문에서는 파레 지(Parle G), 히데 앤 시크(Hide & Seek), 크랙잭(KrackJack) 등 인기 브랜드를 보유한 파레가 러스크와 케이크 부문 가격을 각각 5~10%, 7~8% 올렸다. 가장 인기 있는 포도당 비스킷인 파레 지의 가격이 현재 6~7% 인상됐다.

파레프로덕츠의 시니어 카테고리 대표인 마얀크 샤(Mayank Shah)는 "이러한 인상 조치는 우리가 직면하고 있는 투입 비용에 대한 인플레이션 압력을 고려한 조치"라며 "대부분의 회사들이 이러한 문제에 직면해 있다"고 말했다. 파레는 식용유와 같은 투입 자재 가격이 2021년에 비해 50~60% 상승함에 따라 인플레이션 압력에 직면하고 있다고 말했다.

스와스티카 인베스트먼트(Swastika Investmart)의 산토시 메나(Santosh Meena) 대표는 "팜유와 그 파생 상품이 비누, 샴푸, 비스킷 및 국수와 같은 일용품 생산에 사용된다"며 "이것은 힌두스탄 유니레버(HUL), 네슬레(Nestle), 브리타니아(Britannia), 고드레지(Godrej)와 같은 일상 소비재(FMCG) 회사에 부정적인 영향을 미친다"며 "따라서 높은 가격은 포장식품 제조업체, 비누 제조업체 및 기타 개인 위생용품 제조업체를 가격 인상 이외의 다른 선택지가 없게 만든다"고 했다.

2021년 11월 초, 파레의 경쟁사로 인도 제과시장의 34%를 점유하는 브리타니아 인더스트리(Britannia Industries)는 팜유, 산업용 연료, 포장재의 시장 가격이 전례 없는 인플레이션을 겪고 있으며, 제품 전반에 걸쳐 가격 인상을 시작했다고 말했다. 식품 영역에 진출한 몇몇 일상 소비재(FMCG, Fast Moving Consumer Goods) 업체들은 화석연료 가격 인상에 따른 운송수단의 변화와 함께 팜유 가격 인상에 따른 상품 가격의 인플레이션 추세에 직면해 있는 것이다. 따라서 업체들은 대부분 마진을 유지하기 위해 소비자에게 가격 인상분을 전가하는 방식을 선택한 것이다.

2021년 8월 15일 인도 독립기념일 연설에서 나렌드라 모디(Narendra Modi) 총리는 "인도는 자립이 필요하다"며 팜유 농장을 확대하는 계획을 발표했다. 인도네시아에서 연간 400만 톤 이상의 팜유를 수입하는 인도는 팜유 소비의 증가로 팜유 농장의 증설을 계획하는 중이었다. 모디 총리는 "강수량이 많은 인도 동쪽에 현재 300만 헥타르 사이즈의 팜유 농장이 있다. 그런데 농업부문과 식품 가공 산업의 자립을 위해 추가로 650만 헥타르 이상의 팜유 농장을 추가로 확장할 것"이라고 밝혔다.

팜유는 강수량이 많은 지역에서 재배가 가능하기 때문에 인도의 북동부는 특정 지역에서 많은 잠재력을 가지고 있다는 것이다. 현재 인도 북동부 아삼(Assam) 주의 고알푸라(Goalpura)와 캄루프(Kamrup) 지구는 팜유 재배에 종사하고 있지만, 재배 지역을 더욱 확대할 필요가 있다는 것이다.

인도는 팜유에 관한 국가 계획 '오일 팜(NMEO-OP)'에 따라 2025~2026년까지 팜유 나무 재배 면적을 650만 헥타르까지 늘릴 계획이다. 이 계획대로라면 인도는 CPO 생산을 2025~2026년까지 112만 톤으로, 2029~2030년까지 최대 280만 톤으로 늘일 수 있다는 것이다. 인도의 이러한 계획은 팜유 생산 부문에서 인도의 국가 농업과 팜유 자립을 달성하게 해줄 것으로 보인다.

인도의 과제는 팜유 자립을 위해 증산계획을 신속하게 추진하고, 동북지역의 팜유 생산 농민들에게 특별한 인센티브를 제공하는 것이다. 결과적으로 인도네시아의 팜유 수출 금지 조치는 인도의 팜유 농업 자립에 '약'이 될 전망이다.

16.
CPO와 PKO로 만든 제품

팜유는 화학성분을 사용하지 않은 방법으로 팜유 나무의 열매에서 추출한 오일이다. 요즘 건강을 우선으로 챙기는 사회적 분위기 속에서 자연적 방법으로 추출한 팜유는 현대인들에게 매우 좋은 반응을 얻고 있다.

팜유 나무의 열매는 비누나 식용유 등으로 가공되는데, 과육(果肉)에서 추출된 오일은 주로 식용으로, 팜커널에서 추출된 오일은 가공식품에 사용되고 있다. 말레이시아에서는 팜유 나무 농장 면적 약 1만 헥타르당 평균 하나 정도의 CPO Mill이 있는 실정이다.

식용 팜유

팜유는 천연적으로 베타카로틴(beta-carotene)을 다량 함유하고 있다. 베타카로틴은 가장 강력한 항산화제(抗酸化劑, antioxidant)로서 체내에서 생긴 나쁜 산소가 세포막과 유전자를 손상시켜서 노화를 촉진하고, 암세포도 만들어 내고, 성인병에도 걸리게 하고 하는데, 이것을 막는 것이 주 임무이다. 베타카로틴은 사람 몸에 흡수되면 비타민A로 바뀌는데, 비타민A는 식욕을 촉진하고, 신체 발육을 돕고, 면역력을 강하게 하는, 우리 몸에 꼭 필요한 영양소다. 적색을 띠는 오렌지색 색소로, 카로티노이드계 색소를 지니고 있으며, 당근이나 호박 등에 많이 함유돼 있다.

그러나 베타카로틴은 끓이는 과정에서 원래의 붉은 색소가 파괴돼 버린다. 이 팜유는 포화지방(飽和脂肪, saturated fat)이 높은 오일이라서 실내 온도에서는 반(半) 응고 형태가 된다. 팜유는 소화가 잘되고 인도, 방글라데시 및 서아프리카와 적도(赤道) 아프리카에서는 지금도 칼로리와 주요 영양분의 공급원이 되고 있다.

팜유의 용도

우리는 사실 매일 팜유와 그 화합물을 잘 알지 못하면서 소비하고 있다. 마가린(margaine), 요리용 오일(cooking oil), 빵, 제과(pastries), 파이(pies), 다르트(tarts), 크루아상(croissant), 비스킷(biscuits), 과자, 샐러드 드레싱 (salad drossings), 마요네즈(mayonnaise), 음료수, 아침식사용 시리얼(cereals), 인스턴트 밀크, 통조림 및 카레 (curries)도 모두 다 팜유를 함유하고 있다. 가끔은 팜유가 상품 포장 라벨에 단순 식용유로 기록되기도 한다.

이처럼 용도가 다양한 오일은 고형(固形) 수프, 마른 수프,

커피 크림 대용품, 우유를 포함하지 않은 크림, 과자류 속 치환유(filled milk) 그리고 땅콩버터 등에도 사용된다. 치환유(filled milk)란 것은 기본적으로 기름을 걷어낸 우유에다 식물성 오일을 섞은 우유를 말한다. 유럽에서는 실제로 땅콩버터의 안정제로 팜유를 사용한다.

팜유는 과자류 초콜릿, 단단한 과자와 맛있는 아이스크림에도 사용되고 있다. 그리고 껌과 산탄가루(contan power) 즉, 건조한 가루 형태의 코코넛 크림에도 팜유가 들어있다. 전 세계적으로 점차 팜유에 대한 수요가 늘고 있는 까닭은 뛰어난 물리적, 화학적 그리고 영양적 요소 때문이다.

팜유를 이용한 크림과 과자류는 입에서 빠르게 녹아 순하고 차가운 입맛을 남기게 될 뿐만 아니라, 시장 접근이 쉽지 않은 저개발국에서는 유통기한이 길다는 장점 때문에 애용되고 있다. 통조림 수프의 경우, 팜유가 자연적인 산화방지제를 함유하고 있기 때문에 그 향기를 오래 간직한다. 우리 음식물에 포함돼 있는 산화방지제는 인체 세포의 조로(早老) 현상을 막아준다.

이와 대조적으로 관행적인 수지(獸脂)와 같은 동물성 유지는 이러한 성분이 없고 빨리 부패한 냄새가 난다. 때문에 차, 커피 또는 초콜릿 음료에 사용하는 밀크 크림이나 우유를 넣은 크림의 대체재로 유통기한이 상대적으로 긴 팜유 크림이 사용되기도 한다. 디저트에도 오일 크림이 동물성 유지 대신 많이 사용된다. 팜유는

팜유는 과자류, 초컬릿, 아이스크림 등 식품에 광범위하게 사용된다. 이탈리아 페레로사가 생산하는 헤이즐넛 스프레드 브랜드 누텔라(Nutella)와 페레로로쉐 초컬릿. 로쉐(Rocher)는 프랑스어로 바위를 뜻한다. 견과류 등을 넣어 바위처럼 울퉁불퉁한 모양을 특징으로 로쉐란 이름을 붙였다.
ⓒ Ferrero S.p.A.

품질의 우수성 때문에 치환유에 사용되는 오일로 선택되고 있다.

팜유는 다른 요인에 비하여 높은 융점(融點, melting point)을 지니고 있기 때문에 쇼트닝(shortening)을 만드는 데 적합하다. 이처럼 팜유로 만든 쇼트닝을 사용하면 공기를 음식에 품는 것이 유리하고 음식이 더 맛있게 보인다. 쇼트닝이란 제과, 제빵, 요리 등의 식품 가공에 쓰이는 반고체 상태의 유지 제품을 말한다.

팜유는 동시에 습도를 증가시키고 윤활유와 같은 역할을 한다. 에스테르 교환(interesterification)이라는 오일의 분자 정렬을 수정하는 과정에서 팜유의 특성을 음식의 형태에 적합하게 변형시킬 수 있는 장점이 있다. 쇼트닝은 거의 필수적으로 케이크, 빵 과자, 비스킷 그리고 버터, 크림 내장용으로 사용되고 있다. 참고로 에스테르 교환은 에스테르에 알코올, 산 또는 다른 에스테르를 작용시켜 산 또는 알킬기(alkyl group)의 교환에 의해 새로운 에스테르를 만드는 것이다. 여기에서 에스테르(ester)는 유기산(酸)과 알코올로부터 형성되는 달콤한 향기의 물질이다.

팜유의 장점, 여덟 가지

인체의 건강에 유익하고 영양이 풍부한 팜유는 전 세계적으로 보편적 식품이 됐다. 다른 주요 식용유와 유지를 뛰어넘어 국제적으로 가장 넓게 교역되는 오일이 되었기 때문이다. 유엔식량농업기구(FAO)의 2020년 자료에 따르면, 전 세계 팜유 수입 물량 4,753만 톤 가운데 인도는 인도는 약 720만 톤으로 최대 수입국이자 최대 소비국이고, 중국이 약 670만 톤으로 그 뒤를 잇고 있다. 인도네시아와 말레이시아는 이들 대소비국들에게 팜유를 공급하는 주요 공급국이고, 계속 증가되는 이 '황금 오일'에 대한 수요를 충족하기 위해 그 공급량을 1970년대 초에 비해 거의 10배나 증가시켰다.

팜유는 높은 산화 안정성(oxidative stability) 때문에 고유의 특성을 잃어버리지 않고 높은 온도까지 가열될 수 있다. 이러한 장점 때문에 팜유는 튀김요리에서 이상적인 오일로 여겨지고 있다. 팜유의 요리에서의 장점은 셀 수 없을 정도지만 여덟 개만 꼽는다면 아래와 같다.

첫째, 콜레스테롤이 없다. 둘째, 가장 높은 산화 안정성을 지니고 있고, 연기가 적게 난다. 즉, 연소점(Flash point)이 200℃ 이상이기 때문에 요리하는 부엌이 더 청결하게 유지될 수 있다. 셋째, 튀김식품의 오일 흡수 속도가 낮다. 그 결과 식품의 영양 가치 유지를 가능하게 한다. 이는 튀김 과정에서 보충하는 오일의 양을 절약할 수 있어서 경비 절감이 가능하다. 넷째, 음식에 비린내가 나게 하는 지방산(리놀렌산)이 없다. 다섯째, 튀김음식을 더 파삭파삭하게 하고 유통기한이 길어진다. 여섯째, 식품의 향기를 높이고 다른 요리 오일과 쉽게 혼합할 수 있다. 일곱째, 다른 오일보다 높은 융점(녹는점) 때문에 쇼트닝 만드는데 알맞으며, 거의 모든 음식에 사용하는데 적절하다. 여덟째, 할랄(Halal) 내지 정결한 식품이다.

참고로 할랄(Halal) 식품은 이슬람 식생활에서 허락된 식품이다. 동물을 도축할 때는 목 정맥을 잘라서 가축의 피를 쏟아내어 피를 먹지 않아야 한다. 돼지고기, 도축 이전에 죽은 고기, 이슬람교 알라(Allah) 신의 이름으로 도축되지 아니한 가축고기, 피·피 음식, 알코올, 육식동물, 맹금류 등은 금지된 식품이며, 이것을 하람(Haraam)이라고 한다.

이처럼 용도가 다양한 팜유가 다양한 식품산업에 사용되고 있고, 중국을 비롯해 타이완, 홍콩, 일본, 한국, 동남아, 미국 및 유럽의 라면 생산자들 대부분이 팜유를 사용하고 있다. 팜유로 튀긴 라면은 일반 라면보다 유통기한이 9~12개월이나 더 긴 장점이 있기 때문이다.

팜유에 대한 세계적인 수요는 최근 20여 년 동안에 급증했다. 주로 식품재료, 소비자 식품 그리고 최근에는 바이오 연료의 재료로 사용되고 있다. 또한 인도와 중국의 국민소득이 빠르게 증가하면서 식용유로서 팜유의 빠른 수요 증가가 전망되고 있다. 미국에서도 트랜스 지방(trans fat)을 피하고자 팜유의 수요가 꾸준히 증가했다. 더군다나 팜유가 가격이 저렴한 데다 상대적으로 건강에 유익하다는 이유로 수요의 전망은 더 밝아지고 있다.

참고로 트랜스 지방은 왜 우리 인체에 나쁠까. 인간의 몸은 세포로 이루어져 있고, 세포는 세포막으로 싸여있다. 그런데 세포는 이 세포막을 통해 영양분을 흡수하고, 인접 세포와의 상호작용을 위해 신호전달 물질을 분비하고 받아들인다. 이러한 세포막의 기능을 유지하는 데에 필수지방산이 중요한 작용을 한다. 그러나 트랜스 지방이 체내에 쌓이면 세포막의 정상적인 기능을 저하돼 결국 세포가 제 기능을 발휘하지 못한다는 것이다. 그 결과로 나쁜 지방의 증가, 당뇨, 유방암, 대장암 등의 발생을 증가시키게 된다.

다양한 용도로 사용되는, PKO

팜유 나무의 열매 과육(mesocarp)에서 팜유 원유인 CPO를 생산하는 한편, 팜유 열매의 커널(palm kernel)은 또 하나의 놀라운 오일, 즉 PKO를 생산한다. 제1차 세계대전의 휴전협정이 마무리될 무렵, 독일에서는 휴전 조건의 하나로서 독일로의 팜유 나무 열매 수출의 봉쇄 조치 해제를 제시했을 정도다. 그러나 그 후 평화가 찾아왔을 때 영국은 팜커널유의 경제적 중요성을 깨닫고 독일 수출을 금지했다.

팜유와 마찬가지로 PKO도 그 용도가 다양해 높은 평가를 받는다. 비록 같은 팜 열매에서 생산되지만, 그 사용가치는 다르다. 팜유는 상온에서 굳어지거나 반(半) 응고 상태이지만 30℃ 이상의 온도에서는 잘 녹는다. 마치 코코아 버터에 의해 생기는 느낌과 비슷하게 깔끔하며 유쾌한 맛을 남긴다. 더군다나 PKO는 쉽게 산화되지 않아 PKO로 제조한 식품의 유통기간은 매우 길다. 이는 식품 제조업자나 소비자를 양쪽 모두에게 매우 중요한 요소다.

PKO는 식품산업에서 광범위하게 사용되고 있으며, 동시에 글리세롤, 지방산, 에스테르, 세제, 화장품, 플라스틱 제품, 제초제, 그리고 알코올 등과 같은 올레오 케미컬의 제조에도 이용된다. 이처럼 팜유를 기반으로 한 올레오 케미컬은 수천 가지의 용도와 많은 산업에서 폭넓게 적용되고 있다. 그리고 그러한 용도는 인간의 삶의 질을 크게 향상시켰다.

PKO는 군사용으로도 사용됐다. 네이팜(Napalm)탄이 그것이다. 네이팜탄은 알루미늄·비누·팜유·휘발유 등을 섞어 젤리 모양으로 만든 네이팜을 연료로 하는 유지소이탄(油脂燒夷彈)이다. 팜유를 소듐 하이드 록 사이드(수산화나트륨)로 처리해 에스커 기를 가수분해시키면 글리세롤과 팔미틱애씨드 나트륨을 얻을 수 있다. 소이력(燒夷力)이 매우 크기 때문에 3000℃의 고열을 내면서 건물과 산림·군사시설 등을 불태워 반경 30m 이내를 불바다로 만들며, 사람을 타죽게 하거나 질식해 죽게 만들었다. 네이팜탄은 제2차 세계대전 때부터 항공기에서 투하하는 방법으로 사용했다.

네이팜 자체는 휘발유가 쉽게 흘러내리지 않고 끈적한 젤 상태를 유지하도록 해주는 첨가물일 뿐이고, 그 자체로는 가연성 물질이 아니다. 이렇게 액체와 결합할 때에는 젤 내지는 점토처럼 끈덕진 물질이 되어서 벽 같은데 들러붙어 더 오랫동안 타게 되며 불을 끄기도 더 어렵게 된다. 투하 지역을 초토화시켜 생명체를 말살하고, 생존한 생명체에게도 심각한 후유 장애를 초래했다. 실제로 6·25 전쟁, 베트남전, 이라크전 때도 미군이 사용해 많은 논란을 불러일으켰으며, 현재는 비인도적인 무기로서 사용이 금지돼 있다.

특히 네이팜탄은 『AP통신』의 닉 우트 기자가 베트남전의 참상을 알린 퓰리처상 수상 사진으로 유명해졌다. 1972년 베트남전 당시, 미군이 한마을에 네이팜탄을 투하해 온 마을이 불길에 휩싸인 상황에서, 겁에 질린 한 소녀가 울부짖으며 불길 속을 알몸으로 뛰쳐나오는 장면이다. 당시 사진에 찍힌 9살 소녀의 이름은 판티 킴 푹으로 당시 몸에 걸친 옷조차 타서 없어질 정도로 강력했던 네이팜탄 때문에, 전신에 화상을 입은 채 고통스러워한 것으로 알려졌다.

PKO를 가공한 유제품

초콜릿 애호가들에게 팜핵유는 '입에서 살살 녹는 느낌'을 주는 코코아 버터의 최고 대체품이다. 이는 다양한 '특별 지방'을 만들기 위해 PKO를 세분화, 혼합, 수소화(水素化) 가공 과정을 거쳐 특별한 식품에 맞는 용해 온도를 설정해 PKO 오일의 수요를 증대시킨 결과다.

PKO의 낮은 용해점, 깔끔한 맛, 그리고 장기간의 유통기간 등은 이상적인 유지(乳脂) 대체제로 주목을 받고 있다. 설탕과 분유 가루 그리고 PKO 특별 지방으로 만든 크림은 비스킷, 와퍼, 그리고 과자류에 사용된다. 이처럼 과자류의 속에 넣는 크림은 신속하게 고정되고, 크림이 입안에서 빠르게 녹으면서 유쾌한 감각을 선사한다.

PKO로 만든 중요한 식품 가운데 중쇄지방산(MCT, medium chain triglycerides)이 있다. 중쇄지방산은 소화, 흡수가 잘 되고 에너지로 전환되는 짧은 사슬의 지방산이다. 이 식품은 통상적인 방법으로 정상적 지방을 신진대사(新陳代謝, 신체가 섭취한 음식을 소화하는 과정의 속도) 시킬 수 없는 사람들이 먹는 것이다. 이 식품은 동시에 음식과 음료에 빠른 에너지원으로 사용된다.

유지화학

일상생활에서 팜유가 활용되는 사례. ⓒ Everchem

양치질
치약에는 종종 효과적인 먼지 제거 및 거품제인 야자 기반의 라우릴황산나트륨이 함유되어 있습니다.

올레오케미칼이란?
올레오케미칼은 지방과 오일에서 파생된 모든 화학 물질을 말하며 뚜렷한 특성을 가지고 있어 많은 효과적인 이점을 제공하므로 많은 가정 및 개인 관리 제품에 적합한 첨가제가 됩니다. 재생 가능한 자원에서 나오는 천연 성분으로서, 팜유 기반의 함유 화학 물질을 함유한 제품은 종종 모든 종교에서 선호되고 수용됩니다.

프로그램을 향상시키기 활성 성분으로 트랜스 기한을 연장하는 데

아침 식사
시리얼, 브렉퍼스트 바 및 일부 유제품(지방 대체제)과 같은 제품은 제형에 팜유를 사용합니다.

개인 관리
다양한 퍼스널 케어 제품은 유화제, 연화제(모이스처라이저), 윤활제 및 컨디셔너를 포함한 다양한 퓨어포즈를 제공하기 위해 팜유 기반의 함유 화학 물질을 사용합니다.

청소
이 팜유 활성 성분은 우수한 세정력과 거품력을 가지고 있습니다.

PKO의 독특한 구성은 유지 화학(Oleochemical) 제조업자들에게 주목의 대상이다. 이 제조업자들은 PKO를 이용해 많은 종류의 유지 화학 제품을 만들어낼 수 있기 때문이다. 구체적으로 스테아린(stearin, 양초 원료), 비누, 세제, 윤활제, 생물체 연료(bio-diesel) 등이 있다. 그러나 지방산(fatty acid), 지방알코올(fatty alcohol), 글리세린(glycerine), 메틸에스테르(methyl ester, 바이오디젤) 등은 여전히 미개발 상태이며, 이 제품군은 제약, 화장품 등 기본 유기화학에 유용한 것들이다.

1980년까지만 해도 유지 화학은 대부분 수지(獸脂)와 코코넛오일에서 추출했고, 주로 미국, 유럽과 일본에서 생산됐다. 그러나 이후 팜유에 기반을 둔 유지 화학이 그 이전의 유지 화학을 대체하기 시작했다. 팜유에서 만든 유지 화학이 구하기 쉽고, 다양한 형태로 변형이 가능하며, 보다 친환경적인 성질을 갖고 있기 때문이었다. 예컨대, 팜유에서 가공된 유지 화학은 미생물 작용으로 빠르고 완전히 분해될 수 있다는 장점이 있다.

말레이시아는 1980년 처음으로 유지 화학 공장을 세웠고, 지금은 세계 최대의 유지 화학 제품 생산자로서 연간 200만 톤 정도를 생산한다. 이는 세계 생산량의 25% 수준이다. 유지 화학은 수많은 산업에 적용할 수 있을 뿐만 아니라 인체의 개인 용품과 세제로도 사용될 수 있는 등 수천 가지의 용도도 쓰인다.

팜유를 이용한 유지 화학은 립스틱과 로션, 크림의 젤 등 화장품 원료로 사용된다. 피부에 부드럽고 '인간 친화적'이며 '녹색' 제품이기 때문에 석유 케미컬 제품보다 화장품에 훨씬 더 적합하다. 그뿐만 아니라 재생이 가능하며 생물학적으로 분해가 가능하다고 한다.

팜유를 사용한 유지 화학 제품 가운데 화장품 품목은 피부에 끈적거리며 숨구멍을 막는 피부막(皮膚膜)을 남기지 않으면서도 수 시간 동안 피부를 촉촉하게 유지해 준다. 이러한 천연적 유지 화학으로 만든 오일과 로션은 피부에 빠르게 흡수된다. 팜유를 사용해 매우 촉촉한 성분을 지닌 립스틱은 비타민A와 E, 그리고 염소 우유로 보강돼 있다. 이렇게 만든 립스틱은 놀랍게도 여성 핸드백에 1년 이상을 갖고 있어도 그 형태가 그대로 유지된다.

현대인의 건강에 대한 관심이 늘어남에 따라 매년 전 세계 소비자들이 팜유로 만든 유지 화학 제품을 더 많이 찾고 있는 실정이다. 이러한 유지 화학 제품의 수요증가 추세는 잘 알려진 광우병(狂牛病)과 같이 종(種)의 벽을 넘어 인간들에게도 전염이 될 수 있는 동물병의 발생 이후 더욱 더 늘어나고 있다.

초기의 팜유를 기초로 한 유지 화학 제품 중의 하나는 양초였다. 영국인들은 이미 19세기 말부터 팜유에서 가공한 유지 화학으로 양초를 만들어 사용했다. 욕실에서 팜유로 된 유지 화학 제품은 비누, 샴푸, 정발제(整髮劑, 헤어크림이나 헤어스프레이 등 모발을 원하는 스타일로 정리할 때 사용하는 헤어스타일링 제품), 탈취제, 치약,

세탁 및 가정 세제 그리고 섬유유연제 등에 광범위하게 사용되고 있다. 이와 같은 팜유 유지 화학으로 만든 제품은 석유 화학제품보다는 피부에 부드럽고 훨씬 더 친환경적이라고 할 수 있다.

팜유를 기초로 한 유지 화학은 인쇄용 잉크, 크레용, 식품포장용 코트지(coat紙), 플라스틱, 나무, 콘크리트와 시멘트 등에 사용됐다. 이 유지 화학 제품은 비나 곰팡이, 녹 등으로부터 보호하기 위해 금속 표면 코팅에도 사용되고 있다. 윤활유, 유압유, 제초제, 살충제 그리고 타이어 제조 등에도 팜유를 이용한 유지 화학이 사용된다.

PKO 부산물

팜유 열매인 FFB를 가공해 노란 부분(mesocarp)에서 CPO를 짜내고 나면 팜커널(nut)이 나온다. 팜커널을 싸고 있는 껍질에서 PKS가 나오고, PKO를 생산하고 나면 '팜박'이라고도 보르는 부산물 PKM 또는 PKE가 나온다.

먼저 PKS를 알아보자. 2015년 이후 한국의 RPS 제도의 시행으로 한국으로부터 많은 러브콜을 받고 있는 제품이다. 사진에서 보는 바와 같이 팜핵유를 둘러 싸고 있는 너트를 파쇄했을 때 나오는 제품이다. 3,600$kcal$ 이상의 열량을 내며 탄소 성분을 소량 함유하고 있다. 말레이시아산의 경우, 2021년 연간 92만 톤이상의 PKS가 수출되고 있는데, 대부분이 일본으로 수출되고 있다.

팜유열매(FFB)를 절단한 모습. 메소캅이라고 불리는 노란부분을 짜면 CPO가 나오고, 내부의 너트 부분(흰색)을 짜면 PKO가 나온다. ⓒ Everchem

팜커널밀(PKM). ⓒ Everchem

2010년 이후 한국에서도 동 제품을 수입하기 위해 필자의 회사가 한국의 발전소로 시험(trial) 선적도 보내고 적극적으로 추진이 되었으나 동 제품이 당시에는 한국에서는 폐기물로 제품 분류가 되어 수입이 상당히 까다로웠고 불순물 함유량이 높아 더 이상 진전이 안되었는데 지금 일본으로 거의 대부분 수출이 되고 있다. 아마도 선적항에서 품질 관리가 강화되었고 다른 시장에 비해 더 좋은 가격으로 판매가 가능하기에 일본으로 물량이 쏠리고 있는 것 같다.

말레이시아의 PKS 연간 생산량(단위: 톤)

Year	FFB	PKS (6% from FFB)
2019	99,065,364	5,943,922
2020	96,969,316	5,818,159
2021	91,393,666	5,483,620

자료: MPOB

다음은 국내에서 팜박으로 불리는 제품이다. PKC(Palm Kernal Cake) 또는 PKE(Palm Kernel Expeller)와 PKS(Palm Kernel Shell)가 있다. 먼저, 이 PKC는 팜 핵에서 오일을 추출하고 난 부산물이다. 2021년의 경우, 약 230만 톤이 수출이 되었는데 금액으로 환산하면 약 15억링깃(약 4500억 원)이다.

현재는 말레이시아에서 2021년 기준으로 생산된 PKC의 대부분이 뉴질랜드(약 67만 톤), 한국(약 43만 톤), 파키스탄, 일본 중국순으로 수출이 되고 있다. 주요 사용 용도로는 반추동물(反芻動物)의 사료이다. 특히 PKC는 단백질과 에너지를 함유한 식이섬유(食餌纖維)다. 동시에 PKC를 낮은 함량으로 사용해 가금류용 사료로서도 적합한 것이다. 한국에서는 유기질 비료의 원료로도 사용이 되고 있으나 팜박의 가격이 팜유 가격과 연동이 되고 있어 팜유 가격이 고가일 경우 PKC 가격도 덩달아 올라 비료 원료로 사용할 경우 가격 경쟁력 문제가 발생이 되곤 한다.

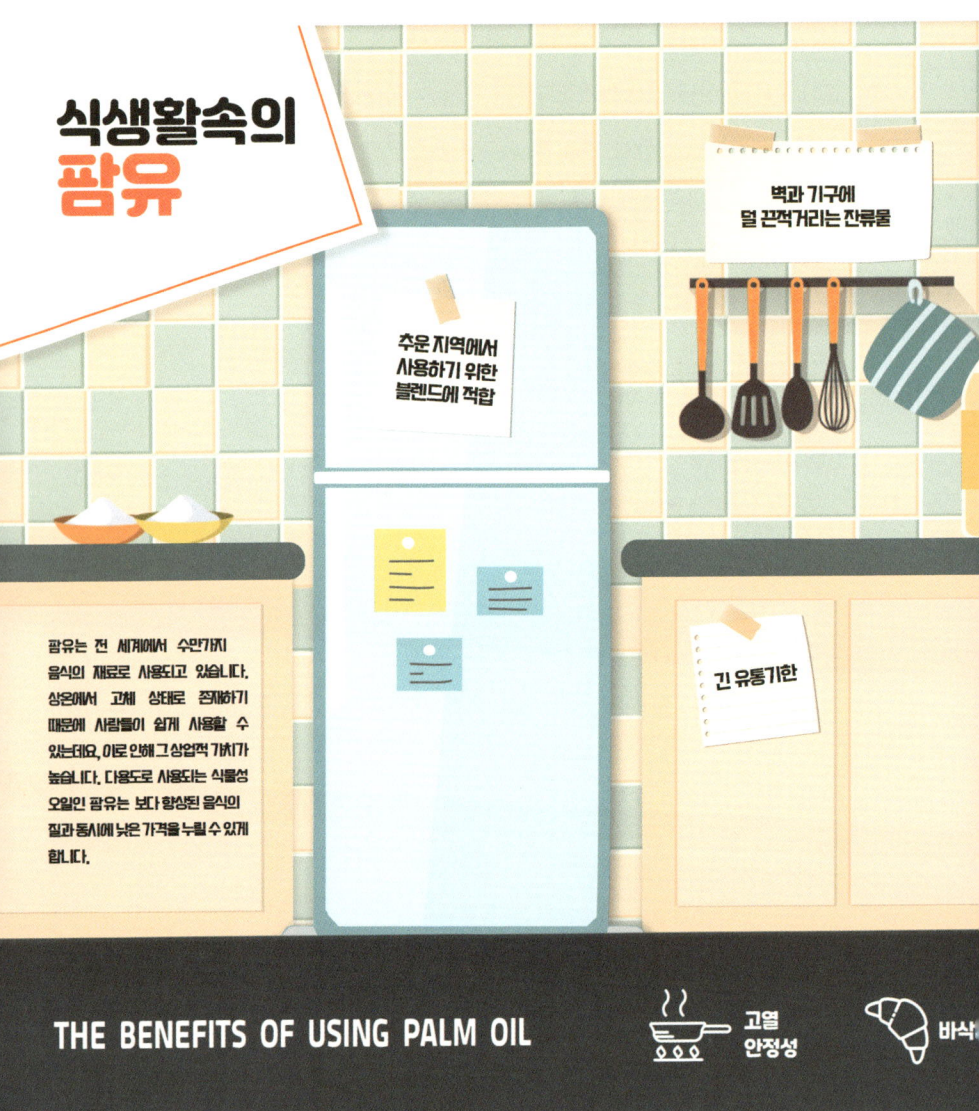

식생활 속의 팜유. ⓒ Everchem

17.
말레이시아의 팜유 가공과 소비

말레이시아에서의 팜유 정제사업은 1974년 처음으로 시작됐다. 그 이전에는 대부분 정제되지 아니한 조잡한 추출액을 거래했다. 1974년부터 말레이시아는 정제공장을 설립해 운영했고, 2년이 채 지나지 않아 전국적으로 15개나 되는 팜유 정제공장이 가동됐다. 이에 따라 말레이시아는 세계에서 가장 큰 팜유 정제시설을 갖춘 국가로 성장했다.

그로부터 30년이 경과한 오늘날, 팜유의 약 90%는 정제되고 가공된 상태로 수출되고 있다. 이처럼 빠르게 증가하는 팜유 정제 및 분류 능력은 국제적인 오일 및 유지 무역 분야에서 말레이시아가 최대 생산자이자 유통자의 위상을 갖게 만들었다. 이를 뒷받침하기 위해 고품질 컨트롤과 세계시장에서 요구되는 높은 수준의 정제기술을 갖추고 있다.

말레이시아의 팜유 정제공장이 2008년 말 현재 46개소로 늘어나면서, 이들의 대부분은 팜유 나무 식재농업과 가공공장을 겸

하고 있다. 일부 정제공장은 팜유 부산물을 생산하는 특별 가공품 시설을 동시에 경영하고 있다. 사실 팜유 정제산업은 오늘날 말레이시아에서 가장 중요한 산업 중의 하나다.

말레이시아가 수출하는 정제 팜유의 주요 수출국은 선진국들이었다. 그러나 최근엔 인도, 파키스탄, 중국, 방글라데시, 이집트, 터키, 사우디, 아랍, 그리고 라틴아메리카와 아프리카 국가들과 같은 새로운 개도국으로 확산되면서 수출시장은 폭발적으로 커지고 있다.

세계 팜유 제2위의 수출국인 말레이시아에서 식품에 팜유를 널리 사용한다는 것은 새삼스러운 일이 아니다. 매일 먹는 음식인 빵의 일종인 로터 프라타(Roti prata), 로티 차나이(Roti canai)와 볶음밥인 나시 고랭(Nasi goreng) 그리고 주전자를 공중에 높이 들고 길게 따르는 납차(拉茶, pulled tea)인 테 타릭(Teh tarik) 등에는 팜유가 사용된다. 이러한 음식은 말레이시아인들은 물론이고 외국 여행객들에게도 매우 인기가 높다.

아침식사, 점심, 또는 저녁식사를 불문하고 화려한 고급 식당에서부터 가장 검소한 도로변의 마막(Mamak)에 이르기까지 온종일 모든 식당에서, 가벼운 간식은 물론이고 고급 요리에 이르기까지 팜유가 사용되고 있는 것이 현실이다. 그리고 푸른 바다에서 잡은 신선한 해산물을 맛있게 매리네이드(marinade)에 절인 다음에 약간의 팜유를 사용하여 구운 요리는 매우 맛있고 훌륭한 요리이

말레이시아 주식 빵으로 외국인들에게도 인기가 있는 로터 프라타(Roti prata).
ⓒ theflavorbender.com

다. 매리네이드는 식초, 포도주, 향신료를 넣은 액체로, 여기에 고기나 생선을 담글 때 사용하는 소스를 말한다.

전 세계 여행객들은 팜유를 사용해 요리한 향이 뛰어난 말레이시아 음식을 즐긴다. 팜유를 사용해 만든 요리로서 캉콩 고렝 벨라칸(Kangkung Goreng Belacan), 케탐 마삭 네마크(Ketam Masak Lemak), 레마크 실리 켈리(Lemak Cili Ikan Keli), 그리고 삼발 우당 페타이(Sambal Udang Petai) 등이 인기가 높다.

18.
전 세계인의 식탁에서 사랑받는 팜유

극동 및 동남아시아에서 팜유는 일본의 맛있는 카레 도넛(Curry Doughnut)에서부터 스파이시한 태국의 톰얌(Tom Yum) 그리고 인도네시아의 나시 파당(Nasi Padang)에 이르기까지 수많은 요리를 준비하는 데 다양하게 사용되고 있다. 오늘날 중국에서도 빠르게 증가하는 식품산업에서는 물론이고, 호텔 및 외식산업에서도 다양한 용도의 팜유에 대한 수요가 폭발적으로 늘고 있다.

남아시아는 팜유에 대한 최대 시장 가운데 하나다. 팜유는 인도의 전통적 다목적 요리 기름인 바나스파티(Vanaspati)로 손쉽게 가공될 수 있다. 이 요리 기름은 본토인들의 요리에 필수불가결한 것으로 차나추르(Chanachur), 싱가라(Singara), 사모사(Samosa), 라스굴라(Rasgulla) 그리고 부르피(Burfi) 등과 같은 전통요리를 준비하는 데 사용된다.

차나추르는 밀가루, 콩, 땅콩을 혼합해서 만든 것을 팜유에 튀긴 티타임 스낵(tea-time snack)으로 인기가 높다. 사모사는 잘게

다진 고기와 양파를 속에 채워서 싼 삼각형 형태의 과자류를 기름에 담가 튀긴 것이다. 싱가라는 밀가루와 으깬 감자(mashed potato) 그리고 양념을 섞은 스낵이다. 나인(Naan)은 북부 인도에서 식사용 빵인데, 여기에도 팜유가 사용되고 있다. 이 빵은 때로는 감자나 잘게 썬 고기로 속을 채운 요리로, 음식을 식탁에 제공하기 전에 얇은 바나스파티와 함께 식탁에 내놓는다.

그리고 남부 인도에서 유명한 팬케이크인 도사(Dosa)는 찐쌀과 렌즈콩(Lentils)의 발효된 반죽으로 만든 요리다. 도사는 황금색으로 파삭거릴 때까지 열을 가해 요리한다. 때로는 잘게 썬 감자나 야채 믹스로 채운 속을 잘 싸서 요리하기도 한다. 도사는 조반이나 점심 또는 저녁식사의 일부로 먹는 요리다.

최근에는 소득이 증가하면서 건강 문제에 관심이 커지고 있다. 따라서 트랜스 지방이 없는 쇼트닝과 제빵 기름에 대한 수요가 점차 늘고 있다. 인도에서는 바나스파티에 사용되고 있는 오일 중에서 팜유의 함유량이 지금은 최고 98% 수준에 이르고 있다. 그뿐만 아니라 호텔이나 식당 그리고 식품 및 튀김 산업에서 팜유에 대한 수요가 증가하고 있다. 파키스탄에서도 수소 처리된 식용유를 팜유로 대체해오고 있는데, 함유율이 1970년의 15% 수준에서 오늘날에는 80~100% 수준으로 증가하고 있다.

식물성 오일을 자체적으로 생산하는 나라가 거의 없는 중동 지역에서는 팜유가 점차 호평을 얻고 있다. 오늘날 많은 중동의 전

밀가루, 콩, 땅콩을 혼합해 팜유에 튀긴 인도식 스낵 차나추르. ⓒ Kitchen Press

통적 음식에서 팜유를 사용하고 있고, 동시에 새로 개발된 방법으로 사용되고 있다. 팜유는 조반과 저녁식사의 핵심인 팔라펠 페티스(Falafel Patties)와 라한 무하마르(Lahan Muhamar)를 준비하는 데 널리 쓰인다. 팔라펠 패티스는 병아리콩, 마늘, 양파, 파슬리(parsley)에다 다양한 조미료를 혼합한 요리이고, 라한 무하마르는 즙이 많은 양(羊)의 정강이 요리이다.

    올리브 오일이 지중해안 사람들에게 해당하는 오일이듯, 팜유는 아프리카인들의 식품이다. 아프리카인들은 팜유를 가정요리 오일로 사용하면서 빵과 비스켓 반죽에 혼합하고, 산업용 튀김 오

식품 그룹 & 역할

식품 그룹	성분	역할
우유, 요거트, 치즈	단백질, 칼슘	단백질, 칼슘
고기, 생선, 계란	단백질, 아연	단백질, 아연
채소 & 과일	비타민C, 설탕, 섬유질	건강, 활력&에너지
빵, 시리얼, 감자, 쌀	비타민B, 섬유질, 식물성 단백질, 녹말	에너지, 신체적 활동
버터, 기름, 마가린	비타민A&E, 지방	에너지, 성장
물	물은 건강한 식단에 필수적입니다.	

식품 그룹과 역할. ⓒ Everchem

일로도 사용한다. 팜유는 주요 수입오일인 옥수수 및 해바라기 오일(sunflower-seed oil)보다 더 많이 수입되고 있다. 팜유는 면실유(cotton-seed oil)와 해바라기 오일을 혼합해서 사용한다.

 팜유는 아프리카인들의 영양공급에 중요한 역할을 한다. 팜유는 아프리카인들에게 에너지의 증폭기와 같이 여겨진다. 많은 사람들이 아직도 전통적인 레시피(recipe)인 팜유 스튜(Palm Oil Stew), 모암베(Moambe) 소스와 야자 버터 수프(Coconut Butter Soup), 그리고 야자수액(椰子水液)으로 만든 야자 와인 템보(Tembo)를 마신다.

유럽은 팜유의 거대한 시장으로서 말레이시아 팜유의 주된 수출지역이다. 유럽의 개별적인 국가들 중에서 가장 큰 소비국은 영국, 네덜란드, 독일과 이탈리아 등이다. 팜유는 트랜스 지방이 없는 튀김 유지(油脂) 마가린을 생산하는 데 필수불가결한 오일이다. 때문에 유럽 지역에서의 수요가 매우 높다.

주요 유럽 국가에서 인기 있는 튀김 오일인 팜유는 튀긴 냉동 프렌치 프라이(French Fries)와 여러 종류의 스낵을 준비하는 데 사용된다. 지중해 연안의 올리브 과수원이 많은 이탈리아, 스페인, 프랑스, 포르투갈 그리고 그리스 등지에서도 팜유는 점차 중요한 산업용 튀김 오일로 사용되고 있다. 팜유는 또한 중부 유럽으로 그 영역을 넓혀가고 있으며, 소비도 증가하고 있다. 러시아에서도 과거 5년간 꾸준하게 팜유의 수입이 증가하고 있다.

중남미에서 팜유를 많이 사용하는 나라는 브라질, 멕시코, 콜롬비아 그리고 베네수엘라 등이다. 그 이외의 나라들도 팜유 사용의 장점을 빠르게 깨닫고 있다. 예를 들면, 칠레는 마가린과 쇼트닝 생산에 사용하는 생선 기름의 대체재로서 팜유를 구입하기 시작했다.

브라질에서는 팜유에서 트랜스 지방이 없는 마가린 생산에 점차 늘어나는 관심을 갖고 있다. 브라질은 팜유를 아이스크림과 빵 기름에 사용하고 있는데, 팜유 나무 대신에 다른 자원을 이용하여 식물성 기름을 생산하는 주요국이다. 바하이 또는 아프리카-

브라질 요리의 기본 성분 중의 하나인 팜유는 바하이 요리에 뛰어난 맛과 밝은 오렌지색이 나게 만든다. 바하이 요리 중에서 전형적으로 맛있는 요리는 바타파(Vatapa, 팜오일, 코코넛, 새우와 마늘을 혼합한 요리), 모케카(Moqueca, 팜유로 요리한 해산물 요리), 카루루(Caruru, 팜유로 오크라 식물과 함께 요리한 해산물) 등이 있다.

1960년대에 미국은 처음 시작한 쇼트닝 생산에 사용하기 위해 말레이시아산 팜유를 수입하게 된 최초의 나라 중 하나였다. 최근엔 라면과 같은 인스턴트 식품의 튀김용, 어린아이 유아식의 성분, 그리고 제과용 기름으로 사용하기 위해 팜유에 대한 수요가 점차 확대되고 있다.

최근 미국에서 2006년 1월부터 트랜스 지방의 라벨링(labeling)에 관한 법적 효력이 발생하면서 팜유 사용이 더욱 증가할 것으로 기대되고 있다. 이는 마가린 제조업자들이 비수소화(非水素化) 지방을 더 선호하는 소비 방향으로 수요가 바뀌게 될 것으로 기대되고 있기 때문이다.

19.
한국에서의 팜유 유통

수입되는 팜유 중 국내 수입량 1위인 인도네시아산 팜유를 가장 많이 수입한 기업은 제이씨케미컬이었다. 제이씨케미컬의 팜유 국내 수입 비중은 2019년부터 2021년 9월까지 28%를 차지했다. 단석산업(19.6%), GS홀딩스(18.7%), 애경유화(15.6%)가 뒤를 이었다. 이 4개 기업이 인도네시아산 팜유의 81% 이상을 수입한 것으로 확인됐다.

이들 4개 기업은 모두 바이오연료를 직접 또는 계열사를 통해 생산하고 있다. 이들이 주로 수입한 팜 정제유는 바이오디젤의 주요 원료다. 인도네시아산 팜유 수입량이 많은 국내 기업 5, 6위는 각각 대경O&T(4.2%)와 LG생활건강(3%)이다. 대경오앤티는 식용 유지 정제 또는 바이오연료사에 원료 공급을 위해, LG생활건강은 화장품과 생활용품 생산을 위해 팜유를 수입했다.

SK에코프라임의 팜 정제유 수입은 같은 기간 1.6%에 지나지 않았다. 이는 SK에코프라임이 주로 팜유 부산물인 PFAD(Palm

Fatty Acid Distillate)로 바이오디젤을 생산하기 때문이다. 인도네시아산 PFAD의 국내 수입량은 2019년 1월부터 2021년 9월까지 총 58만2,000톤이다. SK에코프라임의 전신인 SK케미칼은 이 기간 인도네시아산 PFAD 전체 수입량의 43.8%인 25만4,900여 톤을 수입했다. 같은 기간 단석산업은 인도네시아산 PFAD 전체 수입량의 13%인 7만6,900여 톤을 수입했다.

유엔식량농업기구(FAO)에 따르면, 한국은 1966년 팜유를 수입하기 시작한 이후 연간 CPO와 PKO 기름의 수입량이 꾸준히 증가하고 있다. 이렇게 수입된 팜유류 중 많은 양이 식용유로 활용이 되고 있는데, 농림축산식품부 한국농수산식품유통공사에서 발행한 식품산업원료 실태조사에 따르면, 2016년도에 20만4,409톤의 팜유류가 식품의 원료로 사용됐는데, 이 중 67%인 13만7,739톤이 면류 가공에 사용됐으며, 12.9%인 2만6,486톤이 과자류 제조에 활용됐다.

한편, 신재생에너지 사용 확대 기조에 따라 수송용 경유에 바이오디젤을 의무적으로 혼합해야하는 비율이 꾸준히 상승하고 있다. 그중 팜유 및 팜 부산물이 차지하는 비율이 점차적으로 증가해 2016년 이후로는 팜 정제유와 팜 부산물이 원료의 50% 이상을 차지하는 것으로 나타났다.

팜유의 용도별 사용량 및 사용 비중

구분		사용량(톤)	품목별 사용비중(%)	국산사용비중(%)
전체		204,409	100.0	0.0
육류 가공품	양념육류	2	0.0	0.0
	분쇄가공육	185	0.1	0.0
조미수산 가공품류	어육 가공품	277	0.1	0.0
식용 유지류	조미유	114	0.1	0.0
식용유지 가공품	식품유지가공품	10,429	5.1	0.0
유가공품	분유	1,103	0.5	0.0
	치즈	867	0.4	0.0
	기타 유가공품	1,845	0.9	0.0
아이스크림류	아이스크림	115	0.1	0.0
밀가루/분말류	가공 밀가루	43	0.0	0.0
면류	라면	137,711	67.4	0.0
	기타 면류	28	0.0	0.0
곡물 가공품	시리얼	9	0.0	0.0
빵류	빵류	7,195	3.5	0.0
과자류	스낵류	23,946	11.7	0.0
	비스킷/쿠키류	1,516	0.7	0.0
	기타과자	1,024	0.5	0.0
캔디/코콜릿/껌류	캔디류	0.02	0.0	0.0
	초콜릿 및 초콜릿 가공품	927	0.5	0.0
장류	간장	9,358	4.6	0.0
드레싱/소스류	드레싱/마요네즈	1	0.0	0.0
	소스류	153	0.1	0.0
조미식품	조미료	56	0.0	0.0
	기타 조미식품	2	0.0	0.0
커피/코코아류	인스턴트 커피	1,685	0.8	0.0
	코코아	7	0.0	0.0
차류	기타 차류	6	0.0	0.0
즉석 섭취 식품	기타 즉석 섭취 식품	9	0.0	0.0
즉석 조리 식품	즉석 밥류	1	0.0	0.0
	즉석탕/국/찌개류	104	0.1	0.0
	즉석 육류 식품	109	0.1	0.0
	기타 즉석조리 식품	363	0.2	0.0
기타가공식품류	땅콩/견과류 가공품	329	0.2	0.0
	기타 가공식품	4,890	2.4	0.0
건강기능식품	고시형 원료	0.02	0.0	0.0
급식	급식	0.1	0.0	0.0

자료: 농림축산식품부 한국농수산식품유통공사, 〈2017 식품산업 원료소비 실태조사〉, p.257.

연도별 팜 부산물 등 바이오디젤의 원료별 사용량 및 비중

구분	2015		2016		2017	
	사용량(천톤)	비중(%)	사용량(천톤)	비중(%)	사용량(천톤)	비중(%)
팜 정제유	28.3	7%	27.6	6%	43.7	9%
팜 부산물	169.6	40%	208.6	47%	241.7	48%
식물성유지(폐식용 등)	149.9	36%	153.1	34%	159.5	32%
동물성 유지	27.4	7%	26	6%	21.2	4%
기타	46.1	11%	29.2	7%	33.2	7%
합계	421.3	100%	444.5	100%	499.3	100%

자료: 한국바이오에너지협회

4부

세계 팜유산업 동향

20.
세계 식물성 유지류 생산 동향

　세계 식량 가격이 계속 오르며 10년 만에 최고치를 경신한 것으로 나타났다고 『로이터통신』이 2021년 10월 7일 보도했다. FAO에 따르면, 2021년 9월 세계 식량가격지수(FFPI)는 130% 포인트(p)로 집계됐다. 이는 직전 월인 8월의 128.5%보다 1.5%, 2020년 9월과 비교하면 32.8% 각각 상승한 것이다. 2011년 9월 이래 가장 높은 수치이기도 하다.

　FAO는 세계에서 가장 많이 거래되는 식량 품목 선물 가격을 추적해, 5개 품목 군(곡물·육류·설탕·유제품·식물성 유지류)에 대해 가격 지수를 매긴다. 2021년 9월 곡물 가격지수는 직전 월 대비 2% 포인트 상승했다. 식물성유지 가격지수는 1.7% 포인트 올랐고, 2020년 9월 대비, 약 60% 급등했다. 유제품 가격지수는 1.5% 포인트, 설탕 0.5% 포인트 각각 상승했다. FAO는 2021년 전 세계 곡물 생산량이 28억 톤으로 사상 최대를 기록했지만, 세계 곡물 소비량은 28억1,100만 톤에 달할 것으로 전망했다.

코로나19 확산으로 팜유 생산 감소

그렇다면 경제협력개발기구(OECD)와 FAO가 전망하는 2021~2030년 사이의 식물성 유지작물의 가격 전망은 어떨까. 2020년 상반기에는 코로나19가 공급망의 단기적인 혼란과 일시적인 수요 둔화를 가져와 유지 종자와 유지 종자 상품 가격은 하락했으나, 2020년 하반기부터 수요의 회복세가 강하게 나타나고 있다(「OECD-FAO Agricultural Outlook 2021-2030」에서 유지작물 부문 발췌).

「OECD-FAO Agricultural Outlook 2021-2030」에 따르면, 말레이시아에서는 코로나19 확산 방지를 위해 인구 이동을 강력히 제한하면서 팜유 수확에 필요한 노동력이 부족해 2020년 팜유 생산량은 일시적이지만 전반적으로 감소한 것으로 나타났다. 그리고 2020~2021년에는 인도네시아와 말레이시아 등 주요 생산국에서 재배면적이 크게 늘면서 유지 종자와 팜유 생산량이 증가했다.

대두의 경우도 생산이 증가했다. 중국이 아프리카돼지열병 피해 복구에 나서면서 돼지 사육 두수를 다시 늘렸고, 미국과의 무역 관계 개선으로 중국이 다시 대두 수입량을 크게 늘리면서 전반적으로는 생산량보다 수요가 빠르게 증가하는 추세를 보이고 있다. 즉, 수요가 공급을 빠르게 앞지르면서 2020년 하반기 유지작물 가격은 급격히 상승하는 중이다. 대두의 경우 중국에서 발생한 높은 수요가, 팜유는 제한된 공급량이 가격 상승을 초래한 주요 요인이었다.

　향후 유지작물의 생산이 늘 것으로 전망되고, 코로나19로 인한 물류 장애가 점차 사라지면서 2022년 이후에는 유지 종자와 유지 종자 상품 가격이 하락세를 보일 것으로 전망된다. 코로나19 회복에 따른 지속적인 경제성장으로 인해 가격은 장기적으로 상승할 것으로 보이지만, 실질가격은 생산성이 계속 향상됨에 따라 내려갈 것으로 보인다.

　2023년 말레이시아 정부 예산 편성에 앞서 뉴욕과 나이로비에 위치한 글로벌 농작물 데이터 전문 기업 그로인텔리전스(Gro Intelligence)가 밝힌 2023년 팜유 가격에 대한 전망은 10년 평균 가격인 톤당 2,685링깃(약 81만 원)을 상회한 톤당 4,300링깃(약 129만 원)으로 예상했다. 참고로 2022년의 평균 가격은 톤당 5,000링깃(약 150만 원)이었다. 게다가 라니냐(페루 인근 적도 부근의 특정 감시 해역의 해수면 온도가 평년보다 0.5도 낮은 상태로 5개월 이상 지속하는 현상)의 영향과 러시아의 우크라이나 침공으로 인한 후유증으로 2023년에도 식물성 유지 수급 상황은 녹록지 않을 전망이다.

팜유 생산량 일시적 둔화 전망

　전 세계 식물성 유지 생산량은 유지 종자의 가공 양과 팜유와 같은 다년생 열대 유지작물 생산량에 좌우된다. 지난 10년간 팜유의 총 생산량은 다른 식물성 유지 생산량을 크게 앞서고 있지만,

인도네시아와 말레이시아의 팜유 나무들이 노령화하면서 두 국가의 팜유 생산의 증가량은 다소 둔화될 것으로 전망된다. 참고로 인도네시아와 말레이시아가 식물성 유지 전 세계 총생산량의 3분의 2가량을 차지하고 있다.

그러나 전 세계적인 관점에서 보면, 식물성 유지 생산은 연간 1.3% 증가할 것으로 전망된다. 유럽연합과 팜유의 주요 수입국들이 환경정책과 지속 가능한 농업에 대한 기준(2030년 지속 가능 발전 의제)을 강화하면서 인도네시아와 말레이시아의 팜유 생산 면적의 증가 속도가 둔화될 것으로 예상되기 때문이다. 이는 생산량이 면적의 확대보다 리플랜팅과 같은 생산성 증대 활동을 통해 증가한다는 것을 의미하기 때문이다.

기타 국가들의 팜유 생산량은 주로 국내 및 지역 시장에서 빠르게 증가할 것으로 보인다. 2030년까지 태국은 380만 톤, 콜롬비아는 200만 톤, 나이지리아는 160만 톤의 팜유를 생산할 것으로 전망된다. 일부 중남미 국가에서는 세계 각국의 '지속가능성 인증제' 도입을 시작으로 틈새시장을 노린 팜유 생산이 이루어지고 있는데, 이후 더 넓은 수출시장에서 자리를 잡아갈 가능성도 있다.

식물성 유지는 팜유 원유(CPO), 코코넛유, 면실유, 팜유와 더불어 유지 종자에서 추출된 기름을 모두 지칭한다. 팜유(CPO)와 더불어 함께 추출되는 팜커널유는 팜유의 생산 추세를 따라간다. 코코넛유는 필리핀, 인도네시아 대양도(Oceanic island)에서 주로 생산된다. 팜커널유와 코코넛유는 산업용으로 중요하며, 팜유 생산이 증가하면서 당연히 상대적으로 팜커널유가 두드러지게 이용되고 있다. 면실유는 조면(繰綿) 과정에서 발생하는 부산물로, 인도, 미국, 파키스탄, 중국에 생산량이 집중돼 있다. 개발도상국의 인구 및 소득 증가로 식품에 대한 수요가 높아지면서 전 세계적으로 식물성 유지 생산은 더 증가할 것으로 전망된다.

단백질박 생산량은 연간 1.2%의 성장률을 기록하며 2030년에는 4억 600만 톤에 달할 것으로 전망된다. 전체 단백질박 생산량의 3분의 2 이상을 대두박이 차지한다. 중국, 미국, 아르헨티나, 브라질, 유럽연합, 인도 등의 일부 국가에서 대부분의 단백질박이 생산된다. 그런데 중국과 유럽연합의 단백질박은 브라질과 미국에서 수입한 유지 종자를 가공해 생산된다. 아르헨티나, 브라질, 인도, 미국에서는 자국에서 생산된 대두와 기타 유지 종자를 주원료로 이용한다.

식물성 유지 최대 수입국 인도

식용 식물성 유지의 1인당 소비량은 연간 0.8% 증가할 것으로 전망된다. 이는 선진국 및 신흥국가들의 식품 소비량이 포화상태 이르면서 2011~2020년의 연간 소비량 2.3%에 비해 크게 감소한 수준이다. 식물성 유지 식품의 1인당 소비 가능량이 중국이 29kg, 브라질이 26kg으로 선진국과 비슷한 수준에 이르렀고, 식물성 유지 식품의 1인당 소비 또한 연간 0.3% 증가하면서 28kg에 달할 것으로 전망된다.

식물성 유지 최대 수입국이며 세계에서 두 번째로 소비량이 많은 국가인 인도에서는 1인당 식물성 유지 소비량이 2030년까지 1인당 소비량이 14kg에 달할 것으로 전망된다. 이러한 높은 증가세를 보이는 것은 자국 내의 식물성 유지 생산 및 유지 종자 가공 양 증가와 함께 인도네시아와 말레이시아에서 수입하는 팜유량의 증가 때문이다.

개발도상국의 도시화가 빠르게 진행되면서 식물성 유지를 다량 함유한 가공식품으로 식습관이 변화할 것으로 예상된다. 최빈국에서는 낮은 1인당 소득으로 인해 식물성 유지의 1인당 소비 가능량이 2030년까지 연간 1.3%로 증가해 9kg에 그칠 것으로 예측된다.

전 세계 식물성 유지 소비량의 10~15%에 해당하는 바이오디젤용 식물성 유지 소비량은 바이오연료 지원 정책이 도입된 지난 10년의 연평균 증가율인 6.5%와 비슷한 수준에서 유지될 것으로 보인다. 아시아와 중남미에서 식물성 유지 소비량은 증가했으나 유럽과 북미에서 소비가 감소해 전체 소비량에는 큰 변화가 없을 것으로 보인다.

유럽과 북미에서는 바이오디젤의 의무 사용량 비중이 감소하고, 수송에 이용되는 바이오디젤 소비량이 감소하여 수요를 낮추고 있는 상항이다. 바이오디젤 주요 수출국인 아르헨티나의 경우, 2030년까지 210만 톤의 바이오디젤용 식물성 유지가 사용될 것으로 전망되는데, 이는 아르헨티나 전체 식물성 유지 사용량의 66%에 해당한다.

21.
전 세계 팜유 생산 동향

　전 세계 식물성 유지류 생산량은 2010년 1억4,025만 톤에서 2021년 2억647만 톤으로 11년 만에 약 47%가 증가했으며, 최근 10년간은 연평균 5%의 성장세를 보이고 있다. 유지류 가운데 가장 생산이 많은 품목은 팜유(팜커널유 포함)로 8,146만 톤을 생산해 전체 유지류 중 39%를 차지하고 있다. 그다음으로 대두유, 유채씨유, 해바라기씨유가 각각 29%, 14%, 9%를 차지하고 있다.

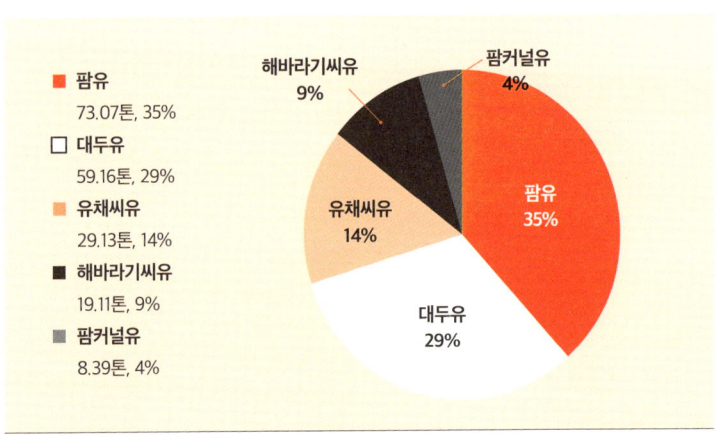

2021년 현재 세계 주요 식용유 공급현황(단위: 백만 톤)
Source: US Department of Agriculture, 2021년.

팜유, 전체 유지류의 절반 차지

1980년대부터 지금까지 대두유는 세계적으로 중요한 유지류 중 하나이지만 전체 유지류에서 차지하는 비중이 낮아지고 있다. 반면 동남아 등지에서 플랜트 농법으로 팜유 나무를 대량으로 재배하기 시작하면서 팜유는 전체 유지류 생산에서 차지하는 비중이 급속도로 높아져 가장 중요한 유지류 품목으로 부상했다. 한편 유채씨유는 완만한 폭으로 유지류에서 차지하는 비중이 높아지고 있으며, 해바라기씨유는 비중이 낮아지고 있는 추세다.

팜유는 아시아에서 주로 생산되고 있으며 아프리카, 중남미 그리고 오세아니아에서 일부 생산되고 있다. 이들 지역은 기온이 높아 팜유 나무 재배에 적합하다. 유럽은 기후가 팜유 나무를 생산하기 적합하지 않아 팜유 생산이 전무하다. 팜유의 생산은 모든 지역에서 증가하였는데, 특히 아시아는 2013년 약 4,934만 톤에서 2019년 6,610만 톤으로 생산이 증가해 지난 6년간 연평균 5%의 성장률을 보이고 있다.

아프리카는 2013~2019년 평균 270만 톤을 생산해 세계 팜유 생산의 4.1%를 차지하고 있다. 중남미는 같은 기간 약 417만 톤을 생산해 팜유 생산의 6.4%를 차지하고 있으며, 오세아니아는 60만 톤으로 세계 팜유 생산에서 차지하는 비중이 0.8% 수준에 불과하다.

팜유는 과거에서부터 아시아에서 주로 생산되어 오고 있으며 1980년대 이후 꾸준히 전 세계 생산에서 차지하는 비중이 증가해 2021년 현재 88.7%를 차지하고 있다. 중남미와 오세아니아가 차지하는 비중은 큰 변화가 없으나 아프리카가 차지하는 비중은 1980년 26.7%에서 2019년 4.1% 수준까지 낮아졌다.

대륙별 팜유 생산량(단위: 톤, %)

구분	2013	2014	2015	2016	2017	2018	2019
세계	55,542,480	57,625,885	60,299,179	58,619,802	68,973,362	71,735,061	74,583,225
아프리카	2,366,018	2,428,077	2,576,532	2,703,169	2,812,091	2,968,109	3,091,219
중남미	3,303,376	3,428,936	3,793,129	4,209,135	4,712,446	4,932,263	4,790,782
아시아	49,336,086	51,195,872	53,365,518	51,108,498	60,765,825	63,148,689	66,100,224
유럽	0	0	0	0	0	0	0
오세아니아	537,000	573,000	564,000	599,000	683,000	686,000	601,000

자료: FAO STAT(http://www.fao.org)

팜유 나무의 대륙별 재배면적은 1990년대 611만 5,000헥타르에서 2014년 2,197만 헥타르로 20년간 약 259% 증가하더니, 2020년 2,873만 헥타르로 30% 증가했다. 1990년대 비해 모든 지역에서 팜유 재배면적은 증가했으며, 특히 아시아에서 재배면적 증가가 두드러져 전 세계 팜유 나무 재배면적 증가에 주요 원인으로 분석된다.

아시아는 2014년 1,591만 헥타르에서 2020년 1,591만 헥타르로 재배면적이 무려 34%나 증가했다. 중남미와 오세아니아가 전 세계 재배면적에서 차지하는 비중은 각각 6%, 0.9%에 불과하지만, 같은 기간 재배면적이 45%, 28%가 증가한 반면, 아프리카는 16% 증가에 그쳤다.

　　1980년대 팜유 나무 재배면적은 아프리카가 73.5%로 대부분을 차지했으나, 아시아 지역에서 재배면적이 급증함에 따라 2020년 재배면적 비중은 19%로 급락했다. 아시아의 1980년 팜유 나무 재배면적은 23.4% 수준이었으나, 2020년 재배면적 비중은 74%까지 증가했다. 중남미와 오세아니아의 비중은 큰 변화가 없다.

대륙별 팜유 나무 재배면적(단위: ha)

구분	2014	2015	2016	2017	2018	2019	2020
세계	21,978,009	22,738,679	23,476,444	27,066,517	27,736,334	28,401,712	28,736,150
아프리카	4,678,159	4,816,047	4,975,151	5,265,453	5,421,906	5,674,886	5,454,578
중남미	1,197,947	1,333,012	1,322,516	1,492,183	1,575,677	1,626,516	1,737,476
아시아	15,917,887	16,389,068	16,966,295	20,094,403	20,518,853	20,872,977	21,307,599
오세아니아	184,016	200,552	212,482	214,478	219,898	227,333	236,497

자료: FAO STAT(http://www.fao.org)

22.
국가별 팜유 생산

인도네시아와 말레이시아, 팜유 생산의 85% 차지

전 세계 팜유 생산량의 99%는 상위 20개 국가가 차지하고 있다. 그중 8개 국가는 중남미 국가이고, 아프리카 6개국, 아시아 5개국, 오세아니아 1개국으로 구성되어 있다. 주요 생산 국가들을 살펴보면 팜유는 아프리카 중서부 지역, 중남미 지역 그리고 동남아시아에서 주로 생산되고 있음을 알 수 있다.

국가별 팜유 생산량(단위: 톤, %)

국가명	2014	2015	2016	2017	2018	2019	평균	비중
인도네시아	29,278,189	31,070,015	31,730,961	37,965,224	40,567,230	42,869,429	35,580,175	55.4
말레이시아	19,667,016	19,961,581	17,319,177	19,919,331	19,516,141	19,858,367	19,373,602	30.2
태국	2,000,000	2,068,400	1,804,400	2,602,000	2,774,800	3,040,000	2,381,600	3.7
나이지리아	910,000	940,000	960,000	1,040,000	1,130,000	1,220,000	1,033,333	1.6
콜롬비아	1,109,586	1,275,000	1,146,000	1,627,552	1,631,506	1,527,549	1,386,199	2.1

자료: FAO STAT(http://www.fao.org)

그러나 보다 자세히 살펴보면 팜유 생산 상위 20개국 중 인도네시아, 말레이시아 두 국가가 전 세계 팜유 생산의 85%를 차지하고 있으며, 태국(3.7%), 콜롬비아(2.1%), 나이지리아(1.6%)를 제외하면 나머지 국가들은 총 생산량의 1%도 차지 못하는 미미한 수준이다.

세계에서 팜유를 가장 많이 생산하는 국가는 인도네시아다. 1980년대에만 해도 인도네시아의 팜유 생산은 전 세계 팜유 생산의 14% 수준이었으나, 국가 주요 수출 품목으로 성장시키면서 2021년에는 전 세계 생산량의 60%를 차지하게 됐다. 2021년 팜유 생산량은 약 4,350만 톤이다. 인도네시아 다음으로 팜유를 가장 많이 생산하는 국가는 말레이시아이다. 말레이시아는 1980년대에도 전 세계 팜유를 50%나 생산하는 국가였으며, 2021년에는 1,785만 톤을 생산해 전 세계 팜유 생산의 약 24%를 차지하고 있다.

과거 50여 년 사이에 인도네시아와 말레이시아의 팜유 산업은 눈부시게 성장했다. 이들 국가의 팜유 생산량은 1970년대 후반 팜유의 원산지인 아프리카 국가를 앞질렀으며, 현재는 전 세계 생산량의 5분의 4 이상을 차지하고 있다.

이처럼 동남아시아 양국의 급격한 팜유 생산 증가는 다음 두 가지 요인에 기인한다. 첫째는 식용유 가공 기술의 변화와 그에 따른 세계 팜유 수요의 급증이다. 두 번째는 팜유 재배 기술의 발달과 단위면적 당 수확량이 매우 높은 팜유 단작 생산, 그리고 대규모 농장(플랜테이션)의 증가 때문이다.

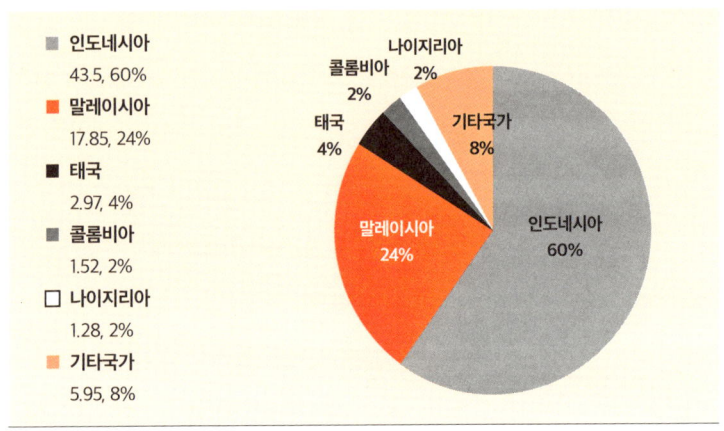

2021년 현재 팜유 주요 생산국가(단위: 백만톤)
Source: US Department of Agriculture

팜유 나무 가장 많이 심는 나라

인도네시아는 세계에서 팜유 생산량도 가장 많고 팜유 나무 재배면적도 가장 넓은 국가다. 2016~2020년 평균 인도네시아의 팜유 나무 재배면적은 1,382만 헥타르로, 세계 비중의 52.4%를 차지하고 있다. 인도네시아에 이어 말레이시아, 나이지리아가 각각 515만 헥타르, 367만 헥타르로 세계 팜유 나무 재배면적의 19.5%, 13.7%를 각각 차지하고 있다.

특히 인도네시아와 말레이시아 다음으로 재배면적이 큰 나라는 나이지리아다. 나이지리아는 태국보다 재배면적은 6배나 넓지만 생산량은 태국의 절반에 불과하다. 이처럼 지역별 또는 국가별로 산출고가 큰 격차를 보이는 주요한 요인은 농장의 관리와 수종(樹種)과 수령(樹齡) 그리고 토양의 비옥도, 강수량과 일조량 등 기후적 요인의 차이 때문이라고 할 수 있다.

국가별 팜유 나무 재배면적(단위: ha, %)

국가명	2016	2017	2018	2019	2020	평균	비중
인도네시아	11,201,465	14,048,722	14,326,350	14,595,579	14,996,010	13,833,745	52.4
말레이시아	5,001,438	5,110,713	5,189,344	5,216,822	5,231,743	5,150,012	19.5
나이지리아	3,312,313	3,526,261	3,724,802	3,910,469	3,680,963	3,630,962	13.7
태국	632,072	797,128	856,422	906,080	940,311	826,403	3.1
가나	349,040	363,618	353,899	355,519	357,679	355,951	1.3

자료: FAO STAT(http://www.fao.org)

팜유 생산 관련 인도네시아와 말레이시아 비교

국가	구분	2017	2018	2019	2020	2021
재배면적	인도네시아	12.38	14.33	14.46	14.85	14.66
(백만 헥타르)	말레이시아	5.81	5.85	5.90	5.86	5.73
팜오일(CPO)	인도네시아	38.16	43.10	47.18	47.03	46.88
생산량(백만톤)	말레이시아	19.92	19.52	19.85	19.14	18.11
팜오일 수출량	인도네시아	32.18	34.71	36.18	34.00	34.20
(백만톤)	말레이시아	16.56	16.49	16.88	17.39	15.56

자료: FAO STAT(http://www.fao.org)

전 세계 팜유 생산의 85% 이상을 차지하는 말레이시아와 인도네시아 등 동남아의 현지 팜농장 규모는 약 2000만 헥타르가 넘는다. 참고로, 대한민국 면적이 10만km^2로 약 990만 헥타르다. 사바주는 사바 경제회랑(Sabah Development Corridor) 내에 팜유의 생산부터 정제까지 원스톱 생산이 가능한 두 개의 팜오일 산업 클러스터(Palm Oil Industrial Cluster, POIC)를 조성하고 있다.

특히 사바 주 동쪽에 위치한 산다칸(Sandakan), 라하드 다투(Lahad Datu) 그리고 타와우(Tawau)의 경우, 국제 무역항 수준의 항만 입지와 대규모 팜유 단지를 배후에 갖고 있어 향후 팜유 관련한 산업들, 즉 바이오가스나 바이오메탄 등 탄소 중립과 맞물려 많은 투자자들의 관심을 끌고 있다. 특히, 2022년 7월 사바 주정부를 방문한 중국의 왕이(王毅) 외교부장도 직접 팜유 산업에 대한 중국측의 관심을 적극적으로 표명하기도 했다.

1970년대 말부터 1980년대까지 정부 연관기업(GLC·Government Link Company) 즉, 펠다(Felda), 펠크라(Felcra), 사임다비(Sime Darby) 등 정부 주도로 적극적으로 팜유 나무를 심기 시작했다. 팜유 나무의 수명주기는 25년. 1970년대 말에 심었으니, 1995년 무렵 리플랜팅 해야 했고, 2020년 들어서면서 또다시 팜유 나무를 심고 있다. 팜유 나무 고목을 베어 내고 그 자리에 심어질 어린 팜유 나무들을 농장 한 쪽에서 재배했던 것이다.

말레이시아 정부는 농장주들에게 세금을 줄여 주고, 생산 장려를 위한 인센티브를 주는 방법으로 팜유 육성정책을 펼쳤다. 말레이시아 정부의 팜유위원회(MPOB) 통계에 따르면, 주 별 팜유 경작면적을 보면, 보르네오섬에 열대 원시림으로 덮여있는 사라왁(Sarawak) 주의 팜유 경작면적이 전국 경작면적의 28%에 해당하는 160만 헥타르로 최대이다. 이어 보르네오 북동부 키나발루산(해발 4,101m)이 있는 사바(Sabah) 주가 152만 헥타르(26%), 파항(Pahang) 주 75만5,000헥타르(13.2%), 말레이반도 최남단 조호르(Johor) 주 69만9,000헥타르(12.2%) 순으로 팜유 재배가 활발히 이뤄지고 있다. 이 4개 주의 경작면적만 해도 말레이반도 전체 경작면적의 80%에 육박한다.

말레이시아 각 주 별 팜유 나무 재배 면적

주	TOTAL (헥타르)	비율(%)
조호르(Johor)	699,217	12.2
케다(Kedah)	86,986	1.5
켈란탄(Kelantan)	164,279	2.9
말라카(Melaka)	54,131	0.9
네게리셈빌란(Negeri Sembilan)	184,674	3.2
파항(Pahang)	755,906	13.2
페라크(Perak)	369,018	6.4
페를리스(Perlis)	760	0.0
풀라우피낭(Pulau Pinang)	9,684	0.2
셀랑고르(Selangor)	110,250	1.9
테렝가누(Terengganu)	172,942	3.0
사바(Sabah)	1,523,624	26.6
사라왁(Sarawak)	1,606,261	28.0
말레이시아 총 재배면적	5,737,732	100.0

자료: 2021년 말레이시아 팜유위원회(MPOB) 통계

말레이시아 팜유 대표 기업들의 팜유 농장 현황

회사	농장규모(헥타르)		합계(헥타르)
	말레이시아	인도네시아	
CBIP Holding Berhad	7,352	13,067	20,419
Felda Global Ventures Holding Berhad	416,697	22,578	439,275
Genting Plantation Berhad	64,354	178,886	243,240
IOI Corporation Berhad	155,792	21,134	176,926
KLK Berhad	113,500	162,000	275,500
Kulim Berhad	55,796	7,362	63,158
Sime Darby Plantation	341,815	256,169	597,984
총계	1,155,306	661,196	1,816,502

자료: 2021년 말레이시아 팜유위원회(MPOB) 통계

말레이시아의 팜 농장은 기업 보유분이 62%에 달하고, 소농은 14%, 연방 토지 개발국(Felda) 13%, 정부 기관 6%, 고무산업 소액주주(RISDA) 2%, 연방토지 통합국(Felcra) 3% 등으로 구성돼 있다.

말레이시아 팜유 농장 현황(2021년 기준, 헥타르)

주	팜유 나무 성목	팜유 나무 미성목	총계
말레이시아 반도	2,363,870	243,977	2,607,847
사바와 사라왁	2,780,310	349,574	3,129,884
총계	5,144,180	593,551	5,737,731

자료: 말레이시아 팜 오일 위원회(MPOB)

23.
팜유 생산 대국 ①
말레이시아

말레이시아는 남중국해를 사이에 두고 650km 떨어져 있는 말레이시아와 동말레이시아 두 지역으로 이루어져 있다. 면적은 33만km^2(한반도의 1.5배)이며 인구는 3,340만 명(2021년) 수준이다. 수도는 쿠알라룸푸르다. 말레이반도의 남쪽 절반을 차지하는 말레이시아(면적 13만1,598km^2)는 길이 약 800km, 폭 325km이며 북쪽은 타이, 남쪽은 싱가포르, 서쪽은 말라카 해협(말레이어로 믈라카 해협), 동쪽은 남중국해를 경계로 한다.

보르네오 섬 북서부를 차지하는 동말레이시아(면적 19만8,160km^2)는 길이 약 1,075km, 폭 384km로 사라왁 주와 사바 주로 이뤄져 있다. 북서쪽은 남중국해, 동쪽은 셀레베스 해, 남쪽은 인도네시아령 보르네오 섬과 접한다. 사라왁 주의 영토 안에는 영국 보호령이던 이슬람 왕국 브루나이가 있다.

1900년대 초 대량 생산된 자동차의 개발로 고무 수요가 붐을 일으킨 후에 고무는 말레이시아에서 주된 현금 작목으로 빠르

말레이시아 지도. ⓒ Wikipedia

게 성장했다. 그러나 제1차 세계대전 이후 경제난으로 고무 수요가 급감하게 됐지만, 다행히 새로 도입된 팜유 나무가 고무 식재 농업 사업가들에게 대체작목으로 제공됐다. 고무는 1950년대 6·25전쟁에 의해서 수요가 다시 붐을 일으켰고, 말레이시아에서 고무 생산이 서서히 앞서나갔다.

'현금 작목'으로 팜유 나무 식재

이 무렵 말레이시아는 고무연구와 고무 플랜테이션 부분에서 세계적 지도국이 되었다. 이 시기에 말레이시아는 고무와 주석 수출에서 벌어들인 소득으로 경제발전에 기여했다. 말레이시아가 1957년 독립을 한 이후 고무와 주석의 불안정한 변동으로 국가사업도 포트폴리오(위험 분산투자)를 해야 한다는 것을 깨달았다. 동시에 정부는 토지를 소유하지 못한 사람들에게 토지를 빠르게 개발해 공급하고 일자리를 공급하고자 다른 작목으로 경영 다각화를 해 나갔다.

그러한 시점에서 팜유 산업은 자연스러운 선택이었다. 당시에 지방에서는 팜유 나무가 벌써 성공적으로 재배되고 있었고, 말레이시아의 평탄한 지형, 그리고 충분한 햇빛과 강우량을 지닌 양호한 기후조건에서 잘 자랐기 때문이다. 또 하나의 장점으로는 세계적으로 팜유 제품에 대한 수요가 확대되고 있었던 것이다.

팜유 나무 식재농업의 속도는 1960년대부터 빨라지기 시작했다. 이는 토지를 소유하지 못한 가난한 사람들에게 정부가 대규모 정부 지원 토지에 이주를 시켰기 때문이다. 농민들은 정부의 지시에 따라 팜유 나무를 식재했으며, 고무나무를 심은 땅을 가급적 빠르게 갈아엎고 팜유 나무를 심어나갔다. 결국 팜유 나무는 말레이시아의 전원 경치를 변모시켰고, 채산성이 높은 현대 농업의 성공 스토리가 됐다.

대규모 플랜테이션에서 재배되는 팜유 나무와 달리 소규모 자작농들도 팜유 나무를 재배하기 시작했다. 소규모 자작농 그룹은 서로 연합해 현대적 관리 방식을 도입해 농장을 경영해 나갔다. 말레이시아 정부는 소규모 자작농을 중심으로 한 농촌 개발계획을 펼쳤고, 세계은행(World Bank)과 아시아개발은행(ADB, Asian Development Bank)은 이들에게 융자금을 지급했다.

말레이시아의 천연고무 산업이 민간 식재농업 소유자들의 기업가 정신과 근로자의 근면함, 과학적 연구와 기술적인 마케팅 그리고 정부의 강력한 지원 등에 힘입어 국제적 상품이 된 것처럼, 팜유 산업도 마찬가지였다. 팜유가 이러한 정부의 지원을 바탕으로 식용유 시장에서 중심적 위치를 차지해 나갔고, 계속 증가하는 수요를 충족시키기 위해 다양한 종류의 제품을 공급하고 있다.

팜유 산업의 리더로서 말레이시아 기업들은 해외로 눈길을 돌려 팜유 정제공장들을 세우고, 멕시코, 네덜란드, 파키스탄과 중국 등지에 지사와 기타 시설들을 설립하고 있다. 일부 회사들은 기후조건이 비슷한 이미 인도네시아나 파푸아 뉴 기니(Papua New Guinea) 그리고 나이지리아 등지에 팜유 농업을 위한 투자를 이미 전개하고 있다. 특히, 파푸아 뉴 기니의 경우, 말레이시아 팜유 업체들이 기존 획득한 팜유 나무 재배 노하우를 바탕으로 이미 진출하여 성공적인 팜유 재배를 하고 있다.

주요 팜유 생산국

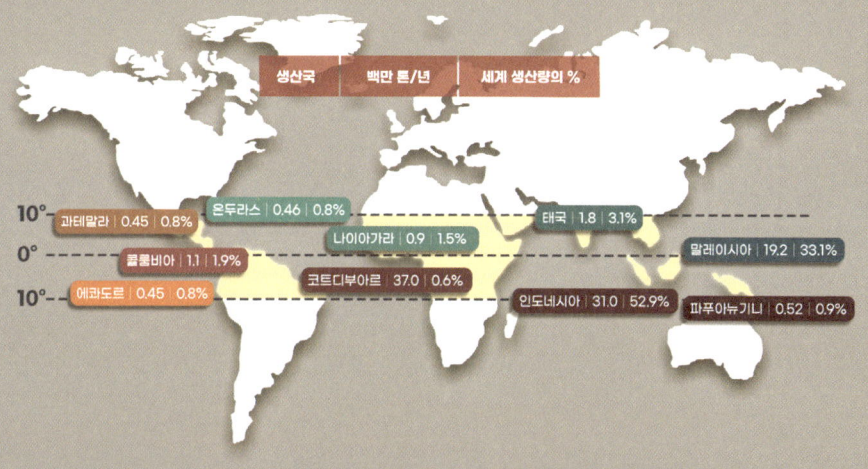

출처 : Oil World 2015

50억 헥타르의 세계 농업 면적

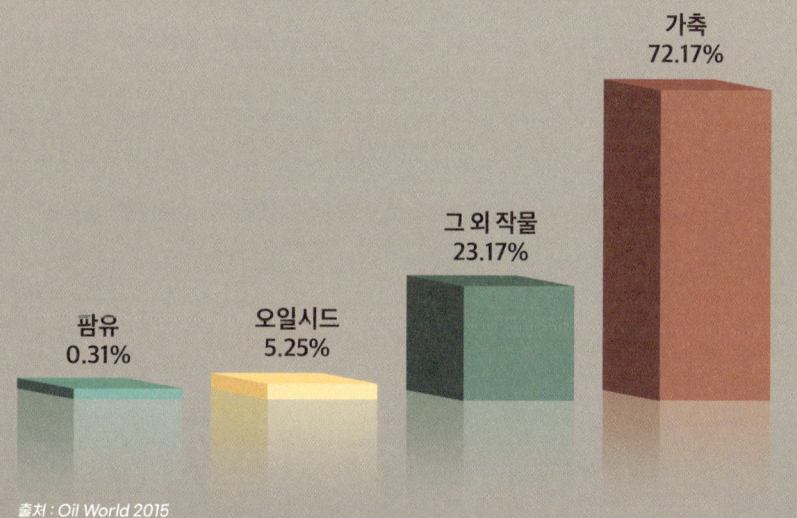

출처 : Oil World 2015

24.
팜유 생산 대국 ②
인도네시아

　　인도네시아는 면적이 190만km^2로 한반도의 8.6배나 된다. 동서 간의 길이만도 약 3,200마일(5,120km)이고, 남북의 길이가 1,100마일(1,760km)이나 되는 바다에 흩어져 있는 많은 섬들이 있다. 인도네시아는 1만 7000개 이상의 섬들로 구성된 나라다. 주요 5대 섬은 수마트라, 자바, 보르네오, 술라웨시(Sulawesi) 그리고 서뉴기니(Western New Guinea)이다. 보르네오 섬과 서뉴기니 섬은 말레이시아와 국경을 나누고 있는 섬이다. 인도네시아 지역의 보르네오를 칼리만탄(Kalimantan) 섬으로 부르기도 한다. 또한 서뉴기니(또는 서파푸아)는 뉴기니 섬의 세부지역이다. 인도네시아는 38개 도로 행정구역이 나누어져 있다. 유엔의 자료에 따르면, 2020년 기준 인도네시아의 인구는 약 2억7,900만 명을 기록해 전 세계 총인구의 3.51%를 차지한다.

팜유 플랜테이션의 출발지, 수마트라섬

인도네시아에서 가장 큰 팜유 플랜테이션은 1911년 수마트라 지방에서 출발했으며, 오늘날까지도 인도네시아 전체 팜유 생산량의 70~80%가 이곳에서 이뤄지고 있다. 최근에는 칼리만탄(보르네오)에서 빠르게 팜유 나무 플랜테이션 사업이 대규모로 확산되고 있다. 그리고 술라웨시와 서뉴기니 지역에서도 플랜테이션이 진행되고 있다. 그럼에도 불구하고 수마트라는 변함없이 인도네시아의 팜유 나무 재배와 생산을 가장 많이 하는 지역이다.

인도네시아는 좋은 기후 기후와 유리한 가격조건 때문에 다른 나라보다 팜유 나무 재배가 계속 빠르게 늘어날 것으로 전망이 된다. 칼리만탄(보르네오)를 비롯해 미개발된 지역이 인도네시아에 산재하고 있기 때문이다. 사실은 인도네시아 정부가 발표하는 통계치가 부정확해 정확한 생산량을 파악하기는 어려운 실정이다 그럼에도 불구하고 매년 팜유 생산량이 증가하는 이유는 지금까지 줄곧 신품종의 묘목을 심어왔던 지역에서 점차 수확이 늘어나고 있기 때문이다.

오늘날 인도네시아에서 재배되고 있는 팜유 나무 종자의 거의 전부는 DxP 또는 테네라 교잡종이다. 테네라는 듀라와 피시페라 팜유 나무의 교잡종이다. 피시페라의 꽃가루를 듀라 종에 수정시켜 테네라 교잡종을 만든다. 얼마 전까지는 발아된 교잡종 팜유 나무 씨앗을 식재했으나, 최근 수년 전부터는 테네라 어린잎을 이

인도네시아 지도. ⓒ Wikipedia

용한 조직배양으로 대량 복제가 가능하게 됐다.

　이처럼 대규모 복제생산은 팜유 나무 산업에 큰 발전을 가능케 했다. 초기의 연구결과에 의하면, 이와 같은 조직배양을 통한 대규모 복제로 기존의 DxP 교잡종 대비 10~30% 수준의 증산이 가능하기 때문이다.

　팜유 나무 식재농업이 활성화되면서 인도네시아엔 비나 사윗 마크무르(Binasawit Makmur) 같은 새로운 종자 생산기업이 출현하고 있다. 인도네시아에서 팜유 나무 종자의 주된 공급업체로는 런던 수마트라(London Sumatra), 소핀도(Socfindo) 그리고 정부기관 마리하트(Marihat) 등이 있다.

세계 최대의 팜유 생산지

인도네시아는 2000년 이전만 하더라도 말레이시아 다음으로 많은 팜유 나무를 재배해왔다. 정부의 단단한 지원과 국내 대기업들, 그리고 말레이시아를 비롯한 기업들의 집중 투자로 팜유 나무 재배면적이 빠르게 확대돼 왔다. 그 결과 인도네시아는 2007년부터 말레이시아를 제치고 세계에서 제일 큰 팜유 생산자의 위치를 차지했다. 현재로서는 이 두 나라는 세계의 팜유 생산량의 85%를 차지하는 상황이다.

인도네시아에서 팜유 나무 재배가 늘어나게 된 것은 식물성 지방과 기름에 대한 세계적인 수요가 발생하면서부터다. 먼저 수마트라 섬에서부터 출발해 칼리만탄(Borned), 술라웨시(Celebes) 그리고 아이리안(Papua) 등으로 확산됐다. 1911년 이후부터 상업용으로 재배되기 시작하였는데, 1969년엔 18만 톤의 팜유를 생산했다.

팜유의 소비를 살펴보면, 소량은 인도네시아 국내에서 소비되고 나머지는 대부분 수출용이었다. 그러다가 1974년 팜유 가격이 톤당 700달러 수준으로 폭등하자, 인도네시아는 팜유 증산에 주력하게 됐다. 이러한 인도네시아의 국가적인 팜유 증산정책에 따라 국가 소유의 식재농업 회사들이 묘목을 소농들에게 보급하기 시작했고, 기술지원과 금융지원까지 하면서 팜유 산업은 크게 활성화되기 시작했다.

인도네시아는 세계에서 팜유 생산량도 가장 많고 팜유 나무 재배면적도 가장 넓은 국가다. 재배면적은 2021년 현재 약 1,382만 헥타르로, 세계 비중의 52.4%를 차지하고 있다. 이 면적의 약 80%가 FFB를 맺을 수 있는 성숙기에 도달했다. 수마트라 지역이 전국 팜유 나무 면적의 70%를 차지할 정도로 주요 팜유 생산지역인데 이 지역에 식재된 팜유 나무들은 성숙한 상태로, 팜유 열매를 가장 많이 수확할 수 있는 절정기다. 인도네시아의 팜유 생산량이 향후 더 크게 늘어날 수 있는 요소다.

팜유 국제가격의 불안정

인도네시아는 팜유를 전 세계 100개국이 넘는 나라에 수출하고 있다. 2006년 당시만 해도 팜유 수출량은 1,130만톤 수준이었다. 그러나 팜유가 식생활의 필수품인 인도네시아는 국내 소비자 가격을 안정시키기 위해 수출세를 15% 내외로 부과했다. 그러다가 2008년엔 국제 팜유 가격이 톤당 600달러를 넘어서자 수출을 억제하기 위해 수출세를 60%까지 인상하기도 했다.

결국 팜유의 수출가격은 톤당 600달러에서 수출세(톤당 360달러)를 제외하면 팜유 1톤을 수출하고 손에 쥘 수 있는 가격(수취가격)은 톤당 240달러에 불과했다. 그 후에 국제가격이 하락하면서 수출세는 30%에서 10%로, 다시 5% 그리고 3% 수준으로 내려갔다. 인도네시아 정부는 팜유 가격이 톤당 1,100달러를 초과하면 수

말레이시아 팜유 수출 가격 및 세율(2021년 기준)

팜유(CPO) 시장가격(FOB, 톤당)	수출세율(%)
2,250링깃 미만	0.0
2,250~2,400링깃	3.0
2,401~2,550링깃	4.5
2,551~2,700링깃	5.0
2,701~2,850링깃	5.5
2,851~3,000링깃	6.0
3,001~3,150링깃	6.5
3,151~3,300링깃	7.0
3,301~3,450링깃	7.5
3,450링깃 이상	8.0

자료: 말레이시아 팜오일 위원회(MPOB)

인도네시아 팜유 원액 수출 물량과 수출가격

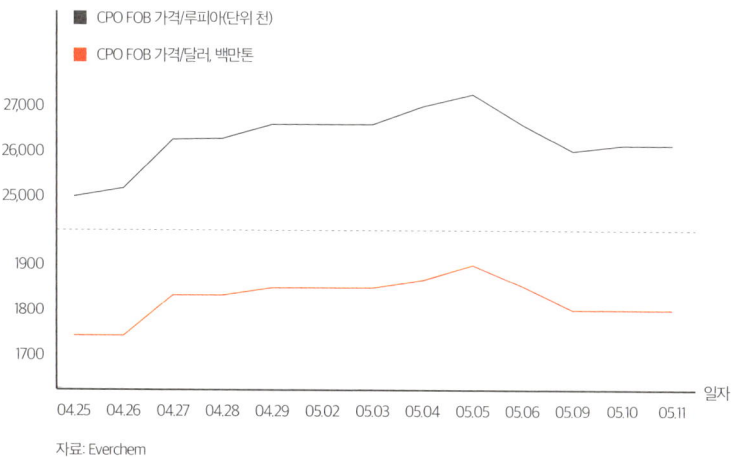

자료: Everchem

4부_ 세계 팜유산업 동향

출세를 현재의 10% 수준(톤당 850달러)에서 15%로 인상할 것이라고 밝혔다.

러시아의 우크라이나 침공과 글로벌 이상 기후로 인한 곡물 작황 부진에 팜유 수급 불안은 가속화되고 있다. 4대 식물성 기름 중 하나인 해바라기씨유 수출 1위국은 우크라이나, 2위는 러시아다. 물류 통제와 함께 식물성 기름 가격이 뛰면서 팜유 가격도 치솟고 있다. 더군다나 카놀라유의 최대 생산국가인 캐나다의 작황 부진과 미국의 대두유 생산 역시 예년에 비해 줄어들 전망이다.

옥수수에 뿌려지는 비료 값의 4분의 1밖에 들지 않아 2021년 많은 미국 농가에서 옥수수 대신 대두유를 재배했음에도 불구하고 나온 초라한 작황 성적표인 것이다. 반면 말레이시아 팜유 가격은 2022년 2월 중순 사상 처음으로 톤당 6000링깃(약 172만 원)을 돌파한 뒤 2022년 2월 24일 신고가 기준 6454링깃까지 올랐다. 1년 전 대비 약 60%가 급등한 셈이다.

영세 소농 문제

인도네시아 국내총생산(GDP)에서 팜유 산업이 차지하는 비중은 1.6%, 해당 산업에 종사하는 인원은 450만 명이다. 또한 세계 최대의 팜유 수출국인 인도네시아는 2020년 한 해만 해도 179억 달러(한화 약 23조 원)어치의 팜유를 수출하는 등 자국 생산량의 대부분을 국제 시장에 내놓으면서 외화를 벌어들이고 있다. 다만, 최근 들어 인도네시아 정부가 국내 수요 부족을 우려해 자국산 팜유 수출을 금지한다는 계획을 발표하면서 현재 식품과 개인용품 거래 가격이 두 배 이상 뛰는 등 세계 시장이 요동치고 있기도 하다(자료: 인도네시아 산업부).

인도네시아에서 팜유 나무는 수백만 소농들의 빈곤문제를 해결하는 '해결사'였다. 소득은 물론이고, 교육과 건강, 생활수준을 높여줬다. 이는 팜유 나무 재배의 혜택이다. 전체 팜유 나무 생산 면적은 말레이시아와 유사하게 정부 소유지, 민간기업 그리고 영세소농 등 세 그룹으로 나누어진다.

2006년 인도네시아 통계에 의하면, 전체 팜유 나무 재배면적은 607만 헥타르 내외였다. 이 중에서 45%가 다수의 민간기업 소유로 밝혀졌고, 43%는 영세농들이 소유하고 있었으며, 나머지 12%는 정부 소유지로 집계됐다. 흔히 일부 영세농들은 민간기업과 합작형태로 팜유 나무를 생산하고 있다(BPS & Indonesia Palm Oil Board, 2007).

현재 인도네시아에서 팜유 생산에 사용되는 토지는 2000년대 초의 600만 헥타르에서 2020년에는 1,400만 헥타르 이상으로 늘어나며 3배 이상의 성장세를 보였다. 그런데 계속되는 팜유 나무의 생산 증가로 인해 열대우림지가 줄어들고, 멸종 위기에 처한 동물이 사라지며 생물의 다양성이 침해받는 현상이 사회의 주목을 끌고 있는 상황이다. 글로벌 포레스트 워치(Global Forest Watch)에서 제공하는 위성자료에 의하면, 2002년부터 2020년까지 인도네시아의 녹지 원시림 면적이 10% 감소한 것으로 나타났다. 그 밖에도 토양 성분 변화, 바이오매스 연소에 따른 탄소 배출, 늪지 삼림에서의 유기물질 축적, 그리고 비료·쥐약·살충제를 비롯한 농업용 화학물질의 사용으로 인한 육지·수중 생태계 파괴 등이 문제로 지적되고 있다.

이처럼 팜유 산업의 사회·환경적 영향에 대한 우려가 높아지자 인도네시아 정부는 팜유 산업의 향후 성장을 보장하기 위해 정부 차원에서 지속 가능성 확보 방안을 적극적으로 모색하고 있다. 최근에는 일부 팜유를 생산하는 기업들과 RSPO의 후원으로 유럽 연합과 미국과 지속 가능한 기준에 관한 협상을 하고 있다. RSPO는 팜유 나무의 생산자, 유통업자, 자연보존 주의자, 그리고 이해당사자들의 국제조직이다.

팜유에 대한 수요는 계속 늘어날 것이다. 팜유 나무가 20년생이 넘어가면서 산출고도 꾸준히 늘고 있다. 그뿐만 아니라 새로운 교잡종 연구와 거듭된 복제 연구를 통해 개발된 보다 좋은 품종으로 리플랜팅 작업도 계속될 것이다. 인도네시아의 토지 가용성과 높은 수준의 종자 판매고, 기록적인 에너지 가격 그리고 높은 식물성 오일 가격 등을 감안하면, 인도네시아가 향후 수년간 세계 최대의 팜유 생산 대국의 자리를 계속 이어갈 것으로 전망되고 있다.

25.
팜유 교역 동향- 팜유 수출

최근 코로나19 바이러스의 확산으로 말레이시아 내 팜유 가격 및 수요량에 변동이 일어나고 있다. 코로나19 바이러스로 인해 중국의 말레이시아산 팜유 수요량이 낮아질 것으로 전망됨에 따라 2020년 초부터 팜유 가격의 하락세가 나타나고 있다. 중국은 대 말레이시아 팜유 수입국 2위로서 2019년에는 250만 톤의 팜유를 수입했다.

팜유 플랜테이션의 주요 선두 기업 중 하나인 '사임다비'는 코로나바이러스 발병으로 중국에서의 팜유 수요가 줄어들고 있다고 밝혔다. 하지만, 말레이시아 정부는 "이는 단기적인 가격 하락세이며, 식음료 생산부분에서는 지속적인 팜유 수요가 있으므로, 이번 코로나바이러스 유행이 안정세에 접어든다면 가격 회복이 될 것"이라고 전망했다.

말레이시아의 팜유 생산량과 가격(2019~2021)

Product	Production 2021 (MT)	Average Price (USD)	Estimate Value (USD)
Palm Oil	75,000,000	1,100	82.50 Billion
Palm Kernel Oil	8,400,000	1,500	12.60 Billion
Palm Kernel Cake	17,976,000	157	2.82 Billion
Oleochemical	10,106,000	1,460	14.75 Billion
Biodiesel	11,600,000	1,244	14.43 Billion
Exchange rate USD: RM4.14			

Product	Production 2020 (MT)	Average Price (USD)	Estimate Value (USD)
Palm Oil	73,076,000	752	54.95 Billion
Palm Kernel Oil	8,193,000	867	7.10 Billion
Palm Kernel Cake	17,533,020	126	2.21 Billion
Oleochemical	9,971,300	887	8.85 Billion
Biodiesel	8,163,000	851	6.94 Billion
Exchange rate USD: RM4.2			

Product	Production 2019 (MT)	Average Price (USD)	Estimate Value (USD)
Palm Oil	76,670,000	601	46.08 Billion
Palm Kernel Oil	8,586,000	662	5.68 Billion
Palm Kernel Cake	18,374,040	98	1.79 Billion
Oleochemical	9,737,000	801	7.80 Billion
Biodiesel	8,372,000	668	5.59 Billion
Exchange rate USD: RM4.14			

자료: Statista, 2021

코로나19 확산으로 팜유 산업 충격

말레이시아 팜유 위원회(MPOB)에서는 코로나19 사태로 인해 중국 내 식당가에서 식용 팜유의 소비가 현저히 줄었지만, 라면 등과 같은 포장식품의 소비량이 증가함에 따라 더 많은 팜유 수요량이 형성하게 될 것이라고 예측하고 있다. 중국 정부에서 바이러스

확산을 막기 위해 자국민 외출을 통제함에 따라 중국 시민들은 외식 대신 집에서 가공식품, 팩 포장 등의 간편조리 음식을 소비하고 있다. 그중 인스턴트 라면은 가장 쉽게 섭취할 수 있는 음식이자 동시에 식용 팜유의 사용량이 큰 제품이다.

코로나19의 여파로 세계경제뿐 아니라 말레이시아 경제 또한 직격탄을 맞고 있다. 특히, 팜유의 수출량 감소 및 가격 하락이 예상되고 있지만, 말레이시아는 중국의 인스턴트 라면 소비로 인해 팜유 수요는 지속될 것이라고 예측하고 있다.

말레이시아는 인도네시아 다음으로 팜유 생산 규모 2위인 국가이다. 팜유 생산량은 최근 5년간 2%의 성장률을 보이면서 생산 규모가 확대되고 있으며, 향후에도 지속적으로 증가할 것으로 예상된다. 향후 우리나라에서의 팜유 원료 제품(라면, 스낵 등)에 중국 및 인도의 수요 증가로 인한 팜유 공급 부족과 가격 상승이 지속적인 영향을 미칠 것이기에 원재료 수입가격에 보다 민감한 대응이 필요할 것으로 전망된다.

말레이시아 팜유 국가별 수출실적 (단위: MT)

국가	2019년	2018년	변화량
인도	4,409,511	2,514,008	175%↑
중국	2,490,503	1,859,748	134%↑

출처: FAO

'팜유 주요 수출국'은 '팜유 주요 생산국'

세계적인 팜유 수출대국은 인도네시아, 말레이시아다. 이 들 두 나라는 팜유의 주요 생산국이기도 하다. 인도네시아의 수출량은 2016~2020년 평균 약 2,627만 톤이며 전 세계 수출 물량에서 차지하는 비중은 55.7%이다. 말레이시아는 동기간 약 1,422만 톤을 수출하고 있으며, 전 세계 수출 물량의 30%를 차지하고 있다. 인도네시아와 말레이시아 두 국가가 전 세계 수출 물량에서 차지하는 비중은 85% 이상을 차지하고 있다.

네덜란드가 인도네시아와 말레이시아에 이은 주요 수출국인데, 네덜란드는 팜유 생산은 없으나 유럽 전역으로 중계 무역을 하고 있다. 네덜란드의 수출량은 약 135만 톤이며 전 세계 수출량의 2.8%를 차지하고 있다. 그 외 파푸아뉴기니(1.28%), 콜롬비아(1.22%), 독일(0.78%), 태국(0.49%), 베넹(0.03%) 순으로 팜유를 수출하고 있으나 그 양은 미미한 수준이다. 전 세계 팜유 수출량은 2016년 4,245만 톤에서 2020년 4,730만 톤으로 11.43% 증가했다.

2015년 팜유 가격이 하락세를 보이다 말레이시아의 화폐인 링깃의 가치가 하락하면서 수출이 반등하는 듯했으나, 수요 감소와 재고량 증가 등을 이유로 다시 가격이 하락하는 등 불안정한 양상을 이어가고 있다. 국제 신용평가사 피치(Fitch ratings)의 자회사인 BMI 리서치(BMI research)에 따르면, 바이오디젤의 팜유 함량 향상 등을 통해 최근 수년간 팜오일 수요가 증가했으나, 팜유 소비량 신장세가 점차 약화될 것으로 전망했다.

팜유 주요 수출국 및 현황(단위: 톤)

국가	구분	2016	2017	2018	2019	2020	평균
세계	물량(톤)	42,447,499	47,925,392	48,734,135	49,351,675	47,300,902	47,151,921
	금액(천달러)	28,060,402	33,818,796	30,623,655	27,848,389	32,402,988	30,550,846
	단가($/kg)	0.66	0.70	0.63	0.56	0.68	0.65
인도네시아	물량(톤)	22,759,305	27,516,066	27,893,676	27,246,123	25,936,722	26,270,378
	금액(천달러)	14,365,422	18,513,121	16,527,848	14,633,060	17,364,812	16,280,853
	단가($/kg)	0.63	0.67	0.59	0.54	0.67	0.62
말레이시아	물량(톤)	13,814,190	13,689,483	13,841,385	15,201,036	14,575,437	14,224,306
	금액(천달러)	9,064,286	9,659,649	8,667,092	8,327,469	9,808,525	9,105,404
	단가($/kg)	0.65	0.70	0.63	0.55	0.67	0.64
파푸아뉴기니	물량(톤)	540,700	619,900	614,300	540,000	697,970	602,574
	금액(천달러)	432,000	496,000	431,806	374,104	431,966	433,175
	단가($/kg)	0.79	0.80	0.70	0.69	0.62	0.72
베냉	물량(톤)	41,627	17,519	13,395	9,225	6,708	17,695
	금액(천달러)	11,818	12,927	12,712	6,601	3,351	9,482
	단가($/kg)	0.28	0.74	0.95	0.71	0.49	0.53
콜롬비아	물량(톤)	373,316	554,441	702,809	636,611	621,186	577,673
	금액(천달러)	245,547	381,669	446,216	350,280	406,303	366,003
	단가($/kg)	0.66	0.69	0.63	0.55	0.65	0.63
태국	물량(톤)	39,180	314,143	347,312	239,994	219,484	232,023
	금액(천달러)	40,944	217,361	224,221	146,821	157,899	157,449
	단가($/kg)	1.04	0.69	0.64	0.61	0.72	0.68

자료: FAO STAT(http://www.fao.org)

말레이시아는 2017년 기준 2008만 톤의 팜 원유를 생산했다. 2017년 말레이시아의 팜유 수출액은 전년 대비 6.6% 증가한 97억 달러이며, 총 수출액 대비 4.5%를 차지한다. 2001년 이후 팜유 최대 수출은 2011년 174억 달러로, 총 수출액 대비 7.7%를 차지한다. 전 세계 팜유 시장에서 말레이시아의 수출 비중은 2001년 55.8% 이후 계속 감소해 2017년 28.2%를 기록했다. 말레이시아는 2008년까지는 세계 팜유 시장을 선도했으나, 인도네시아의 팜유 수출 급증으로 2009년 이후 인도네시아가 세계 팜유 시장을 선도하고 있다.

말레이시아의 팜유 산업은 2020년 기준 GDP의 3.8%를 차지하는 중요 산업이다. 팜유 산업은 2010년 발표된 경제 혁신 프로그램(ETP)에서 육성하려는 12개 국가 핵심 분야(NKEA) 중에서도 우선 육성 산업이다. 말레이시아 정부는 팜유 나무 리플랜팅 확대, 기계화, 팜유 열매 및 팜유 수율 향상을 위한 육성책을 추진하고 있다. 이를 위해 사바 주의 사바경제회랑(Sabah Development Corridor) 내에 팜유 열매의 생산부터 정제까지 원스톱 생산이 가능한 2개의 팜유 산업 클러스터(Palm Oil Industrial Cluster)를 조성해 현재 운영 중이다.

팜유 주요 수입국 및 현황(단위: 톤)

국가	구분	2016	2017	2018	2019	2020	평균
세계	물량(톤)	41,855,970	47,081,058	48,305,554	52,361,589	47,531,859	47,427,206
	금액(천달러)	30,553,113	37,050,839	34,445,044	32,330,806	35,283,921	33,932,745
	단가($/kg)	0.73	0.79	0.71	0.62	0.74	0.71
중국	물량(톤)	4,700,423	5,302,628	5,565,670	7,782,383	6,697,991	6,009,819
	금액(천달러)	3,023,679	3,662,958	3,555,781	4,244,491	4,287,955	3,754,973
	단가($/kg)	0.64	0.69	0.64	0.54	0.64	0.62
인도	물량(톤)	8,252,606	9,184,475	8,805,270	9,732,492	7,203,188	8,635,606
	금액(천달러)	5,641,652	6,769,937	5,478,078	5,408,891	5,119,263	5,683,564
	단가($/kg)	0.68	0.74	0.62	0.55	0.71	0.66
네덜란드	물량(톤)	2,267,744	2,601,934	2,666,997	2,793,508	2,526,023	2,571,241
	금액(천달러)	1,550,126	2,000,626	1,838,136	1,655,134	1,782,869	1,765,378
	단가($/kg)	0.68	0.77	0.69	0.59	0.70	0.69
파키스탄	물량(톤)	2,603,213	2,773,344	2,964,215	3,164,630	3,084,363	2,917,953
	금액(천달러)	1,701,168	2,096,233	1,930,229	1,752,711	2,109,310	1,917,928
	단가($/kg)	0.65	0.75	0.65	0.55	0.68	0.66
독일	물량(톤)	1,380,161	958,119	701,464	691,450	723,513	890,941
	금액(천달러)	1,024,061	816,636	589,790	515,321	603,656	709,893
	단가($/kg)	0.74	0.85	0.84	0.74	0.83	0.79
말레이시아	물량(톤)	533,043	552,762	807,160	1,069,849	916,800	775,923
	금액(천달러)	326,864	400,885	456,509	550,735	665,713	480,141
	단가($/kg)	0.61	0.72	0.56	0.51	0.72	0.62
미국	물량(톤)	1,291,549	1,399,374	1,548,803	1,581,564	1,431,786	1,450,615
	금액(천달러)	891,909	1,094,291	1,139,682	1,014,301	1,091,722	1,046,381
	단가($/kg)	0.69	0.78	0.73	0.64	0.76	0.72
방글라데시	물량(톤)	1,366,454	1,485,354	1,729,175	1,412,780	1,335,282	1,465,809
	금액(천달러)	945,836	1,118,732	1,160,844	849,011	1,002,405	1,015,366
	단가($/kg)	0.69	0.75	0.67	0.60	0.75	0.69
이탈리아	물량(톤)	1,521,561	1,485,267	1,366,883	1,521,176	1,676,514	1,514,280
	금액(천달러)	1,043,155	1,103,215	996,455	1,028,758	1,244,299	1,083,176
	단가($/kg)	0.68	0.74	0.72	0.68	0.74	0.71
이집트	물량(톤)	271,353	786,230	800,061	1,104,956	1,045,176	801,555
	금액(천달러)	240,898	745,750	686,170	655,804	732,477	612,220
	단가($/kg)	0.89	0.95	0.86	0.59	0.70	0.76

자료: FAO STAT(http://www.fao.org)

26.
팜유 교역 동향- 팜유 수입

팜유 최대 수입국 인도

국제 시장에서 식물성 기름에 대한 수요는 나날이 커지고 있고, 특히 식용유는 모든 품목 중에서 최상위의 수요 증가율을 보일 것으로 예상된다. 바이오 연료를 비롯한 모든 식물성 기름의 수요량은 2001년부터 2013년까지 연평균 4.8%씩 증가하며 1억6,500만 톤에 달했고, 이후 2050년까지는 이전의 3분의 1을 약간 넘는 연평균 1.7%의 증가율을 보이고 있다. 2050년에는 3억 1,000만 톤에 이를 것이란 전망도 나오고 있다. 그중 특히 중산층이 급속히 확대되는 국가에서 크게 늘어나고 있는 팜유 수요량은 2015년의 1억7,500만 톤에서 2050년에는 2억 2,000만 톤까지 증가할 것으로 예측되는데, 이를 충족하기 위해서는 세계 팜유 공급량이 연평균 3.6%씩 늘어나야 한다.

전 세계 팜유의 수입량은 2016년 4,185만 톤에서 2020년 4,753만 톤으로 13.6% 증가했다. 팜유의 주요 수입국은 인도이며,

2016년 825만 톤에서 2020년 720만 톤으로 약간 줄었으나, 평균 863만 톤을 수입하는 것으로 나타났다. 인도가 2016~2020년 평균 전 세계 팜유 수입에서 차지하는 비중은 18.2%이다.

팜유의 최대 수입국은 유럽연합, 중국, 인도, 파키스탄 등이다. 이 가운데에서도 중국의 수입 급증이 두드러지고 있다. 2020년 기준, 중국은 인도에 이어 국제시장에 나오는 팜유의 12.7%를 수입하고 있다. 독일은 일부의 물량을 중계무역의 형태로 유럽 국가로 수출하고 있고, 네덜란드는 수입량의 대부분을 중개 무역을 하고 있다.

MPOB 존재 이유

말레이시아 팜유 산업의 성공에 결정적인 역할을 한 것은 말레이시아 팜유위원회(MPOB, Malaysian Palm Oil Board)의 존재다. MPOB는 말레이시아의 팜유 산업 전반에 대한 포괄적 서비스를 제공하기 위해 설립된 정부기관이다. 이 기구는 2000년 5월 1일 말레이시아 팜유연구소(PORIM, Palm Oil Research Institute of Malaysia)와 팜유 등록허가국(PORLA, Palm Oil Registration and Licensing Authority)의 기능을 인수해 설립했다.

MPOB의 주요 역할을 팜유 산업의 발전을 촉진하고, 국가 목표와 정책 수립 등 말레이시아 팜유 산업의 백년대계(百年大計)를 수립하는 것이다. 이사회 구성은 의장, 정부 및 업계 대표, 그리고 MPOB 사무총장으로 구성된다. MPOB 의장은 농장 산업 및 상품부 장관이 임명한다. 이사회는 MPOB 조직에 방향을 제시하는 역할을 수행한다.

MPOB의 주요 역할을 이렇다. 말레이시아의 팜유 산업 전반에 관한 정책 및 개발 프로그램을 제시하는 것이다. 구체적으로 ▲팜유 산업과 관련한 연구개발 수행, ▲팜유 산업과 관련된 모든 활동에 대한 허가, 규제 및 조정 역할, ▲연구결과 개발과 홍보, 그리고 상업화와 함께 팜유 산업에 기술 자문 서비스 제공, ▲말레이시아 팜유 산업을 강화하기 위해 국내 및 국제기구와의 협력 체제 구축, ▲팜유 산업에 대한 전반적인 교육 및 인적자원 발굴 프로그램 개발, ▲'팜유 산업의 자원 및 정보 센터'는 오일 및 지방에 대한 연구결과를 알리는 것이다.

많은 중요한 기능 이외에도 MPOB는 고품질 팜유만을 수출할 수 있도록 품질통제와 연구개발(R&D)을 지도하고 있다. MPOB는 '1983년 팜유 산업(품질통제) 규정'의 집행을 통해 팜 묘목의 식재, 생산, 가공 정제, 저장 및 수송에 이르는 총체적 공급체인을 따라 엄격한 품질관리가 이뤄지도록 하고 있다.

말레이시아 팜유를 대표하는 이미지는 우수한 품질, 상시 이용 가능성, 그리고 신뢰성이다. 특히, 광범위한 플랜테이션과 정제공장, 올레오 케미컬 공장 그리고 MPOB의 감독에 힘입어 말레이시아 팜유는 세계적으로 인정받고 있다. 말레이시아 팜유 생산자협회(MPOA, Malaysian Palm Oil Association), 말레이시아 팜유 정제업자 협회(PORAM), 말레이시아 올레오 케미컬 제조업자 그룹(MOMG, Malaysian Oleochemicals Manufacturers Group) 등과 같은 전문기구들도 MPOB와 밀접하게 협력하면서 팜유 산업의 바람직한 기준을 정하고 규제에 동참하고 있다.

팜유의 공정가격

1980년까지는 팜유를 거래하는 사람들이 시장 가격 변동에 대응해 자신들을 보호할 수 있는 방안은 전무했다. 즉, 그들은 네덜란드 로테르담 시장에서 형성된 가격에 근거해 무역을 할 수 있었지만, 불안정한 가격 파동에 피해를 당하지 않도록 보호할 시스템이 존재하지 않았다. 게다가 로테르담 시장은 장외시장이라서 기존에 소수의 매매자들만 참여할 수 있는 시장이었다.

이러한 상황에서 말레이시아는 가격이 수요와 공급에 의해서 결정될 수 있고, 모든 참가자들에게 개방이 돼 있는 선물시장을 열기 위한 수순을 밟았다. 이러한 과정을 통해 쿠알라룸푸르 상품거래소(현 Bursa Malaysia 자회사)가 1980년 6월 설립됐다. 이 시장은 말레이시아의 증권위원회에 의해 건전한 무역거래와 행위가 이뤄지도록 엄격한 규제를 받고 있다.

말레이시아의 팜유 선물시장(futures market) 계약은 팜유 산업의 역사에 가장 성공적인 이정표였다. 세계의 오일과 유지 시장에서 매우 인기 있는 선물계약이다. 팜유 상품거래소에서 거래자들은 선물시장 거래를 통해 팜유의 국제가격을 결정한다. 팜유 생산자나 소비자들은 미래의 가격 변화에서 오는 위험을 막고 자신들을 보호하기 위해 미래의 특정 시점에 팜유가 전달되도록 매매계약을 체결하는 것이다. 따라서 매일 팜유 선물시장에서는 수백만 달러에 달하는 계약이 성사되고 있다.

27.
우리나라의 팜유 수입 동향

세계 최대 팜유 생산국 인도네시아가 2022년 4월 28일부터 팜유 수출을 금지했다. 러시아-우크라이나 전쟁으로 해바라기유의 주요 생산국인 우크라이나의 공급이 불안함에 따라 대체유인 팜유 가격이 치솟고 전 세계 수요가 급증하는 현상이 발생하고 있다. 2022년 4월 22일 로이터 통신에 따르면, 조코 위도도 인도네시아 대통령은 자국 내 식용 오일 공급과 가격 안정화를 위해 2022년 4월 28일부터 팜유와 그 원료의 수출을 금지한다고 발표했다.

인도네시아는 세계 최대의 팜유 생산국이자 수출국으로, 인도네시아 팜유협회(IPOA)에 따르면 2021년 기준 인도네시아의 팜유 생산량은 4,688만 톤이며 제품 수출량은 3,420만 톤을 기록하고 있다. 2021년 기준 한국의 인도네시아산 팜유 수입 비중은 56.1%, 수입액은 3.7억 달러에 달한다.

한국은 대부분 인도네시아 및 말레이시아에서 팜유를 수입한다. 2020년 중량 기준 58만7,000톤, 금액으로는 4억400만 달러가 수입되었으며, 2021년에는 65만 톤, 금액으로 6억 6,100만 달러가 수입돼 전년 대비 중량 면에서는 3.1%, 금액 면에서 63.6%가 증가하고 있다. 2022년에는 1분기에만 2억 700만 달러가 수입되었으며, 이는 2020년 수입액의 51.3%, 2021년 수입액의 31.4%를 규모다.

2021년 기준 우리나라의 팜유는 56.1%가 인도네시아, 43.8%가 말레이시아에서 들어왔다. 나머지 국가 수입 비중은 0.1%로 매우 미미한 상황이다. 특히, 인도네시아산 팜유는 2021년 3억 7,000만 달러가 수입돼 전년도 2억 1,000만 달러 대비 1억 5,000만 달러 증가했다.

인도네시아산 팜유 수입은 CPO가 아닌 주로 팜유를 정제한 형태로 수입되고 있다. 팜유를 정제하면 팜 올레인, 팜 스테아린 등이 되며 인도네시아에서는 주로 이들을 추가로 정제, 분획 또는 혼합한 제품들이 기타로 분류되어 수입되는 것이 가장 많다. 그다음으로 팜 스테아린이 많이 수입되고 있다고 한다.

참고로 우리나라는 팜유 이외에도 대두유, 올리브유, 해바라기씨유, 야자유 등 식물성 오일 대부분을 수입에 의존하고 있는 상황이다. 대두유는 미국, 올리브유는 스페인, 해바라기씨유는 우크라이나, 야자유 등은 인도네시아에서 수입한다. 특히, 해바라기씨유의 경우 우크라이나는 우리나라의 최대 수입국으로 2018년 700만 달러, 2019년 1,300만 달러, 2020년 1,800만 달러, 2021년 3,500만 달러를 우크라이나에서 수입하는 등 지속적으로 증가 추세에 있었다.

팜유, 대두유 자리 빼앗아

2022년 4월 관세청 자료에 따르면, 국내 팜유 수입량은 2012년 32만4,900여 톤에서 2021년 60만5,700톤으로 지난 10년간 약 2배가 늘었다. 팜유의 주요 수입국은 인도네시아와 말레이시아로, 2021년 기준 수입량은 각각 전체의 56.4%, 43.5%를 차지하고 있다. 특히 인도네시아에서 국내로 수입되는 양은 2012년 3만7,300여 톤에서 2021년 34만1,800여 톤으로 약 10배 증가했다.

식물성 유지 교역에서 팜유가 차지하는 비중을 살펴보기 위해 식물성 유지 교역 현황을 살펴보자. 우리나라가 수입하는 식물성 유지는 대두유, 팜유, 야자유, 유채유, 해바라기씨유, 올리브유, 옥수수유, 참기름, 들기름 등이다. 식물성 유지 수입 중 대두유가 차지하는 비중이 과거에는 가장 높았으나, 2018~2021년 평균 통계를 보면, 팜유는 46%로 가장 비중이 높고, 대두유는 28%로 떨어졌다.

우리나라도 팜유 소비가 대두유를 추월하는 세계적인 추세와 같아지고 있다는 점이다. 2018~2021년 식물성 유지 품목은 올리브유(1.68%), 유채유(11%), 해바라기씨유(2.75%) 등이며, 이들 품목은 주로 가정에서 많이 사용되는 식물성 유지류이며 웰빙 붐과 관련이 있어 보인다.

우리나라의 식물성 기름 수입 통계(단위: 톤, 백만 달러)

품목명	구분	2018	2019	2020	2021	평균
식물성유지	물량(톤)	1,191,583	1,335,552	1,294,884	1,432,647	1,313,665
	금액(백만달러)	1,096	1,074	1,194	1,974	1,334
대두유	물량(톤)	291,292	351,314	391,455	450,764	371,206
	금액(백만달러)	240	264	312	575	347
올리브유	물량(톤)	18,413	19,335	23,417	27,191	22,089
	금액(백만달러)	83	74	86	117	90
유채유	물량(톤)	124,560	155,352	135,336	164,639	144,971
	금액(백만달러)	108	124	114	227	143
옥수수유	물량(톤)	4,644	6,355	3,939	7,014	5,488
	금액(백만달러)	4	5	4	10	5.7
해바라기씨유	물량(톤)	29,079	35,173	37,292	43,302	36,211
	금액(백만달러)	35	42	46	67	47
야자유	물량(톤)	56,755	57,356	49,177	56,921	55,052
	금액(백만달러)	76	51	54	95	69
팜유	물량(톤)	606,943	645,669	589,465	614,874	614,238
	금액(백만달러)	392	352	406	671	455

자료: 농수산물유통공사(http://www.kati.net), 한국무역통계진흥원 / 조회기준 년월: 2017년 4월 ~2022년 5월

최근 5년간 국가별 팜유 수입 현황(단위: 백만 달러)

국가명	2018년	2019년	2020년	2021년
인도네시아	221.9	177.4	214.8	371.0
말레이시아	162.5	156.7	187.6	290.0
기타*	4.0	14.6	2.0	0.6
합계	388.4	348.7	404.4	661.6

자료: 관세청 수출입 무역통계, 2022. 4.25. / 기타: 콜롬비아, 싱가포르, 미국 등.

우리나라는 유지 자급도가 10%에 불과한 유지 수입국이다. 참고로 우리나라가 수출하는 주요 식물성 유지류는 대두유와 옥수수유이며 원료를 해외에서 수입하여 국내에서 가공하여 수출하

는 형식이다. 우리나라는 팜유 나무 재배 국가가 아니기 때문에 팜유 수출은 거의 없는 수준이다.

관세청의 팜유 수입 통계

팜유의 수입은 크게 늘고 있는 추세다. 2022년 4월 관세청 자료에 따르면, 2020년 수입된 품목 중 전년 대비 증가율이 가장 높은 품목은 팜유, 금액으로는 소고기, 중량으로는 밀인 것으로 나타났다. 식품의약품안전처는 2020년 166개국으로부터 약 273억 달러(한화 약 32조3000억 원), 1,833만톤이 수입됐다고 밝혔다. 수입 품목은 약 1,859개였으며, 수입 금액으로는 소고기, 돼지고기, 정제·가공용 원료가, 수입 중량으로는 밀, 정제가공용 원료, 옥수수가 많이 수입됐다.

1만 톤 이상 수입된 품목 중 전년대비 증가율이 가장 높은 품목은 '팜유'로 1097.1%가 증가했다. 냉동 정어리(824.4%), 양배추(117.9%), D-소르비톨(112.3%), 기타 수산물 가공품(105%) 등이 뒤를 이었다. 팜유는 라면의 국내 수요 및 해외 수출 증가에 따른 것으로 분석됐으며, 냉동 정어리는 제3국 수출을 위한 외화 획득용 원료의 증가로, 양배추는 작년 기상악화에 따른 국내 작황 부진으로 가격이 상승함에 따라 수입량이 급증한 것으로 보인다.

말레이시아는 인도네시아 다음으로 팜유 생산 규모 2위인 국가나. 팜유 생산량은 최근 5년간 2%의 성장률을 보이면서 생산 규모가 지속적으로 확대되고 있으며, 향후에도 지속적으로 증가할 것으로 예상된다. 중국 및 인도의 급격한 팜유 수요 증가로 인해, 우리나라에서의 팜유 원료 제품(라면, 스낵 등)에 팜유 공급 부족에 대응이 필요할 것이다.

2022년 4월 26일 관세청에 따르면, 지난 3월 국내 수입 팜유 가격이 톤당 1400달러 선을 처음으로 넘으며 사상 최고치를 기록한 것으로 나타났다. 팜유 수입단가는 1년 전과 비교하면 40.6% 올랐고, 코로나19 사태 초기인 2020년 3월과 비교하면 무려 95.1%나 상승했다.

이 수요가 말레이시아 등 다른 팜유 생산국으로 몰릴 경우, 팜유 가격은 또다시 급등할 수 있다. 전 세계적인 원자재 가격 상승으로 이미 식품 가격이 오를 대로 오른 가운데 이번 사태가 또 다른 가격 인상 압박 요인으로 작용할 수 있다는 염려가 나온다. 결국 소비자들의 부담 역시 커질 수밖에 없는 것이다.

국내 라면 가격은 원자재 가격 상승 등으로 2021년 10월 평균 11.9% 올라 12년 8개월 만에 최대 폭으로 상승한 바 있다. 식품 업체 오리온의 경우, 식용 팜유를 전부 말레이시아산으로 쓰고 있어 당장은 문제가 없을 것으로 보이지만, 전 세계에서 유통되는 팜유를 대부분 인도네시아와 말레이시아가 생산하고 있어 상황을 예의 주시하고 있는 상황이다.

한국은 특히 인도네시아에 대한 팜유 수입 의존도가 절대적이다. 관세청 수출입 통계 자료에 따르면 한국이 수입한 인도네시아산 팜유의 규모는 2021년 34만1,802톤(3억7,101만 달러)으로, 국내 수입량의 56.4%를 차지했다.

팜유를 수입해 식용 팜유를 생산하는 사조, 롯데푸드, 오뚜기 등 식용유 제조업체들은 조만간 식용 팜유의 B2B(기업 간 거래) 가격을 상향 조정할 것으로 보인다. 대체재를 사용하는 것도 쉽지 않을 전망이다. 특히 식품의 경우 사용하는 식용유 종류에 따라서도 맛이 달라지기 때문에 대체재 사용은 고려 대상이 될 수 없다는 게 업계 설명이다. 만약 다른 식용유를 쓴다면 제품 맛이 달라질 것이고, 식용유 종류가 식품 맛의 경쟁력이 되기도 하기 때문이다.

인도네시아의 팜유 수출 중단에 따른 충격은 화장품 업계도 피하지 못할 것으로 보인다. 팜유는 비누, 클렌징 폼 등과 더불어 각종 크림과 로션 등 화장품의 원료로 사용되기 때문이다. 아모레퍼시픽 관계자는 "인도네시아의 팜유 수출 금지 발표를 주시하며 대응 방안을 검토하고 있다"고 밝혔다.

우리나라를 대표하는 항공기 제작 업체인 한국항공우주산업(KAI)이 '1조 원 규모'에 달하는 말레이시아 경전투기 사업 수주를 목전에 두고 있는 상황이다. 그런데 관심을 끄는 대목은 1조 원 수출 대금의 절반인 5,000억 원 정도를 현금이 아닌 최근 가격이 급등한 팜유로 받기로 했다는 점이다.

한국 공군의 특수비행팀 블랙이글스가 2017년 3월 29일 말레이시아 쿠알라룸푸르의 랜드마크인 페트로나스 트윈타워를 배경으로 공중기동을 선보이고 있다. ⓒ R.O.K Airforce

2022년 5월 13일 업계와 외신 등에 따르면, 말레이시아는 국방력 강화를 위해 한국산 경전투기를 구매하기로 하면서 KAI와 현금 전액 대신 팜유 절반 지불안에 합의했다. 인도네시아 방산 전문매체 '미디어 파쿠안'은 이날 말레이시아가 KAI의 경전투기 18대를 사는데 들어갈 40억 링깃(1조 원) 중 최소 20억 링깃(5,875억 원) 비용을 물물교환 형태로 한국 측에 지불하기로 했다고 보도했다.

'미디어 파쿠안'은 말레이시아가 팜유 또는 기타 제품을 사용해 카운터 트레이드 방식으로 한국산 경전투기 18대를 구매하기로 했다고 설명했다. 한편 이번 팜유 수입 계약은 최근 인도네시아 정부의 팜유 수출 금지로 폭등세를 보여온 팜유 수입가격에 하락 요인으로 작용할 전망이다. 식품업계도 팜유 물량 확보에 숨통이 트일 것으로 기대했다.

5부

Oh those myths!
팜유에 대한 오해들

28.
팜유의 대표적 오해 세 가지

한편에선 팜유가 트랜스지방이 많아 먹지 말아야 한다는 이야기가 쏟아져 나오고, 또 다른 한편에선 식품업체들이 기존에 사용해오던 튀김류를 팜유로 바꾼 뒤 '노 트랜스지방'을 선언하는 등 소비자들을 혼란케 하고 있다.

팜유가 상온에서 고체이고 포화지방산 함량이 동물성 유지와 유사한 점이 있으나, 1985년 이후 세계 각국에서 실시한 팜유와 건강에 관한 임상실험 결과 동물성 유지보다 우수하고, 대표적 식물성 유지인 대두유(콩기름), 옥수수유와는 서로 비슷하다는 것이 입증됐다. 팜유의 유용성에 대해 전문가들은 트랜스 지방이 없고, 보존성이 우수하며, 맛이 담백하기 때문에 가공용 식용유지로 널리 사용되고 있다는 점을 강조한다.

식용유지로서 대두유보다 많이 생산되는 팜유는 식물성 고유의 담백한 풍미를 지니며 산화 안정성이 우수해 라면이나 스낵류의 인스턴트식품과 마가린 쇼트닝과 같은 산업용 가공유지의 원료로 널리 사용되고 있다.

　팜유 사업은 말레이시아와 인도네시아 국민들에게 많은 이익을 가져다줬다. 그런데 이러한 팜유 산업의 대성공에 대해 서방국가의 비정부기구(NGO)들은 팜유 산업의 확대로 일어난 삼림 벌채, 오랑우탄 서식지에 대한 위협, 건강 문제 등 많은 부정적인 의견들을 제기하고 있다. 서방국가 NGO들은 말레이시아나 인도네시아와 같은 개발도상국의 팜유 산업이 확대되는 것을 막고, 팜유가 현존하는 가장 가성비 높은 실용적 식물성 기름이라는 사실보다는 부정적인 이미지에 대해 더 많이 외부에 알리고자 노력하는 것처럼 보인다. 필자는 이들의 억측에 가까운 주장들에 대해 이번 장에서 '팩트 체크'를 시도해 보기로 했다.

시간당, 300개의 축구장 크기의 숲이 파괴되고 있다?

　300개의 축구장이 매시간 파괴되면 그 면적은 연간 180만 헥타르가 된다. 계산식으로 바꾸면 '축구장 1개=0.7ha…축구장 300개×0.7ha×24시간×365일=180만ha/연간'이라고 할 수 있다. 바로 서방국가의 비정부기구(NGO)들이 주장하는 내용이다. 하지만 2021년 현재 말레이시아에 팜유 재배지는 약 590만 헥타르이고, 이 또한 1917년부터 재배해 온 것이다. 따라서 이 주장은 반박이 가능하다. 말레이시아는 팜유 나무를 법적으로 지정된 재배지에서만 심을 수 있도록 규정하고 있다. 새로운 경작지에 대한 허가를 받기는 이젠 하늘의 별 따기이다. 아주 강력한 잣대를 가지고 신규 팜유 나무 농장 허가에 대한 심사를 강화하고 있기 때문이다.

사실 최근의 자연 파괴의 가장 큰 위협은 팜유 나무가 아니라 '소고기'다. 소를 키우기 위해 나무를 벌목하는 것이 더 큰 문제라는 것이다. 세계 야생 동물 기금(WWF)에 따르면, 소를 키우기 위해 산림을 벌채하는 것이 콩이나 팜유 나무와 목재 제품과 관련된 삼림 벌채의 두 배 이상에 달한다고 했다. 게다가 전 세계적으로 쇠고기 소비가 증가하고 있다.

1990년 세계는 약 480억 kg의 쇠고기를 먹어치웠다. 경제협력개발기구(OECD)에 따르면, 2019년 소비는 700억 kg(154억 파운드)을 초과했다. 쇠고기 연료 삼림 벌채의 대부분은 브라질에서 일어나고 있으며, 파라과이가 그 뒤를 쫓고 있다. 과학자들은 소를 기르는 회사들이 아마존 산림 훼손의 80%가량 책임이 있다고 추정한다. 실제로 전 세계 농업이나 임업 그리고 목축이 가능한 땅은 약 50억 헥타르라고 한다.

목축업에 사용되는 땅은 약 38억 5000만 헥타르로, 전체 농경지(50억 헥타르)의 77%를 차지한다. 이어 농업용 경작지는 23%인 11억 5000만 헥타르이다. 팜유 재배용 땅은 전체 농경지의 0.5%에 해당하는 2400만 헥타르에 불과하다. 세계 2위의 팜유 생산국 말레이시아의 경우를 살펴보자. 현재 팜유 산업에 사용된 토지는 전체 국토 면적의 17.9%에 해당되는 590만 헥타르이다. 말레이시아 총

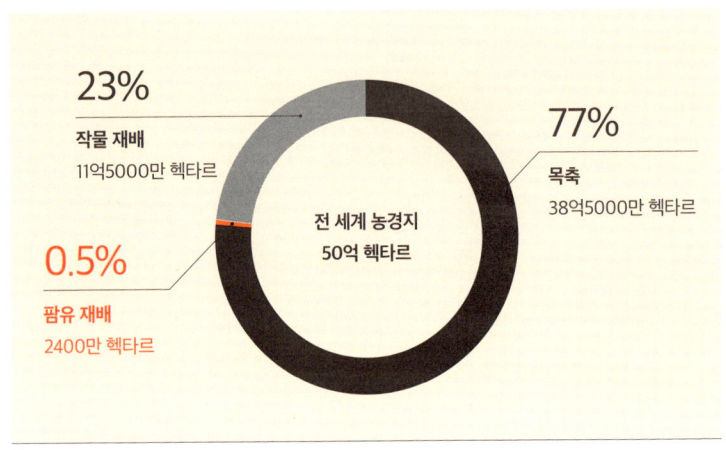

전 세계 농경지 이용 현황. (자료: 사임다비 2022년 2월 현재)

590 만 헥타르

팜유 경작지 590만 헥타르
말레이시아 총 경지면적의 17.9%
(총면적의 56%가 숲으로 덮여있다.)

800,000,000 그루

식재된 팜유 나무 8억 그루
1헥타르 당 팜유 나무 135그루, 말레이시아 인구 1인당 26그루를 소유

말레이시아의 팜유 재배지 현황. (자료: 사임다비 2022년 2월 현재)

면적의 56%에 해당하는 땅은 아직 원시림으로 남아있다고 한다.

2019년 여름 발생해 한 달 넘게 지속된 아마존 대형 산불은 지구촌 사람들로 하여금 목축업을 주목하게 만들었다. 아마존에는 크고 작은 산불이 매년 반복되고 있는데, 2019년 여름에 발생한 화재는 특히 심각했다. 브라질 국립우주연구소는 2019년 아마존 산불이 2018년보다 84% 급증했다고 발표한 바 있다.

아마존 열대우림의 불꽃은 왜 꺼지지 않았을까? 전문가들은 소 목축지를 위한 화전개간과 농경지 확장을 위한 급격한 벌목이 그 원인이라고 입을 모았다. 브라질은 1997년부터 2016년 사이 소고기 수출이 약 10배 증가해 목초지 조성을 위해 아마존 열대우림을 파괴했다.

영국 일간지 『가디언』과 미국 비영리 매체 『식품환경보고네트워크(FERN)』는 브라질 정부가 추진하고 있는 축산업 확대 계획이 전문가들의 우려를 낳고 있다고 했다. 자이르 보우소나루(Jair Messias Bolsonaro) 브라질 대통령은 아마존에 농업·축산업 연합지역을 조성하는 '아마크로 프로젝트'를 밀어붙였다. 개발 예정 지역은 아마조나스주 남부, 아크레주 동남부, 론도니아주 북부를 포함한 46만 5800km^2 규모로, 국가보호구역인 마핑구아리 국립공원, 카사라리 원주민 영토가 포함돼있다.

브라질 정부는 이곳에서 축산업을 운영할 수 있는 제한된 토지를 마련하고, 같은 면적에서 기존보다 더 많은 소고기를 생산해

'지구의 허파' 아마존 열대우림 지역이 목축지를 위한 화전개간으로 몸살을 앓고 있다. 아마존에서 난 불로 발생한 연기는 우주에서도 확인할 수 있을 정도로 심각한 상황이다. 열대우림 지역이 모두 불 타 참혹하게 잿더미로 변해버렸다. ⓒ Friends of the Earth Brazil, Wikipedia

낼 수 있는 방안을 마련하려고 하고 있다. 아마크로 프로젝트는 아크레주 농업·축산업 연합회장인 아수에로 도카 베로네스(Assuero Doca Veronez)가 제안한 것으로 알려졌다. 그는 집약적인 목장 운영을 통해 더 많은 소고기를 생산해내고, 삼림 벌채를 방지할 수 있다고 설명한다.

베로네스 회장을 비롯해 아마크로 프로젝트에 찬성하는 이들은 오히려 이 계획이 승인되면서 무분별하게 확장되는 아마존 삼림 벌채를 방지할 수 있다고 주장하고 있다. 이에 대해 일부 전문가들은 지역이 제한되더라도 축산업을 확대하게 된다면 이로 인해 발생하는 삼림 벌채를 막기는 어려울 것이라고 지적한다. 축산업으로 인한 아마존 파괴는 비단 어제오늘의 이야기가 아니다. 전문가들은 호주 산불, 아마존 산불, 아프리카 산불 등 지난해 전 세계를 뒤덮은 산불의 일부는 목축지 마련을 위한 인위적인 산불이라고 지목하기도 했다. 이미 유엔식량농업기구(FAO)는 2006년 아마존 산림의 70%가 축산업으로 인해 파괴됐다고 발표한 바 있다. 수많은 야생 동식물이 죽었지만 여전히 매 초당 축구 경기장 면적의 아마존 산림이 파괴되고 있다. 축산업은 목축지 조성과 경작지 개간을 위해 산림에 직접적인 피해를 미쳐 수많은 야생동물의 서식지와 생명을 앗아가고 있다.

축산업은 벌목과 화전을 통해 산림을 파괴할 뿐만 아니라 온실가스를 발생시켜 기후변화를 가속화한다. 유엔식량농업기구에 따르면 축산업계의 생산·소비 전 과정에서 배출하는 온실가스는 전 세계 온실가스 배출량의 14.5%를 차지하는데 그 온실효과가 매우 크다. 아산화질소 배출량의 65%는 축산업에서 기인한다. 아산화질소는 이산화탄소보다 296배, 메탄가스는 이산화탄소보다 23배나 더 지구를 뜨겁게 만든다.

팜유 산업의 경우, 관련된 이해 당사자 및 국가 차원에서 산림 손실을 예방하기 위해 최선을 다하고 있다. 이러한 팜유 산업의 노력과는 달리 소와 쇠고기를 사고파는 기업들 사이에서 산림훼손에 대한 심각성이 덜 일반적인 것 같다. 미국의 비영리 단체인 '포레스트 트렌드(Forest Trends)'의 2016 보고서에 따르면, 가축 농업이 팜유 나무보다 약 10배 더 많은 삼림 벌채를 야기한다고 언급했다.

세계가 실제로 2030년까지 삼림 벌채를 막을 수 있을까. 2014년 유엔 기후 정상회담에서 각국 정상들은 2030년까지 삼림 벌채를 종식시키는 것을 목표로 하는 '뉴욕 산림 선언'(New York Declaration on Forests) 협정에 서명했다. 그러나 지금까지는 별로 성과가 나타나지 않고 있다. 2021년 11월 제26회 유엔기후변화협약 당사국회의(COP26)가 영국 스코틀랜드 글래스고에서 열렸으나 커다란 변화나 진전은 찾을 수 없었다.

다만 쇠고기 소비를 줄이는 것은 약간의 진전이 있었다. 예를 들어 버거킹과 TGI프라이데이를 포함한 패스트푸드 업체들은 현재 식물성 햄버거를 제공하고 있으며, 대체 육류 부문은 정부 기금을 받기 시작했다. 궁극적으로 기업과 정치인들은 삼림 벌채를 종식시킬 책임이 있지만, 개인들도 쇠고기(혹은 다른 육류)를 덜먹는 것이 산림 벌채를 막는 데 기여할 것이란 지적이다.

호주와 아마존 대형 산불은 무엇을 시사하고 있는가? 야생동물과 산림, 인류의 미래를 위해서는 축산업과 육식주의(肉食主義) 문제를 되돌아봐야 한다고 전문가들은 지적한다. 영국 런던대 골드스미스 칼리지는 기후변화 대응 차원에서 캠퍼스 내 소고기를 퇴출했고, 프랑스는 전국 유치원과 학교에 주 1회 채식을 의무화했다.

우리나라 국민의 1인당 육류 소비량은 1970년 5.2킬로그램에 불과했는데 OECD에 따르면, 40년이 지난 2016년에는 51.3킬로그램에 달해 10배가량 늘었다고 한다. 돼지고기 24.4킬로그램, 닭고기 15.4킬로그램, 소고기 11.6킬로그램 등이다. 이토록 많은 육류를 제공하기 위해 소비되는 물과 곡식의 양이 엄청나다. 세계에서 생산되는 곡식의 3분의 1이 가축 사료로 사용되고, 미국에서만 매년 1,280억m^3의 물이 소요된다. 우리나라에서 가장 저수량이 높은 소양강댐의 총 저수량이 29억m^3이다. 미국 축산업이 소양강댐에 가득 담긴 물을 44번이나 고갈시키고 있는 것이다.

축산업이 환경에 미치는 악영향은 산림 파괴뿐만이 아니다. 온실가스 배출도 큰 문제다. 조지프 푸어 옥스퍼드대 교수와 토머스 네메섹 박사가 『사이언스』 2018년 1월 호에 기고한 논문에 따르면, 1kg의 식품이 식탁에 오르기까지 온실가스 배출량이 소고기는

2021년 12월 17일 홍수 피해를 입은 말레이시아 샤알람 주민들이 21일 침수된 거리에서 이동하고 있다. ⓒ VOA

60kg이지만 완두콩은 고작 0.9kg이라고 한다. 소고기 1kg 생산에 쓰는 면적은 326.21m^2이지만 콩은 3,526m^2면 된다. 또한 유엔식량농업기구에 따르면, 전 세계 온실가스 배출량 중 축산업이 18%, 교통수단이 13%를 차지해 축산업이 더 많은 온실가스를 배출하는 것으로 나타났다.

특히 문제는 메탄이다. 2020년 7월 발간된 국제 학술지 '환경연구 회보'에 따르면, 2017년 기준 지구 대기에는 6억 톤의 메탄이 흡수돼 있으며, 이는 2000~2006년 평균치보다 9% 증가한 수치라고 한다. 메탄은 이산화탄소보다 86배에 달하는 온난화 능력을 갖고 있다. 이 메탄 발생의 주원인은 전 세계에서 각각 10억 마리씩

사육되고 있는 소와 양의 트림이라고 한다.

이처럼 축산업은 산림을 파괴하고 기후변화를 가속화한다. 기후변화가 가져온 건조 현상은 대규모 산불을 불러오고, 야생동물과 인간의 생명을 앗아간다. 이런 과학적 근거에도 불구하고 유럽의 NGO들은 왜 계속해 팜유 산업이 지구 산림을 황폐하게 만든다고 보도하는 것일까. 사실 확인 없이 받아쓰기만 하는 언론의 행태를 보면서 팜유 산업에 종사하는 이해 당사자들은 억울하기 짝이 없는 것이다. 저간의 사정이야 어렴풋이 짐작하는 바이지만 정말 안타까운 현실이 아닐 수 없다.

5~10년 사이에 오랑우탄은 멸종될 것이다?

지난 20년 동안 말레이시아 정부와 민간단체는 동부 말레이시아 즉 보르네오 지역에 서식하는 오랑우탄들이 오래 보존될 수 있도록 끊임없이 노력했다. 말레이시아 정부는 생물의 다양성 유지와 보존에 중요성을 인식하고 2006년 말레이시아 팜유 평의회(MPOC, Malaysian Palm Oil Council) 산하에 말레이시아 팜유 야생 보호 기금(MPOWCF, Malaysian Palm Oil Wildlife Conversation Fund)을 설립했다.

말레이시아 정부는 매년 2000만 링깃(약 60억 원)을 야생 보존과 개발을 위한 팜유 야생 보호 기금에 할당하고 있다. 오랑우탄 멸종에 대한 논쟁은 거의 10년 전부터 있었다. 그러나 그런 우려와

인도네시아 수마트라섬에 사는 타파눌리오랑우탄의 암컷. 오랑우탄(Oranghutan)이란 말은 말레이어에서 파생된 단어로 오랑(Orang)은 사람을, 후탄(Hutan)은 숲을 의미한다.
ⓒ Wikipedia

말레이시아 올빼미. ⓒ Everchem

는 달리 아직도 오랑우탄은 존재한다.

유엔 생물 다양성 보호 협약(UN Convention on Biological Diversity)에 따르면, 말레이시아는 전 세계 생물 다양성지수 12위를 차지하며 17개국의 생물 다양성 국가(megadiverse countries) 중 하나로 지정됐다. 농업 지구는 가장 중요한 생태계 중 하나다. 게다가 농업 지구의 생물 다양성은 팜유의 지속적인 경작과 토지 지속성에 중요한 역할을 한다. 팜유 재배지에는 생물들이 넘쳐난다. 100여 개의 동식물이 사는 서식지며, 무성한 팜유 캐노피 아래 수많은 조류, 파충류 및 곤충들이 번성하고 있는 것이다.

한 해 동안 수백 가지 철새 종이 말레이시아 재배지에 서식하거나 들렀다 간다. 팜유 농장이나 주변 서식지를 찾는 철새들은 팜유 나무에 해를 끼치는 초식성 해충을 잡아 새끼들에게 먹인다. 원숭이와 올빼미는 많은 해충들이 팜유 농장에 서식하며 팜유 나무 수확물을 파괴하고 생산량에 영향을 주는 것을 막아준다.

말레이시아 정부는 해충 문제 해결을 위해 살충제를 사용하는 대신, 해충방제·방역 IPM(Integrated pest management) 해법을 사용한다. IPM 설루션은 쥐 등의 설치류(齧齒類)를 사냥하는 원숭이, 올빼미를 사용하는 균형 잡힌 해법이다.

말레이시아의 팜유 생산의 대표적 기업인 사임다비 플랜테이션의 경우, 아래 사진에서 보는 바와 같이 올빼미를 이용해 설치류들을 사냥하고 있다. 올빼미의 배설물을 통해 하루 4~5마리 이상

냉압착한 붉은 팜유(왼쪽)와 색이 없는 팜핵유(오른쪽). ⓒ Wikipedia

의 쥐를 사냥하고 있는 것으로 파악되고 있다.

팜유는 높은 포화지방산이라 건강에 안 좋다?

우리 신체가 제대로 기능하려면 불포화와 포화지방산 둘 다 필요하다고 한다. 팜유는 둘 다 동등하게 포함된 몇 안 되는 식품이다. 지방은 지용성 비타민 A, D, E, K를 운반하기 위해 인체에 필요하다. 다양한 리서치에 따르면, 포화 지방산과 심장 혈관계 질병과는 아무 연관 관계가 없다고 밝혀졌다. 더욱이 팜유는 심장 친화적이며 좋은 HDL 콜레스테롤을 높이는 데 도움이 된다.

이번 기회에 팜유의 유해성 시비의 진상을 면밀하게 살펴보자. 식용유지로서 팜유는 식물성 고유의 담백한 풍미를 지니며 산화 안정성이 우수해 라면이나 스낵 류의 인스턴트식품과 마가린 쇼트닝과 같은 산업용 가공유지의 원료로 널리 사용되고 있다.

팜유의 건강에 대한 시비가 본격적으로 거론된 것은 1987년 미국에서 일부 정치인과 대두 협회를 중심으로 벌이기 시작한 '안티 팜유 캠페인(Anti Palm Oil Campaign)'에서 비롯됐다. 미국의 팜유 반대 운동은 대두유나 채종유(유채유) 같은 자국산 유지의 소비 확대를 위한 상업적 배경이 짙다. 게다가 일부 정치인들의 재선 운동과 국익을 앞세우는 사람들에 의해 제기된 정치적 이슈다.

팜유의 유해성 주장의 배경은 1960년대 키즈(Keys)와 헤그스테드(Hegsted)에 의해 발표된 논문, 즉 「라우린산, 미리스틴산, 팔미틴산 같은 포화지방산들이 혈중 콜레스테롤 농도를 상승시키는 요인」이라는 이론에 기인할 뿐, 실제 임상 실험 등 과학적으로 뒷받침할 만한 근거 자료 부족하다. 따라서 이해관계가 없는 일본이나 유럽 등 선진국에서는 팜유 유해성 논란에 대해 아무런 반응이 없었으며, 오히려 동기가 순수하지 못하다는 비판까지 제기됐다.

이후 말레이시아 팜유 전문 연구기관인 PORIM은 이러한 미국 대두 협회의 '안티 팜 운동'에 맞서 전 세계 학자들을 동원한 팜유 연구를 통해 영양적 측면이나 가공적성, 소비자 기호 측면에서도 우수한 기름임을 밝혀냈다.

급기야 1994년 일본에서는 건강 영양 및 식품 관련 안전성에 대한 여러 가지 문제를 해결하기 위해 정부기관, 학술기관 및 산업계가 참여한 비영리 과학단체인 국제생명과학회(ILSI: International Life Science Institute)까지 나섰다. 국제생명과학회는 체내에서 콜레스테롤을 높인다고 알려진 팜유가 오히려 토코페롤 등으로 인해 몸에 유익하다는 사실을 입증한 최근까지의 연구결과를 집약해 『팜유의 영양과 건강』이란 간행물을 출간했고, 이로써 팜유의 영양학적 재평가가 이뤄지기도 했다.

팜유와 대두유의 '왕위쟁탈전'

전 세계인들은 하루 평균 권장 열량의 10%가량, 즉 300kcal를 식용유에서 보충하고 있다고 한다. 팜유는 전 세계 인구에게 필요한 지방을 저렴한 가격에 지속적으로 공급할 수 있는 유일한 식물성 기름이다. 그래서 대두유와 팜유의 갈등은 늘 필연적이다. 여기에 국제적 음모론도 끼어든다. 대두유는 글로벌 곡물 메이저들 몫이다. 이들은 말레이시아와 인도네시아 등 제3세계 국가가 생산하는 팜유가 대두유를 압도하는 꼴을 차마 눈뜨고는 보지 못할 것이다.

최근 식물성 경화유의 트랜스지방을 낮추기 위한 방안으로 대체 고체지(固體脂)인 팜유의 사용이 늘어나면서 포화지방산에 대한 우려가 다시 제기되고 있다는 언론 보도가 그 예다. 포화지방산이 많이 함유된 식용유로 튀김을 할 경우에는 식용유의 산화가 빨리 진행돼 몸에 해로운 알데히드류, 알코올류 및 산화 중합체들의 생성이 많아진다는 것이다. 언론들은 고체 기름인 팜유 베이스에 불포화지방산이 풍부한 콩기름이나 채종유 등의 식물성 식용유를 혼합해 포화지방을 최소로 낮춰야 한다고 일제히 언급한다.

유럽에서는 RSPO라는 팜유 인증제를 시행하고 있다. RSPO에 가입해야 유럽에서 팜유를 판매를 할 수 있도록 한 것이다. 그러나 현재 팜유의 약 14% 정도만 RSPO 인증을 받았고, 이들 제품은 비인증 제품보다 15%가량 더 비싸다. 그러나 팜유를 가장 많이 소비하는 인도, 중국의 경우는 군이 RSPO 인증을 받은 더 비싼 팜유를 구매할 필요를 느끼지 않고 있다.

EU를 포함해 선진국들이 인도네시아와 말레이시아를 향해 팜유 생산에 간섭하는 것은 일종의 주권을 간섭하는 횡포라고 필자는 생각한다. 미국의 메이저 곡물회사들이 유럽연합과 공조해 팜유를 바이오디젤에 사용하지 말라고 무언의 압력을 가하고 있는 것이다. 더군다나 최근 벌어진 미국과 중국의 무역전쟁으로 인해 미국산 대두유의 주요 시장인 중국 시장의 판로가 막히면서 팜유에 대한 공세는 더욱 심해지고 있다.

참고로, 현재 미국산 대두유의 60%가 중국으로 수출되고 있다. 팜유 생산으로 먹고사는 원주민들에게 생업을 포기하라고 강요하며 전 세계에 질 좋고 다른 식물성 기름보다 저렴한 팜유를 값싸게 공급하는 것을 막는 것은, 배부른 백인들의 '갑질'에 불과하다. 물론, 러시아의 우크라이나 침공 이후 유럽연합 국가 대부분의 슈퍼마켓 진열대에는 해바라기 식용유 등 대부분의 식물성 기름 재고가 떨어지자 기존의 팜유에 대한 오해나 편견은 사라지고 매장에 등장하고 있다고 한다.

팜유의 반격

대두유의 트랜스지방의 유해성이 알려지면서 쇼트닝을 사용해 튀김식품을 생산하던 업체들이 저마다 팜유로 기름을 교체하고 있다. 하지만 팜유 역시 포화지방 함량이 다른 식물성 유지에 비해 높다고 알려지면서 쇼트닝(shortening)보다 나을 것이 없다는 지적이 나오고 있다. 쇼트닝은 과자나 빵을 만드는 데에 많이 쓰는 반고체 상태의 기름이다. 목화씨 기름, 쇠기름, 콩기름, 야자유, 간유(肝油) 따위를 섞어 굳힌 것으로 100% 지방질이다.

그렇다면 팜유는 정말 인체에 해로운 기름일까. 결론부터 말하면 그렇지 않다. 팜유는 열대기후에서 주로 자라는 팜유 나무의 열매인 FFB에서 짠 기름이다. 팜유의 지방산 조성의 특징은 포화지방산인 팔미틱산(C16 : 0 : Palmitic acid)의 함량이 약 45%로 매우 높고, 불포화지방산인 올레인산(C18 : 1 : Oleic acid)이 약 35% 정도 함유돼 있고, 리놀렌산이 약 10% 정도다. 포화지방산과 불포화지방산의 비율이 약 1:1을 이루고 있다. 때문에 팜유는 우지, 돈지 등의 동물성 유지와 비슷한 반고체 기름의 성상을 띤다.

팜유가 공격을 받는 것은 바로 이런 특성 때문이다. 포화지방산인 팔미틱산은 인체에 들어가면 나쁜 콜레스테롤인 LDL-

C(저밀도 지단백 콜레스테롤)의 수치를 높이고, 좋은 콜레스테롤인 HDL-C(고밀도 지단백 콜레스테롤)의 수치를 낮추는 역할을 해 동맥경화 등 심혈관 질환을 일으키는 작용을 한다.

하지만 팜유를 섭취했을 때는 이와 같은 작용이 일어나지 않는다는 것이 학계의 견해다. 한국식품연구원장을 지낸 윤석후(尹錫厚) 박사는 언론 인터뷰에서 "사실 팜유에 대한 논란 배경에는 정치적인 이유가 적지 않다"며 "미국의 일부 정치인들이 대두 협회와 결탁해 팜유의 가치를 깎아내리면서 논란을 부추겼다"고 했다.

윤 박사는 "하지만 오히려 이를 계기로 세계의 많은 과학자들이 팜유에 대해 연구했고 그를 통해 팜유의 가치가 여러 차례 입증된 바 있다"며 "포화지방산이 나쁘다는 것은 콜레스테롤을 증가시켜 동맥경화를 비롯해 여러 부작용을 일으키는 팔미트산 때문인데, 팜유에는 팔미트산을 약 45% 함유하고 있다는 이유로 부정적 인식이 확산된 것"이라고 했다.

윤 박사는 "결론적으로 말해 팜유는 유해하지 않다"라고 했다. 1989년 한국식품연구원이 직접 임상 실험한 결과에서도 팜유에 들어있는 토코페롤과 토코트리에놀, 카로틴 등의 성분이 팔미트산의 부작용을 상쇄시킨다는 사실을 규명했다는 것이다. 팜유가 콩기름보다 나쁘다는 것은 결코 과학적인 사실이 아니라고 했다.

윤 박사는 1989년 팜유에 대한 국내 임상실험에서 한국 식단을 중심으로 남성 25명에게 열량의 15%를 기름으로 섭취시켰다. 각각 콩기름과 팜유, 쇠기름을 사용했다고 한다. 3주일 동안 평소와 다름없는 일상생활을 하도록 한 후, 체중 체크와 채혈을 통해 동맥경화 요소와 혈전증 요소들을 측정한 결과, 팜유는 콩기름과 비슷했고, 쇠기름보다 훨씬 우수하다는 결론을 얻었다.

　이러한 연구결과는 이미 세계 팜유 시장의 80%를 담당하는 말레이시아와 세계 최고의 생산량을 자랑하는 인도네시아 등의 연구 결과에서도 크게 다르지 않다. 윤 박사는 팜유의 장점을 이렇게 이야기했다.

　"우선 팜유에는 최근 문제 되고 있는 트랜스지방산이 전혀 없습니다. 즉 경화유지의 대체 유지로서 경제성이 가장 뛰어나다는 것입니다. 물론 영양학적으로도 우수하다는 연구 결과들이 많이 있습니다. 팜유에 함유된 토코페롤, 토크트리에놀, 카로틴 등의 성분도 팜유의 우수성을 더욱 높여줍니다. 토코페롤과 토크트리에놀은 항산화 성분으로 노화를 억제하고, 카로틴은 항암성분입니다. 팜유를 섞은 사료를 쥐에게 먹인 결과 혈액 응고 정도가 감소하는 경향을 보여 혈전증 예방에도 좋다는 보고도 있습니다."

　그는 팜유에 함유한 유해 성분으로 알려진 포화지방산에 대한 논란도 이렇게 설명했다.

　"지방은 에너지원이며 세포의 구성 성분으로 매우 중요한 역할을 합니다. 이 지방은 포화지방과 불포화지방으로 나뉘는데, 이때 비율 즉 포화지방산과 단일불포화지방산, 다중불포화지방산이

1:1:1의 비율을 형성할 때 그것이 가장 인체에 좋습니다. 따라서 포화지방이 트랜스지방처럼 제로화를 한다고 무조건 좋은 것이 아닙니다. 오히려 이 비율을 유지해야 건강에 좋은 것입니다."

우석대 식품과학대 외식산업조리학과 정문웅(鄭文雄) 교수는 "경제성과 안전성을 고려했을 때 팜유만큼 튀김유로 적합한 기름은 없다"고 단언했다. 팜유는 높은 포화지방산의 함량(약 45%) 및 낮은 리놀렌산의 함량(약 10%)으로 인해 산화 안정성이 타 유지보다 월등히 좋은데, 산화 안정성의 지표인 A.O.M을 보면 액상 식용유는 10~20시간인 것에 비해 팜유는 60시간 전후로 3~6배 이상 높다. 따라서 팜유는 오랫동안 튀김을 해도 산화가 거의 일어나지 않기 때문에 경제적이고 안전한 것으로 평가된다.

팜유의 장점 중 하나는 대두유가 화학작용을 통해 만들어지는데 비해 전통적인 방식인 압착으로 기름을 짜기 때문에 트랜스지방이 전혀 없고 안전성도 뛰어나다는 것이다. 덕분에 팜유는 주요 라면, 제과, 패스트푸드 업체에서 튀김유로 사용되고 있고 최근에는 가정용 제품까지 등장했다. 팜유 수입업자는 "팜유에 대한 잘못된 인식으로 인해 팜유가 금기시되는 것이 안타깝다"며 "정확한 정보가 알려져 소비자들이 올바른 판단을 할 수 있게 되길 기대한다"고 말했다.

29.
팜유와 식품안전

미국 경제사회부는 2050년에는 인구수가 97억 명까지 될 것이라고 예측했고, 그로 인해 글로벌 식품 생산에 큰 압박이 될 것이라고 경고했다. 수많은 저개발 지역들이 생겨나고 더 많은 음식량이 소요될 것이다. 하지만 농경지의 양은 한정돼 있고, 최소한의 토지로 높은 생산력과 효율을 끌어낼 수 있는 작물의 수요는 늘어날 것이다. 팜유는 이러한 수요에 탁월하며, 적합한 작물이다. 시장조사 전문기관 'Statista'에 따르면, 세계 팜유 소비량은 1955년 1,460만 톤에서 2016년 6,900만 톤으로 약 5배 증가했다. 통계 전문지 '디지털 저널(Digital Journal)'에 따르면, 2022년까지 총 소비량이 1억 100만 톤에 달할 것으로 예상된다.

글로벌 식품 안전

최근 들어 '글로벌 식품 안전'이란 용어가 심심찮게 등장한다. 그렇다면 식품안전이란 무엇일까. 식품안전은 모든 사람들이 건강하고 활동력 넘치는 삶을 위해 항상 충분한 음식에 접근이 가능한 상태를 말한다. 식품 안전을 위해 세 가지 조건이 충족되어야 한다:

첫째는 가능성(availability)이다. 충분한 식품이 생산되더라도 돈을 주고 살 수 있어야 한다. 둘째는 접근성(access)이다. 가정의 지출 여력이 음식 구매 여부에 가장 큰 지표가 된다. 셋째는 활용성(utilisation)이다. 안전한 물, 위생 및 기본 의료에 대한 접근은 건강에 직접적이고 지속적인 영향을 미친다(Source: United States Department of Agriculture, Economic Research Service).

세계 인구는 계속적으로 늘어나고 있다. 미 국무성이 2019년 조사한 바에 따르면, 1990년대 53억 명, 2015년 73억 명, 2030년 85억 명에 이르고 2050년엔 100억 명에 육박한 97억 명에 도달할 것이다. 2050년 대륙별 인구 분포 예측치를 보면 아프리카가 24억 7800만 명으로 전체의 25.6%를 차지했고, 아시아가 52억 6700만 명으로 전체의 절반에 가까운 54.3%를 기록했다.

이어 유럽은 7억 700만 명(7.3%), 카리브해와 남미는 7억 8400만 명(8.3%), 북미는 4억 3300만 명(4.5%) 등으로 예상됐다(Source: United States Department of Economic and social affairs, World Population Prospects The 2019 Revision). 결과적으로 2050년까지 97억 명을 먹이기 위해서는 49%의 열량이 더 필요하다는 것이다.

지구의 식량 수요 증가의 3가지 요인으로는 인구 증가, 수입

증가, 바뀌는 식단 등이 있다. 그럼 팜유는 식품 안전에 어떤 역할을 할까? 팜유는 영양적, 넓은 접근성, 다양한 용도를 가진 매우 효율적인 작물이다. 게다가 지속적인 생산이 가능하다는 장점이 있다. 팜유는 재료로서의 다양성, 기능적 이점 및 광범위한 가용성으로 인해 식품과 비식품 제조업체 모두에서 널리 사용된다. 팜유 열매는 두 가지 천연유를 생산하는 데 독특한 이점을 갖고 있다. 열매 과육과 씨에서 기름이 생산되는데, 둘 다 수만 개의 식품, 소비자 및 산업 제품에 광범위하게 사용되는 '신의 선물'이기 때문이다.

식물성 기름은 안전할까

의사들은 "지방, 특히 포화지방을 섭취하면 콜레스테롤 수치가 상승하여 비만과 심혈관질환의 발생 위험이 증가한다"는 말을 자주 한다. 대부분의 전문가 사이에서나 정부기관, 대학 등에서는 아무 거부감 없이 이 말을 반복하고 있다. 전문가들조차 식품으로 섭취하는 지방은 인체를 구성하는 지방과 똑같은 성분이라, 이 문제에 대해 더 연구할 필요가 없다고 생각하는 것이다.

전문가들이 그동안 우리에게 잡곡과 통곡물을 꼭꼭 씹어 먹고, 저지방 우유와 신선한 과일이나 야채 주스를 마시라고 권해 왔다. 심지어 포화지방은 몸에 좋지 않으니 먹지 말라고도 한다. 우리는 일반적으로 신문이나 텔레비전을 통해 식물성 기름이 건강에 좋다고 듣거나 주위에서 그렇다고 배우다 보니 정말 식물성 기름이

동물성 기름보다 좋다고 인식하고 있다.

특히 동물성 기름은 콜레스테롤이 많고, 포화지방산이라 심혈관질환을 많이 일으키는 것으로 알려지다 보니 동물성 기름은 식물성 기름으로 대체해야 한다고 공공연하게 주장해왔던 것도 사실이다. 일반적으로 식물에서 유래한 물질이 건강에 더 좋을 것이라 생각한다. 그러다 보니 동물성 기름을 먹을 때는 왠지 꺼림칙한 느낌이 드는데 반해, 식물성 기름은 넉넉하게 먹어도 몸에 해롭지 않을 것이라 생각한다. 결과적으로 자연스럽게 식물성 기름을 더 자주 먹게 되는 식습관이 정착했다.

식품 가공 업체들은 왜 식물성 기름을 환호하며 반겼을까. 동물성 기름은 비싸지만, 식물성 기름(경화된)은 가격이 저렴해 가공식품에 식물성 기름을 첨가하는 것이 훨씬 더 많은 이윤을 내게 하기 때문이다. 그뿐만 아니라 식품 가공 업체들이 아무런 근거도 없이 동물성 기름을 사용하지 않으면서 가공식품에 사용한 식물성 기름이 더 몸에 유익하다고 선전하고 홍보했지만, 내용을 조금만 들여다보면 아주 심각한 문제를 발견할 수 있다.

왜냐하면, 가공 업체에서 사용하는 식물성 기름은 가공된 식물성 기름 즉, 경화된 식물성 기름을 사용하기 때문에 사람 몸에는 치명적인 물질이다. 경화(硬化)란 식물성 기름에 많이 들어 있는 불포화지방산이 상온에서는 액체 상태이기 때문에 공업적으로 수소를 첨가해 고체 형태로 만든 것으로, 이 과정에서 원하지 않는 트랜스지방이 생성된다.

　　이중 결합 부위에 수소 2개가 첨가되면서 이 둘 모두가 같은 방향일 경우 시스(cis), 서로 반대 방향으로 첨부될 경우 트랜스(trans)라 한다. 그뿐만 아니라 불포화지방산인 기름을 쓴다며 자랑하는 것도 조금만 더 검토해 보면 오메가3 지방산보다 오메가6 지방산이 많은 불포화지방산이기 때문에 우리 몸에는 대단히 좋지 않다.

　　식물성 기름은 인위적으로 변형시키지 않는 한 액체 상태로 유지되고 특히 열, 빛, 공기에 약해 쉽게 산화, 산패가 이뤄지는 특징을 갖고 있다. 이렇게 오래되거나 열을 받아 산화, 산패가 이루어진 식물성 기름은 알데히드(aldehyde), 케톤(ketone), 알칸(alkane)과 같은 해로운 물질을 생성한다. 이러한 물질들은 심혈관 질환, 암, 치매 등을 유발할 수 있다.

　　경화된 식물성 기름이 무조건 좋지 않은 두 번째 이유는 트랜스 지방 때문이다. 항상 액체 상태를 유지하는 값싼 식물성 기름에 수소를 인위적으로 첨가해 만든 기름을 경화유라 부른다. 이러한 경화유는 포화지방도 불포화지방도 아닌 변화된 지방, 다시 말해 지금껏 듣지도 보지도 못한 트랜스 지방이라는 것을 생성한다.

　　대표적인 음식으로 마가린과 쇼트닝이 있고, 각종 튀김 종류, 빵, 도넛, 과자, 피자, 치킨 등에 많이 사용하고 있다. 일부 롯데리아, 맥도날드 등 대형 패스트푸드점에서는 모든 기름을 팜유나 무경화

식물성 기름으로 변경해 사용하기도 하지만, 아직도 주변에서는 경화유를 많이 사용한다.

포화지방산과 불포화지방산

기름이 건강에 도움이 된다거나 해를 준다는 이야기를 하고 있지만, 기름에는 다양한 종류가 있으며, 어떤 것은 몸에 해로운 기름도 있다. 먼저 기름에 대한 용어를 이해할 필요가 있다. 기름은 그 속에 포함된 지방산이라는 성분에 따라 크게 둘로 나눌 수 있다. 즉 포화지방산(saturated fatty acid)과 불포화지방산(unsaturated fatty acid)이다.

포화지방산은 일반적으로 동물성 기름으로 알려져 있다. 소고기나, 돼지고기, 닭고기 등의 육류와 버터, 라드(돼지기름), 치즈 등 동물 유래도 있지만, 팜유 등의 식물 유래 식품에도 많이 함유돼 있다. 코코넛 기름에 포함된 것도 역시 포화지방산이 많다. 포화지방산은 다시 짧은 사슬지방산(SCFA, short chain fatty acid), 중간사슬 지방산(MCFA, mid chain fatty acid), 긴 사슬지방산(LCFA, long chain fatty acid)으로 나뉜다. 버터는 짧은 사슬지방산, 코코넛 기름은 중간사슬 지방산, 라드는 긴 사슬지방산으로 성질이 조금씩 다르다.

생물체에서 지질(脂質)은 화학적으로 다양한 화합물의 집합으로, 물에 잘 녹지 않아 불용성이라는 공통적인 특징을 갖는다.

지질은 다양하기 때문에 생물학적 기능 또한 화학적 특성만큼이나 다양하다. 지방과 기름은 여러 생물체에서 주요 에너지 저장 형태이며, 스테롤(sterol)과 인지질(phospholpid)은 생체막의 중요한 구성성분이다.

상온에서 고체 형태를 이루는 것을 특히 지방이라고 부르며, 액체 상태인 기름과 구별한다. 하지만 본질적 차이는 없다. 지방은 3개의 지방산과 1개의 글리세롤(glycerol)로 이루어져 있으며, 글리세롤의 알코올기(-OH)와 지방산의 카르복실산(-COOH)이 에스테르화를 통해 3개의 에스테르 결합을 형성한 구조다.

다양한 종류의 지방산이 존재하므로 지방의 종류도 다양하며, 결합한 지방산의 종류에 따라 포화지방, 불포화지방, 트랜스지방 등으로 부를 수 있다. 지방은 공통적으로 물에 거의 녹지 않고, 에테르, 클로로포름, 벤젠, 이황화탄소, 석유 및 뜨거운 알코올에 녹는다.

포화지방은 주로 동물성 식품에서 섭취할 수 있는 지방이다. 소기름(우지), 라드(돼지기름), 버터(우유의 유지방을 분리해 응고시켜 만든 유제품) 등이 있으며, 식물성 식품에서 얻는 팜유(팜 나무 열매의 과육 기름으로 압출 채유되는 식물성 기름), 코코넛 기름(코코넛 열매에서 짠 기름으로, 포화지방이지만 중간사슬 지방산으로 구성) 등이 해당된다. 실온에서 딱딱하게 굳으며, 과다 섭취할 경우 지방간의 위험이 높다. 혈중 콜레스테롤과 중성지방을 증가시킨다고 알려져 있다.

식물성 지방이라고도 불리는 불포화지방은 피마자기름, 올리브기름 등이 해당된다. 고등어와 전갱이 같은 등 푸른 생선과 연어에도 풍부하다. 불포화지방산도 성질에 따라 몇 가지 종류로 나눌 수 있다. 즉 일가 불포화지방산(MUFA, monounsaturated fatty acid), 다가불포화지방산(PUFA, polyunsaturated fatty acid), 트랜스지방산(TFA, trans fatty acid)으로 구분된다.

일가 불포화지방산은 오메가9 지방산이라고도 하며, 올리브기름에 함유된 올레산(oleic acid) 등이 여기에 속한다. 카놀라유(유전자 변형 유채 기름)에도 많이 들어 있다. 다가불포화지방산은 샐러드기름(옥수수기름, 콩기름, 홍화씨 기름 등을 혼합해 만든다), 옥수수기름, 콩기름, 홍화씨 기름, 참기름 등에 많이 함유된 오메가6 지방산을 포함한다.

오메가3 지방산

아마씨 기름, 들기름, 참치, 연어, 등 푸른 생선류(고등어, 전갱이, 정어리 등)의 기름 등의 오메가3 지방산도 다가 불포화지방산이다. 상온에서 액체 형태를 띠며, 보통 좋은 지방이라 알려져 있다. 신체의 세포막을 만드는 데 도움을 주며, 혈중 콜레스테롤을 낮추는 등 적정량 섭취 시 몸에 좋다.

오메가6 지방산은 체내에서 합성할 수 없으므로 섭취할 필요가 있는 필수 지방산 중 하나다. 이러한 오메가6 지방산은 체내

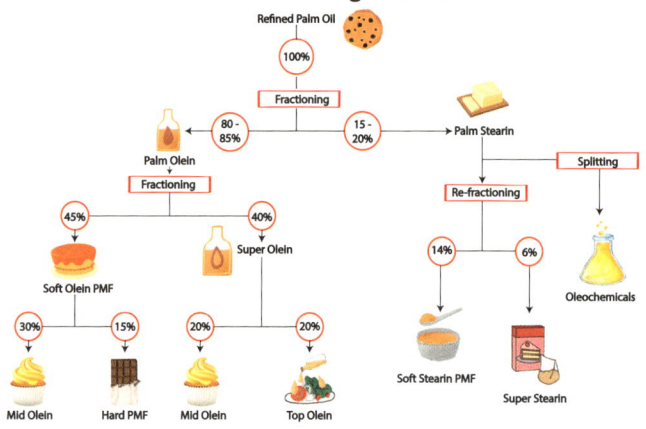

정제 유분 공정. ⓒ Everchem

에서 다른 물질로 변화되는데, 세포막을 유지하는 데 필요한 성분이다. 혈압과 면역 기능의 조절, 더 나아가 학습 능력 향상 등 몸의 다양한 움직임에 관여한다.

 그러나 체내에서 오메가6 지방산으로부터 변화된 물질이 너무 많이 증가하면 염증이 발생하게 된다. 오메가6 지방산을 너무 과다하게 섭취하면 혈관이 염증 때문에 상처를 입고 딱딱해지면 핏덩어리(혈전)가 생기면서 심근경색과 뇌경색이 발생하게 된다. 또 아토피성 피부염을 악화시키고, 천식, 류마티스성 관절염에 걸리기 쉽다. 이렇듯 오메가6 지방산의 과다 섭취가 병을 일으킨다는 사실 때문에 오메가6 지방산은 아예 먹지 않는 것이 좋겠다고 생각할 수도 있는데, 체내에는 오메가6 지방산이 꼭 필요하기 때문에 어느 정도는 섭취해야만 한다.

    문제는 동물성 기름보다 식물성기름이 좋다고 생각하여 과다 섭취할 경우, 오메가6 지방산 과다 섭취의 가능성이 있다. 오메가6 지방산의 나쁜 효과를 상쇄시켜 밸런스를 맞추어 주는 것이 오메가3 지방산이다. 오메가3 지방산 역시 체내에서 합성될 수 없기 때문에 음식으로 섭취해야만 하는 필수 지방산이다. 오메가6 지방산에 의한 염증을 오메가3 지방산이 멈추게 할 수 있다.

    결과적으로 오메가3 지방산과 오메가6 지방산 둘 다 필요한 기름이다. 따라서 오메가6 지방산과 오메가3 지방산의 균형을 1 대 1로 맞춘다면 병에 걸리지 않을 수 있다. 미국에서 오메가3 지방산과 오메가6 지방산의 비율이 1 대 17로 큰 문제가 되어 이 비율을 1 대 1에 가깝게 맞추면 건강에 어떻게 도움이 되는지 조사했다. 1 대 5 정도로만 낮춰도 천식 환자에게 유익했고, 1 대 2~3 비율까지 낮출 경우, 류마티스성 관절염의 염증이 사그라졌으며, 직장암의 증식 또한 억제된다고 보고했다. DHA(docosahexaenoic acid)와 EPA(eicosa pentaenoic acid)라는 지방산은 등 푸른 생선과 참치, 연어에 풍부하게 함유된 지방이다. 이들 역시 오메가-3 지방산이다. 강낭콩과 이파리 채소 등에도 DHA/EPA가 들어 있다.

    오늘날 아침으로 빵에 마가린을 발라 먹는 경우가 많다. 마가린은 식물성기름으로 만들지만, 식물성기름은 동물성기름보다 잘 굳지 않기 때문에 가공 시에 수소를 첨가한 결과 트랜스지방산이 생기기 쉽다. 마가린이나 쇼트닝에 많이 함유된 트랜스지방은 식물성기름이 수소화되는 과정에서 불완전 수소화의 결과 트랜스지방이 만들어진다. 이 트랜스지방은 신체에 불필요한 지방으로 건강에 도움이 되지 않는다. 심장병, 동맥경화, 당뇨, 암 등의 문제를 불러일으킬 수 있으니 적당량 이하로 섭취해야 한다.

세계보건기구(WHO)는 2003년에 심장병의 위험이 크다는 이유로 트랜스지방산의 섭취량을 전체 에너지 섭취량의 1% 미만(2,000kcal 기준 트랜스 지방 약 2.2g 해당)으로 낮출 것을 권고했다. 심장병뿐만 아니라 트랜스지방산이 인지 기능의 저하와 관련이 있다는 사실을 미국 올리곤 건강과학대학 의학부의 진 보먼(Gene I Bowman) 박사가 밝혔다[Bowman GI 등 : Neurology 78(4):241-249, 2012]. 평균 연령 87세의 고령자 104명을 대상으로 혈액검사를 하고 MRI(자기공명영상진단장치)를 이용해 영양 생체지표와 치매와의 관계를 조사한 결과, 트랜스지방산의 농도가 높은 사람은 치매 검사 결과가 좋지 않았으며, 뇌가 작게 줄어드는 위축 증상을 보였다.

세계 각국의 트랜스 지방 규제

트랜스지방의 유해성이 밝혀지면서 세계 각국은 앞다투어 트랜스지방이 함유된 식품을 규제하기 시작했다. 덴마크는 2004년부터 가공식품에 함유된 지방 중 트랜스지방 함량이 2% 이상인 경우 판매를 금지하고 있다. 우리나라도 2007년 12월부터 빵, 캔디, 초콜릿 등의 과자류나 면류, 레토르트식품, 음료 등의 식품에 들어 있는 트랜스지방 및 콜레스테롤 함량을 반드시 표시하도록 의무화했다.

비만과 심혈관계 질환의 주범으로 꼽히는 트랜스지방산 퇴출 작전이 전 세계적으로 진행되고 있는 가운데 대체 유지로 트랜스지방이 없는 팜유가 부상하고 있다. 그러나 일각에서는 팜유에 50% 가량 함유된 포화지방이 또 다른 문제를 야기할 수 있다며 대체유로서의 자격 미달을 지적하는 목소리도 만만치 않다.

그러나 다른 야채유와 달리, 팜유는 본질적으로 반고체이기 때문에 수소화 과정을 거치지 않아 트랜스 지방을 포함하지 않는다. 팜유에는 뇌졸중, 오스테오포로시스 및 암 예방을 위한 비타민 E 토코트리엔이 함유돼 있다.

팜유는 영양적으로 균형 잡힌 오일이다. 야채유로서 팜유는 콜레스테롤을 포함하지 않는다. 팜유를 총 권장 지방량 내에서 섭취하면, 혈중 콜레스테롤에 중성적 효과가 있다. 팜유는 풍부한 자연 비타민E(tocopherols 과 tocotrienols 둘 다 함유)와 잠재적인 노화 방지 특성들이 포함돼 있다. 실제로 시판되는 정제 식물성 기름 중 팜유는 천연 비타민E 토코트리에놀 함량이 가장 높다. 비타민E는 노화 방지 기능으로서 항염증 작용, 혈소판 응집 억제, 면역 강화 등의 역할을 한다(Source: U.S. Department of Health & Human Services National Institutes of Health, Office of Dietary Supplements).

30.
팜유의 신비한 효능

말레이시아 팜유판촉협회(MPOPC)에 따르면, 팜유에 대한 오랜 연구결과 12가지 영양학적 사실들이 밝혀졌다고 전한다. 각각의 속성들은 영양학 분야의 권위 있는 과학자들에 의해 철저한 검증을 거친 객관적이며 신뢰성 있는 사실들로서 여러 과학 저널에 게재되고 관련 연구협회의 승인을 얻은 결과물이다.

팜유는 심장병 치료제다

팜유는 정상인들에게 전체 혈당 콜레스테롤(cholesterol)을 높이지 않고 오히려 콜레스테롤 수치를 낮아지게 한다. 콜레스테롤은 진주나 왁스 같은 물질로서 생명에 필수적인 물질로 알려져 있다. 세포의 얇은 막을 구성하는 성분이며, 신체 내에서 필수적인 호르몬 생산에 간여하는 성분이기 때문이다. 사람의 신체는 대부분 자체적인 콜레스테롤을 주로 간에서 생산하고, 소량이긴 하지만 체세포에서도 생산하고 있다. 일부 콜레스테롤은 동물성 식품에서 흡수할 수 있지만, 팜유를 비롯한 모든 식물성 식품은 사실상 콜레스테롤을 포함하고 있지 않다.

콜레스테롤은 피를 타고 온몸을 순환하는데, 자유로운 콜레스테롤의 형태나 지방과 단백질의 결합 상태인 '지(脂) 단백질' 형태로 순환하는 것이다. 그런데 이때 피 속에 너무 많은 콜레스테롤이 순환하게 되면, 혈관 속에 콜레스테롤이 쌓여서 위험한 플라크(plaque)를 형성하게 된다. 이러한 현상은 피의 흐름을 차단하고, 결과적으로 심장병과 뇌졸중의 원인으로 작용한다.

참고로 콜레스테롤을 포함하는 지(脂)단백질은 두 가지 형태가 있다. 하나는 고밀도 지단백질(HDL, High density lipoprotein)로서 '유익한 콜레스테롤'이라고도 한다. 다른 하나는 저밀도 지단백질(LDL, low density lipoprotein)로서, '해로운 콜레스테롤'이라고도 한다. 여기에서 이 해로운 콜레스테롤(LDL)이 높은 수준이 되면 심장병 위험이 높게 되고, 유익한 콜레스테롤(HDL)은 동맥에서 과도한 콜레스테롤을 제거하는 데 도움을 준다. 그리하여 몸 전체에서 과도한 콜레스테롤을 제거해 심장병 위험을 줄인다.

콜레스테롤은 항상 나쁜가? 우리의 육체는 효율적 기능을 발휘하기 위해서는 실제로 콜레스테롤이 필요하다. 콜레스테롤은 주로 간에 의해 만들어지는 부드럽고 왁스 같은 물질인데, 피를 따라서 순환한다. 피에서 발견되는 콜레스테롤의 약 70~80%는 간에 의해서 생산되며 나머지 20~30% 정도만 우리가 먹는 식품에서 흡

The Kernel Oil Fractioning Process

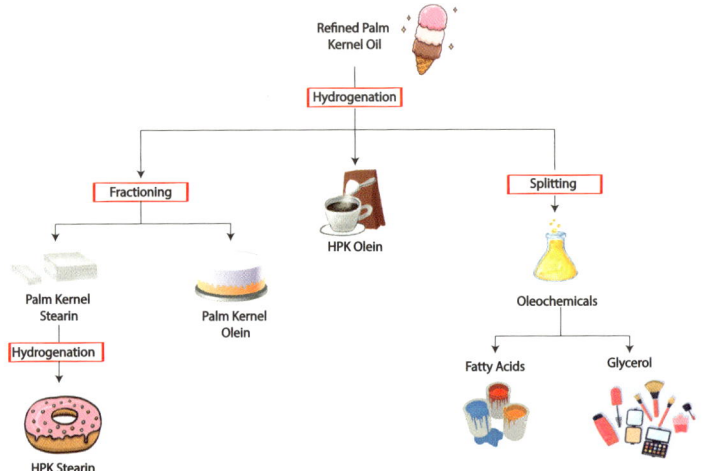

팜커널유 유분 공정. ⓒ Everchem

수된다. 콜레스테롤은 남성 호르몬과 같은 섹스 호르몬 생산에 필수적이다. 콜레스테롤은 세포와 뇌의 기능에 필수적이고 간에서 담즙산 생산에 매우 중요하다. 담즙산은 지방과 지방분해하는 비타민 A, D, E와 K의 소화와 흡수에 관련되어 있다.

전 세계적인 연구에 의하면, 팜유는 혈액 속의 총체적인 콜레스테롤 또는 해로운 콜레스테롤 수준을 증가시키지 않고, 오히려 유익한 콜레스테롤 수준을 증가시키는 유익한 효과를 보이고, 그 결과로 심장병 위험을 줄이게 되는 것으로 알려져 있다.

네덜란드 림부르흐(Limburg) 대학교의 연구원들이 전통적 요리에 사용하는 지방을 팜유로 바꾸는 실험을 했다. 그 결과 팜유가 인간의 심장병 위험의 주요 지표라고 할 수 있는 LDL/HDL 콜레스테롤 비율이 낮아지는 것을 발견했다. 이 연구결과는 1992년 영국 학회지 『영국 영양저널(British Journal of Nutrition)』에 발표됐는데, 팜유가 '해로운' 콜레스테롤을 8%나 감소시키고 '유익한' 콜레스테롤을 11%나 증가시킨 것으로 나타났다.

다른 연구들도 이러한 결과를 보여주고 있다. 중국에서는 돼지기름과 땅콩기름이 전통적 요리의 일부인데, 북경의 '영양과 식품위생연구소'에서 팜유를 섭취한 그룹이 돼지기름을 섭취한 그룹 대비 혈액의 총 콜레스테롤과 해로운 콜레스테롤의 수준이 상당히 낮아진 것을 발견했다. 또한 원래 혈중 콜레스테롤이 높은 남녀들을 선정해 땅콩 오일과 팜유의 섭취 결과를 비교한 연구에서는 땅콩 오일을 섭취한 경우에는 유의미한 효과가 없었지만, 팜유를 섭취한 경우에는 총 콜레스테롤과 해로운 콜레스테롤 수준이 유의미하게 낮아진 것으로 밝혀졌다.

그렇다면 지방이 인체에 나쁘기만 한 것인가? 오히려 유리한 점도 많다. 마치 자동차에 연료가 필요하듯, 우리의 신체는 효율적으로 기능을 발휘하기 위해 충분한 지방이 필요하다. 지방은 탄수화물 및 단백질과 더불어 주된 음식물을 형성하고 있는데, 정확한 비율로 구성되어야 하며 건강하고 균형 잡힌 음식물에 필수적이다.

만일 음식을 통한 지방 섭취가 불충분하면 인간의 육체가 자체적으로 지방을 생산한다.

지방은 지용성(脂溶性) 비타민 A, D, E 그리고 K를 우리 몸 안에서 운반하는 데 필수적이다. 눈의 망막과 중추신경계(central nerve system)는 주로 지방 성분으로 구성되어 있다. 지방은 체온을 유지하는 물질대사 과정에서 온도가 낮은 밤에 기능 발휘를 잘 하고 몸을 따뜻하게 하도록 한다. 지방은 사람이 걷고 뛰고 춤추며 밤을 보내는 데 필요한 에너지를 공급한다. 지방은 세포를 배양하고 신체가 특정 영양분을 흡수하도록 돕는다.

지방은 음식이 더 맛있게 하고 보다 즐기고 싶고 만족스럽게 한다. 지방은 신체의 중요기관에 완충 역할을 하는 '충격 흡수제'역할을 한다. 지방은 유아기에 만족스러운 성장과 육체적 활동에 필요한 주요 에너지원(源)이다. 만일 음식물에서 지방이 총 칼로리의 15% 미만을 차지하면 영양실조에 걸릴 수 있다. 호르몬은 호르몬의 형성과 기능을 위하여 지방산을 필요로 한다.

세계 인구의 증가와 주요 개도국의 생활수준의 향상은 식용유와 유지에 대한 수요를 증가시키고 있다. 팜유는 용이한 공급과 연중무휴 생산으로 이처럼 증가하는 오일과 유지(油脂)에 대한 수요 해결에 도움을 준다. 유엔식량농업기구(FAO)와 세계보건기구(WHO)에서는 우리가 섭취하는 칼로리의 20%를 지방으로 섭취할 것을 추천하고 있다.

인간의 육체는 식용유와 지방에서 발견되는 지방산을 필요로 한다. 더욱 중요한 것은 그러한 지방산이 정확한 균형을 이뤄야 한다는 것이다. 미국심장협회(AHA, American Heart Association)에 의하면 심장병을 차단하기 위한 최선의 지방은 포화지방산과 단일불포화지방산 그리고 고도불포화지방산을 1:1:1의 비율로 포함하고 있는 것이다. 어떤 식용유나 지방도 이러한 비율로 지방산이 분배된 경우가 없지만, 미국에서 건강에 유익하고 소비자들이 선호하는 마가린 생산을 위해 한 것처럼, 팜유 40%, 대두유 50% 그리고 유채유 10%의 비율로 혼합하면 된다.

게다가 호르몬 같은 물질인 프로스타글란딘(prostaglandin)의 생산에 지방이 중요한 역할을 한다는 것이다. 이 물질은 우리의 몸에서 다양한 생리학적 과정에서 주요한 역할을 한다. 그리고 요리에 사용하는 지방은 필수 지방산(fatty acids)의 재료가 된다. 이렇듯 지방산이 없으면 신체가 생존할 수 없다. 우리의 신체는 필수 지방산을 생산하지 않지만, 사람의 신체는 이러한 지방산이 필요하다. 팜유는 주로 야자유에서 채취한 포화지방산, 불포화지방산이 거의 같은 양으로 독특하게 구성된 균형 잡힌 오일이다.

팜유에는 인간의 육체에 필요한 팔미트산(palmitic acids)과 올레산(oleic acid)이란 지방산이 풍부하다. 팔미트산은 냄새가 없는 하얀 밀랍 모양의 고체 지방산인데, 대부분의 유지에 들어 있다 비누, 페인트, 그리스(grease), 화장품 등을 제조하는 데 사용된다.

올레산은 고급 불포화 지방산의 하나로서 무색무취의 기름 모양 액체로, 공기 중에 산화하여 누런 빛깔로 변화한다. 여러 가지 동식물 기름의 주성분이며, 주로 비누 제조하는 데 사용된다.

팔미트산은 팜유의 주요 포화지방산으로, 팜유의 44%를 차지한다. 나머지 5%는 스테아르산(stearic acid)이다. 참고로 스테아르산(酸)은 유지류의 주요 성분이 되는 고급 포화지방산의 하나로서, 냄새가 없고 알코올이나 에테르 따위에 녹으며, 비누, 양초, 연고, 좌약 따위를 만드는 원료로 사용된다.

팔미트산은 또한 자연적으로 신체 내에서 발생하는데, 이는 지질의 한 형태인 인지질(燐脂質, phosphatide)에서 발생되며, 이는 폐의 표면을 형성하고 정상적인 폐의 기능에 매우 중요한 역할을 한다. 인지질 없이 우리가 숨을 내쉬면 폐가 붕괴된다. 참고로 인지질은 살아 있는 세포 안에서 미토콘드리아나 세포조직 등의 구성에 관여하며, 물질대사 과정에서 중요 역할을 하는, 인을 포함한 지방과 유사한 물질이다.

팔미트산은 쉽게 에너지로 전환될 수 있기 때문에 육체 내에 있는 지방 비축으로서 훌륭한 역할을 한다. 이 팔미트산은 건강한 신체를 위해서 필요하며, 흔히 식물성 오일과 모유를 포함한 우유에서 섭취할 수 있다. 올레산은 단일 불포화지방산(mong-unsaturated fatty acid)이고, 리놀레산(linoleic acid)은 다가불포화지방산(poly-unsaturated fatty acid)인데, 각각 40%와 11%씩 팜유에서 발견된다. 리놀레산은 필수적인 지방산인데, 인간의 몸에서 생산될 수 없기 때문에 음식을 통해서 흡수되어야 한다. 이 리놀레산은 뇌의 개발을 위해 매우 중요하다.

팜유는 혈전 치료제다

팜유는 혈전 약(Antithrombotic)이다. 우리 몸의 혈관벽에 상처가 생기고 혈소판의 집합체가 변경되면 혈전증 또는 건강에 해로운 응혈(凝血)이 발생한다. 혈전증(血栓症, thrombosis)은 심장이나 혈관에 혈전(혈액이 응고된 덩어리)이 생기는 것을 말하는데, 혈관의 상처와 혈류량의 변화가 혈전의 형성에 관여하는 인자다. 혈액 응고성의 변화도 혈전 형성성의 원인이다. 팜유를 소비함으로 트롬복산(thromboxane) A2의 양을 감소시켜서 혈전증의 위험을 낮출 수 있다. 이 트롬복산 A2는 혈전이 서로 붙어서 응혈을 형성하는 강력한 물질이다.

팜유에서 생산된 팜 올레인과 올리브오일은 둘 다 올레산이 풍부하다. 많은 연구 결과는 팜 올레인이 올리브오일처럼 건강에 좋다는 사실을 보여준다. 호주 시드니대학교의 트루스웰(A. S. Truswell) 박사는 팜 올레인과 올리브오일이 건강한 젊은 남녀의 총 혈중 콜레스테롤과 해로운 콜레스테롤 수준에 유익한 영향을 미치는 것으로 밝혀냈다. 팜 올레인은 혈관의 혈전을 감소시키는 역할에 올리브오일만큼 우수하다.

팜유는 올리브유보다 신체의 지방 흡수가 빠르다. 모든 오일과 지방은 글리세 분자에 접착된 3개의 지방산 즉 트리글리세리드(triglyceride)가 있다. 이 지방산은 포화 또는 불포화지방산일 수 있다. 소화과정에서 트리글리세리드의 지방산이 가수(加水) 분해되면 중앙에 있는 모노글리세리드가 지방산과 함께 남는다. 이 지방산이 글리세롤에 접착해 신체에 바로 흡수된다. 그러나 포화지방산은 불포화지방산보다 용해되기 어려운 염분을 형성해 신체 흡수가 더 어려워진다.

팜유는 51%의 불포화지방산을 지니고 있어서 올리브오일의 87%보다 낮은 수준이다. 우리의 신체는 팜유가 지니고 있는 불포화지방산을 흡수한다. 이것은 팜유가 영양학적으로 단일불포화 올리브오일만큼 건강에 유익하다는 것을 의미한다.

동맥의 벽이 두꺼워지고 경화되는 것은 동맥경화증의 신호다. 이러한 현상은 동맥이 좁아져서 피의 흐름을 막는 결과를 초래하는 것이기 때문이다. 그런데 네덜란드에서 토끼를 이용한 실험 결과가 흥미롭다. 이 실험에서는 팜유와 해바라기 씨앗 오일을 이용한 사료가 생선 오일이나 아마인유(linseed oil) 그리고 올리브오일을 이용한 사료에 비해 가장 낮은 동맥경화증(Atherosclerosis)을 유발하는 것으로 밝혀졌다.

팜유는 강력한 산화방지제다

우리의 신체는 유리기(free radical, 遊離基)라고 하는 파괴적 분자, 즉 세포와 조직을 파괴할 수 있는 물질을 소탕하기 위한 산화방지제가 필요하다. 왜냐하면 이러한 유리기는 세포나 조직을 파괴해 심장병, 파킨슨병(Parkinson's disease)과 알츠하이머병(Alzheimer's disease), 그리고 노인들의 망각(忘却)과 시력상실을 유발하는 눈의 백내장과 시력 감퇴 등과 같은 만성병을 유발할 수 있기 때문이다. 유리기는 또한 노화와 조기 노망(老妄) 과정으로 연결돼 있다.

유리기는 인간의 육체에 산소가 개입될 때마다 신진대사의 부산물로 생긴다. 이것은 마치 공기가 쪼개진 과일의 색깔이 갈색으로 변화하며, 몸이 녹슬고, 우유가 썩은 냄새가 나는 것과 같이 피해를 주는 것이다. 이러한 유리기는 산화(酸化) 과정을 통해 작용하기 때문에 산화제라고도 한다. 스모그나 담배 연기, 오염, 농약, 약, 자외선(UV, ultra violet), 자외선 복사(紫外線 輻射) 등과 같은 환경요인이 신체 내부에서 유리기 생산 작용을 할 수 있다. 이러한 자외선 복사에 습관적으로 노출되면 피부에서 산화방지제를 고갈시키고 피부가 빨리 노화되도록 한다. 물론 피부암의 위험을 높인다.

인체에서 신진대사의 부산물로서 형성된 프리래디컬, 즉 유리기는 세포와 조직을 파괴하고 심장병과 암 그리고 조로(早老) 현상과 같은 만성적인 병을 초래한다. 팜유는 '새로운' 콜레스테롤은

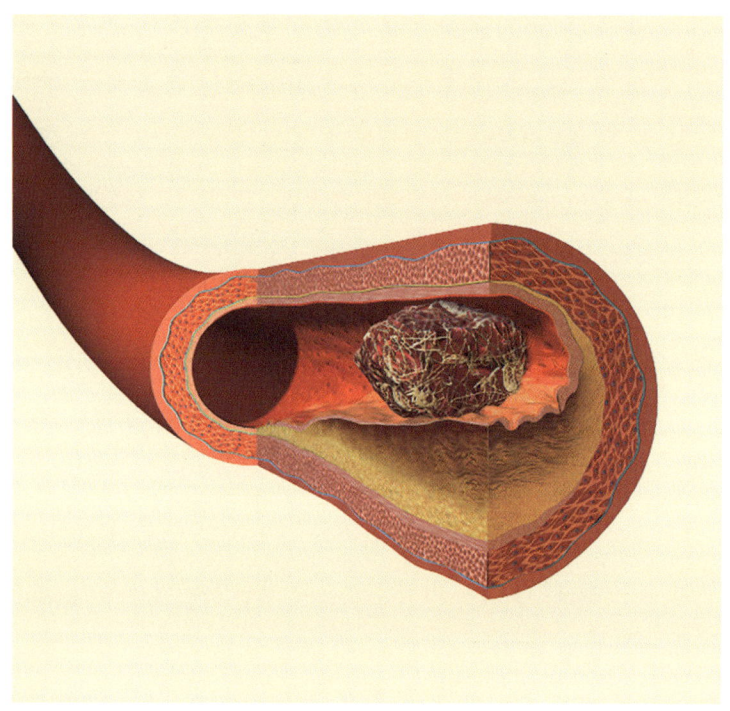

동맥 혈관 노폐물에 혈전이 생성된 것을 표현한 그림. ⓒ Wikipedia

줄이고 혈전증의 위험을 줄이며, 신체의 파괴적인 유리기를 소탕하는 강력한 산화방지제를 공급한다.

팜유는 강력한 산화방지제(Anti-oxidants)다. 산화방지제는 신체의 상처를 방지하는 최일선 보호자로서의 역할을 한다. 이 산화방지제는 신체 내에서 만들어지거나 우리가 음식으로 섭취할 수 있다. 지금까지 인간에게 가장 잘 알려진 3대 산화방지제는 비타민 E, 카로티노이드(carotenoid: 체내에서 비타민A로 전환되는 물질), 그리고 비타민C를 들 수 있다. 비타민 E 그룹에는 네 종류의 토코페롤(Lacopherol: $\alpha, \beta, \gamma, \delta$)과 네 종류의 토코트리에놀(toco-trienol: $\alpha, \beta, \gamma, \delta$) 형태로 나타나지만, 이 중 가장 흔하고 생체활성이 큰 것은 α-토코페롤로서 비타민E의 대명사처럼 사용된다.

비타민E는 동물의 항(抗)불임 인자(anti-sterility vitamin)로서 발견됐다. 생체에서의 중요한 기능은 항산화제로서 세포 내에서 산화되기 쉬운 물질, 특히 세포막을 구성하고 있는 불포화지방산의 산화를 억제함으로써 세포막의 손상을 막아주는 것이다. 식물성 기름, 두류, 녹황색채소, 난황, 간유에 많다. 비타민D가 풍부한 생선은 아귀 간, 연어 알, 명란, 은어, 참치, 청어알 등이다.

비타민E가 부족할 경우에 나타나는 현상은 세포막이 손상돼 노화 촉진 피부 저항력 약화, 체내에 과산화지질이 쌓여 동맥경화 발생, 기미가 끼거나 얼굴이 검게 변화, 갱년기 장애 발생, 정력 감퇴, 여성의 경우 심하면 불임 발생, 드물지만 적혈구의 막이 손상돼 용혈(溶血)이 항진(亢進)되고 결과적으로 빈혈 발생 가능성 등을 들 수 있다.

우리 몸은 비타민E를 자체 생산할 수 없고, 음식물을 통해 공급돼야 한다. 모든 식물성 기름은 비타민E를 포함하고 있는 것이 사실이다. 그렇지만 팜유가 특별한 이유는 팜유에 포함된 비타민E가 주로 비타민E 그룹 중에서 가장 강력한 산화방지제인 토코트리에놀이기 때문이다.

토코트리에놀은 암세포의 확산 방지와 사멸시키는 작용을 하며, 불법 산화로 인해 일어나는 유리기와 과산화 지방질의 생성으로 세포막과 세포 내 생체막의 생리 활성 상실, 세포 기능의 약화 및 괴사 등을 억제해 노화를 저지시키는 항산화 작용을 한다.

사실은 팜유는 토코트리에놀의 가장 풍부한 천연자원이다. 그리고 비타민E 그룹 중에서 또 다른 산화방지제는 토코페롤인데, 다른 식물성 오일도 이 토코페롤을 함유하고 있지만 토코트리에놀은 별로 없거나 전혀 없다. 토코페롤은 식물성기름에 많이 함유되어 있으며 무독성의 지용성 비타민이다. 토코페롤은 생체 내에서 활성산소를 소거시켜 유리기와 과산화지질의 생성을 억제하는 항산화 작용을 한다. 음식으로 섭취된 토코페롤은 지용성이기 때문에 십이지장에서 쓸개즙에 의해 유화된 다음 주로 소장에서 흡수된다.

인체 중에서 토코페롤은 뇌하수체와 부신에 많은데, 이들 기관이 사람의 정신과 운동을 위한 호르몬 분비기관이다. 따라서 비타민E는 호르몬의 생합성에 기여한 셈이다. 특히 노년기에 세포의 재생력이 약해지는데, 간세포와 신경세포를 건강하게 해주고 신진대사를 활발하게 하는 물질이 바로 토코페롤이다. 또한 토코페롤은 면역기능을 증진시키며 백혈구의 생산을 증가시켜서 노년기의 검버섯이나 기미를 방지하고 생체 노화 현상을 방지하는 역할도 한다. 또 번식력을 부활 강화시키는 생리 효과 기능도 있다.

전통적으로 대부분의 비타민E-보조제(supplement)는 α-토코페롤만 함유하고 있는데, 이 특정 토코페롤만 산화방지제로서 중요한 역할을 하는 것으로 알려졌다. 그러나 최근 연구에 의하면 토코트리에놀은 α-토코페롤보다도 더 강력한 산화방지제임과 동시에 독특하고도 매우 귀중한 성질을 소유하고 있는 것으로 나타났다.

연구결과에 의하면, 팜유에서 토코트리에놀이 풍부한 추출물은 총 콜레스테롤과 '해로운' 콜레스테롤 수준을 낮춘다. 토코트리에놀은 간에서 콜레스테롤 생산을 조절하는 HMG-CoA 환원효소(reductase)의 생산을 억제하는 것으로 나타났다. 분리된 인체의 간세포에서 토코트리에놀은 콜레스테롤의 생산을 32%나 감소시킬 수 있는 것으로 밝혀졌다. 따라서 연구결과들은 자연스럽게 토코트리에놀을 중요한 약리학적 요소로 부르게 되었고, 비타민E 보조제와 혼합시킬 것을 제안하였던 것이다.

토코트리에놀은 뇌를 보호한다. 유리기에 의한 상처가 알츠

하이머병, 파킨슨병, 헌팅턴병(Huntington's disease)과 같은 신경퇴화 질병에 관련된 것으로 알려졌다. 높은 수준의 글루타민산염 또한 신경계 안에서 병리학적인 세포의 죽음에 주요 원인이 된다. 이러한 신경계의 피해가 수년간 누적되면 대규모 신경 상실로 연결된다.

참고로 헌팅턴병은 1872년 미국 의사 조지 헌팅턴(George Huntington)에 의해 오하이오주 의학협회에 공식적으로 자세히 소개되었다. 그는 이 병이 춤추는 것처럼 몸의 일부가 갑자기 제멋대로 움직이거나 경련을 일으킨다고 해서 '커리어(chorea)'라고 불렀다. 그래서 헌팅턴 무도병(Hantington's Chorea)이라고 한다.

이 헌팅턴병은 뇌의 선조체(線條體·신경 세포가 모여 대뇌 기저핵의 일부를 이룬 부분)에 있는 뉴런이란 신경세포가 퇴화되고 사멸되도록 유전적으로 프로그램 되어있어 생기는 병이다. 환자 스스로가 몸을 움직일 때 컨트롤하지 못해서 지력을 잃게 되고 정서적으로도 문제가 된다. 이는 유전병으로써 부모 중 한 명에게서 정상인 유전자가 돌연변이 되어서 자식에게 유전된다.

연구결과에 의하면 토코트리에놀은 혈액뇌관문(血液腦關門)을 말살시키고, 뇌졸중이나 기타 신경퇴화 질병에 의해 사멸될 수 있는 신경세포의 강력한 보호막 역할을 한다. 혈액뇌관문은 혈액과 뇌 조직 사이에 내피세포로 이루어진 관문으로서 다른 장기의 내피세포와는 달리 세포들 사이가 매우 치밀하므로 약물이 잘 투과하지 못한다.

미국 캘리포니아 버클리대학(UC Berkley)에서 실시한 연구에 의하면, 토코트리에놀은 약간의 양으로도 글루타민산염 독성에 의한 뇌의 피해를 방지하는 데 있어서 소비자들에게 보조제 형태로 가장 손쉽게 공급되는 비타민E의 한 형태인 α-토코페롤보다 더 효과적이었다. 만일 토코트리에놀의 투여 양을 높은 수준으로 증가시키면 세포 생존력을 더 이상 상실하는 것을 완벽하게 차단하고 보호하였다.

한편, 미국 뉴욕시의 브롱스(Bronx)에 있는 포드햄(Fordham) 대학교에서 실시된 연구에서는 토코트리에놀이 신경 퇴화 유전적 장애인 가족성 자율신경실조증(FD: familial dysautonomial) 치료에 효과적인 것을 발견했다.

팜유는 유방암과 피부암을 예방한다

토코트리에놀은 유방암과 피부암을 방지한다. 많은 연구 결과는 토코트리에놀이 유방암의 진행을 방지한다는 강한 증거를 제시하고 있다. 예를 들면, 영국 레딩(Reading) 대학교에서는 토코트리에놀은 다른 종류의 치료법에 내성이 있는 유방암 세포의 성장 억제에 대체 치료 방안으로 제시될 수 있음을 발표했다.

또 다른 연구에서는 유방암 환자에게 널리 사용되는 약인 타목시펜(Tamoxifen)과 팜유 토코트리에놀을 병용하면 45배나 더 효과적인 것으로 나타났다. 산화 방지 식물색소인 플라보노이드 물질도 토코트리에놀과 함께 사용하면 유방암세포의 증식을 억제하고 저해할 수 있다. 또한 토코트리에놀은 태양의 자외선에 피부 노출로 인한 피해를 유리기 제거를 통해 줄일 수 있다.

붉은 팜유(red palm oil)로 판매되는 약간 정제된 팜유가 당근보다 17배나 많은 카로티노이드(Carotenoid)를 함유하고 있다는 것을 알고 있는가? 그러므로 카로티노이드라는 이름의 작명을 하게 만든 당근보다 '붉은 팜유'가 카로티노이드를 엄청나게 함유하는 비타민A(슈퍼 카로티노이드)인 것이다.

토코트리에놀처럼 카로티노이드는 강력한 산화방지제이다. 카로티노이드는 비타민A의 가장 안전한 원천이다. 우리의 몸은 카로티노이드를 저장하고 있다가 필요한 경우에는 비타민A로 변환시킨다. 그렇기 때문에 카로티노이드의 과도한 복용은 있을 수 없음을 의미한다. 카로티노이드는 운반 역할을 하는 지방의 존재 하에서 가장 잘 흡수된다. 붉은 팜유에서 발견된 두 가지 형태의 주요 카로티노이드는 α-카로틴과 β-카로틴인데, 이들은 자연계에서 발견되는 600개 이상의 상이한 카로티노이드 중에서 가장 영양학적으로 흥미 있는 것으로 과학자들이 여기고 있다.

연구 결과에 의하면, 붉은 팜유의 카로티노이드는 암 치료에 유용한 가능성을 갖고 있는 것으로 밝혀졌다. 예를 들면, 카로티노이드를 실험용 쥐에 주입시켰을 때 '내추럴 킬러 세포(NK세포·백혈구의 일종인 림프구 세포)'의 숫자를 증가시키고, 인체의 유방암 세포의 증식을 억제하는 것으로 나타났다. 내추럴 컬러 세포는 선천성 면역에 매우 중요한데, 이는 내추럴 킬러 세포가 악성 종양과 바이러스에 감염된 목표물을 즉시 식별해 파괴하기 때문이다.

팜유는 비타민A 결핍을 극복시켜 준다

팜유는 비타민A 결핍을 극복해 준다. 비타민A는 면역반응을 촉진하고 신체 조직의 성장과 기능을 규제한다. 비타민의 결핍은 커다란 건강 문제를 일으키며, 개발도상국가에서 아동들의 죽음과 야맹증(夜盲症)의 가장 중요한 원인이 되고 있다. 붉은 팜유는 프로비타민(provitamin)A 카로티노이드가 많다. 프로비타민은 비타민 전(前) 단계의 물질로서 체내에 들어가면 비타민으로 변하는데, 카로틴은 비타민A로 바뀌고, 에르고스테린은 비타민D로 바뀐다.

이로 인해 아프리카, 인도, 방글라데시와 같은 나라에서는 팜유를 어린이들의 비타민A 결핍증을 극복하기 위한 비스킷 강화에 사용해 왔다. 이 다목적 팜유로 강화된 비스킷, 빵과 스낵은 비타민A와 비타민B를 유지하게 되고, 비타민A의 보다 관행적인 원천으로 간주되고 있는 간유(肝油)를 대체할 수 있다. 또 다른 장점 중의 하나는 붉은 팜유로 강화된 비스킷은 9개월 이상 저장이 가능하다는 것이다.

팜유는 악취 냄새와 산화 부패의 발생을 극히 안정적으로 방지하기 때문에 팜유를 사용하는 식품은 저장 기간이 연장된다. 그

시장에서 판매하고 있는 붉은 팜유. 몸에 유익한 카르티노이드 성분은 당근의 15배, 토마토의 약 50배 이상을 함유하고 있다. 붉은 색은 카르티노이드 성분 때문이다. 콜레스테롤, 산화방지, 뇌 건강 증진, 심장병에 효과가 좋은 것으로 알려졌다. ⓒ Wikipedia

렇기 때문에 팜유는 건강하고 트랜스 지방이 없는 마가린과 기타 식품을 만드는 데 쉽게 이용된다. 그 때문에 팜유는 모유(母乳)의 대체로 사용된다. 어린아이에게는 모유가 최선이지만, 모유를 먹일 수 없을 경우엔 어떻게 해야 할까? 팜유는 어린이 유아식에 모유의 지방과 견줄 수 있는 대체재다. 그래서 팜유는 세계적 주요 유아식(幼兒食) 회사들이 선호하고 있다.

팜유와 건강

팜유의 10가지 건강팩트

1. 트랜스 지방 프리
2. 소화가 잘되는 훌륭한 에너지원
3. 필수 리놀레산의 충분한 공급원
4. 유익한 HDL-콜레스테롤을 높이는 데 도움
5. 카로티노이드 프로 비타민A의 풍부한 공급원
6. 균형 잡힌 지방산
7. 뇌졸중 예방에 도움이 되는 팜유의 항산화제
8. 항암 특성을 가지고 있는 팜유의 항산화제
9. 혈중 콜레스테롤에 영향을 주지 않음
10. 콜레스테롤 프리

© Everchem

12

6부

팜유 산업과 지구의 미래

31.
웨더노믹스의 시대

KBS 다큐인사이드 「붉은 지구」 시리즈를 보면 자연의 재앙이 얼마나 무서운 결과를 가져오는가를 확인할 수 있다. 그 자연재앙은 인간이 배출한 이산화탄소 때문이다. 그것이 산불, 가뭄과 홍수 등 엄청난 자연재해를 불러일으켰던 것이다.

2021년 7월 인류는 과학기술의 혁명적 진보를 이뤄냈다. 아마존 창업자 제프 베조스를 포함한 4명이 지구 상공 107km를 왕복하는 성공적인 우주여행을 한 것이다. 그러나 이날의 하이라이트는 기술의 진보에 대한 찬사가 아니라 베조브가 남긴 소감, "인간이 살 수 있는 행성은 지구뿐이다(We have to take care of it!)"라는 말이었다.

붉은 지구

2021년 12월 18일과 19일 양일간 말레이시아 수도 근처 클랑 지역에서는 100년 만의 폭우가 쏟아져 50여 명이 사망했고, 수많은

2021년 12월 말 말레이시아 수도 쿠알라룸푸르에 100년만에 내린 폭우로 주차하고 있던 차들이 나무에 깔렸다. ⓒEverchem

이재민이 발생했다. 말레이시아가 자랑하는 스마트(SMART) 터널도 100년 만에 쏟아진 폭우 앞에는 속수무책으로 당하고 있을 수밖에 없었다. 기후변화로 인한 자연재해라고 부를 수 있는 것은 우리가 통제할 수 있는 일이 아니다. 기후변화가 상품생산과 공급 사슬에 영향을 미치게 되면, 사회에 불어오는 파장은 어마어마하다. 즉 기후변화는 산업의 위기를 불러온다.

　이런 기후변화로 인한 사건 사고는 지구상 곳곳에서 이루 말할 수 없이 빈번하게 발생한다. 모든 기업들에게 기후변화를 심각하게 받아들이라고 금융계에서는 강력하게 경고 메시지를 보내고 있다. 기업을 바꿀 수 있는 유일한 방법은 돈의 흐름, 이산화탄소를 많이 배출하는 기업에게는 투자하지 않고 심지어 대출금을 회수하는 강경한 조치까지 필요한 시대가 도래했다. 대신, 탄소 배출을 줄이기 위해 노력하는 기업에게는 더 많은 혜택이 주어질 것이다. 즉, 투자자들은 친환경 기업에게 더 많이 투자할 것이다.

지금 같은 산업구조에서는 이산화탄소를 줄일 방법이 없다. 팜유 산업은 최선이 아니겠지만 차선으로 이산화탄소를 줄이는 노력을 오래전부터 하고 있다. 이산화탄소 배출에는 세금을 내야 한다. 마치 국제무역의 관세처럼, 탄소 의존도를 줄여야 미래 우리의 국가 생존이 걸려있다.

경고음 날리는 기후변화 지표들

2021년 전 지구 평균기온은 산업화 이전 대비 1.11도 상승했다. 파리기후협정의 상승 제한 목표인 1.5도와 불과 0.39도 차이다. 2021년 8월 '기후변화에 관한 정부 간 협의체'(IPCC)가 발간한 「제6차 평가보고서」의 제1실무그룹보고서(WG1)의 1.09도보다 0.2도 높은 수치다. 2021년엔 기후변화를 나타내는 주요 지표 가운데 온실가스 농도와 해수면 상승, 해수 온도, 해양 산성도 등 4개 지표에서 새로운 기록이 작성됐다.

세계기상기구(WMO)는 2022년 5월 18일 발표한 「2021년 전 지구 기후 현황 보고서(State of the Global Climate in 2021 report)」

영구동토층으로 불리던 북극 툰드라 지역의 약 38%가 갈색에서 녹색으로 변화했다는 연구 결과가 나와 주목을 받고 있다. 2000년대 들어 그 속도가 더 빨라지고 있는 중이다.
사진은 그린란드 툰드라 지역. ⓒ Wikipedia

에서 "기후변화 주요 지표들에서 지난해 새로운 기록들이 세워졌다. 이는 인간 활동이 육지와 해양, 대기에 지구 차원의 변화를 일으켜 지속가능한 발전과 생태계에 장기적으로 유해한 영향을 끼치고 있음을 증명한 것"이라고 밝혔다.

세계기상기구는 "2021년은 연초와 연말의 라니냐 현상에 따른 냉각 효과 덕분에 최근 몇 해와 비교해 덜 더웠지만, 2015년부터 2020년까지 최근 7년이 관측 사상 가장 더운 7년이었다"고 밝혔다. 미국 국립해양대기청(NOAA)은 2021년 전 지구 평균기온이 20세기 평균보다 0.87도 높아 역대 여섯 번째로 더웠다고 밝힌 바 있다.

2021년 지구 이산화탄소 농도는 413.2ppm으로 산업화 이전 수준의 149%가 기록됐다. 세계적으로 코로나19 대유행 봉쇄 여파로 이산화탄소 배출량이 줄어들었음에도 이산화탄소 농도는 계속해서 증가했다고 보고서는 지적했다. 대표적 온실가스 측정 장소인 하와이 마우나로아 관측소의 월평균 이산화탄소 농도는 2020년 4월 416.45ppm, 2021년 4월 419.05ppm, 올해 4월 420.23ppm이 기록됐다.

　　해수 온도도 2021년 최고 기록이 경신됐다. 보고서는 "해양 상층부 2000m는 계속 따뜻해져왔으며 앞으로도 온난화가 지속될 것으로 예상된다"며 "이는 수 백 년~수 천 년 시간 규모에서는 되돌릴 수 없는 변화"라고 설명했다. 해양 온난화에 더해 해수면 상승도 기록 경신을 이어가고 있다. 2013~2021년 전 지구 해수면 높이는 연평균 4.5mm씩 상승해 1993~2002년 사이의 상승 속도보다 2배 이상 빠른 것으로 나타났다. 주된 원인은 빙상에서 얼음이 녹아 내렸기 때문이다.

　　해양 산성화도 2021년 가장 심해진 것으로 분석됐다. 보고서는 "해양은 인위적으로 발생한 이산화탄소 연간 배출량의 23%를 흡수하는데 바닷물이 점점 더 산성화하면 이산화탄소 흡수 용량이 줄어든다"고 밝혔다.

　　페테리 탈라스 세계기상기구 사무총장은 "역대 가장 더운 해의 기록 경신은 이제 시간문제다. 대기에서 탄소를 제거하는 수

기후변화는 기상이변을 가져온다. 가뭄과 고온이 2019~2020년 오스트레일리아 밀림 산불을 심각하게 악화시켰다. ⓒ Wikipedia

기후변화는 서식지를 파괴한다. 수많은 북극 동물들은 점점 따듯해지면서 사라지고 있는 해빙에 의존하고 있다. ⓒ Wikipedia

단을 발명하지 않는다면 해수면 상승, 해수 온도 상승 및 해양 산성화는 앞으로 수백 년 동안 계속될 것"이라고 강조했다. 그는 특히 "기상 이변에 따른 재난 대비에 수년간 투자한다는 것은 재난으로 인한 경제 손실이 급증하더라도 더 많은 생명을 구한다는 것을 의미한다. 기후적응을 위한 조기경보시스템이 세계 모든 이들한테 전달되도록 노력해야 한다"고 말했다.

탄소는 해양 산성화의 '주범'

탄소중립은 인간의 활동에 의한 온실가스 배출을 최대한 줄이고, 남은 온실가스는 흡수(산림 등), 제거(CCUS 기술)해서 실질적인 배출량이 '제로'가 되는 개념이다. 즉 배출되는 탄소와 흡수되는 탄소량을 같게 해 탄소 '순배출 0'이 되게 하는 것으로, 이에 탄소중립을 '넷 제로(Net-Zero)'라 부른다.

참고로 CCUS(Carbon Capture, Utilization and Storage)는 이산화탄소 포집, 저장, 활용 기술을 말한다. 온실가스로 인해 지구 평균 기온이 이전 수준보다 2도 이상 상승할 경우 폭염·한파 등으로 인류 안보에 위협이 될 수 있다는 인식 아래 제안된 개념이다. 이를 달성하려면 화석에너지 비중을 줄이고 신재생에너지 사용을 확대해야 한다.

악셀 팀머만 부산대 ICCP(기후물리연구단) 단장이 제안하는 바다를 살리는 방법은 '해양 산성화'를 막는 것이다. 그는 기후변화에 따른 해양 위기를 과학적 시각에서 접근, 분석하고 전망하는 데 일생을 바친 해양과학자다. 2017년부턴 한국과 인연을 맺고 부산대 기초과학연구원(IBS)에서 근무 중이다.

지구 상 발생하는 이산화탄소 중 4분의 1은 바다가 흡수한다. 탄소절감엔 바다 역할이 절대적이다. 탄소를 줄이지 않으면 해양 산성화로 이어지고, 이는 결국 해양 생태계 파괴로 연결된다. 탄소를 줄여야만 바다를 살릴 수 있고, 바다를 살려야만 탄소를 줄일 수 있다. 이 선순환을 구축하는 데엔 결국 과학의 역할이 중요하다고 팀머만 박사는 거듭 강조했다.

기상학과 해양과학을 연구해 온 팀머만 단장은 2022년 5월 26일 제2회 'H.eco Forum 2022'(헤럴드환경포럼)에서 '기후 피해를 피하기 위한 기초 과학 사용법'에 대해 소개했다. 그는 기후 피해를 일으키는 가장 중요한 '악당(villain)'으로 화석연료를 사용해 발생하는 탄소를 지목했다.

100년 안팎 사는 인간이 발생시킨 이산화탄소가 인간 수명보다 훨씬 오래 대기 중에 남는 탓이다. 팀머만 단장은 "무려 8000년 후에도 현재의 약 30%의 이산화탄소가 남아 있다"며 "지금으로선 전 지구적으로 이산화탄소를 없앨 수 있는 기술이 존재하지 않는다"고 했다.

수온과 탄소 농도, 해수면이 올라간 바다는 당장 해양생물과 인간의 안위에 직접적인 영향을 미친다. 산호초 산호나 석화 등

기후변화는 생태학적 붕괴를 가져온다. 그레이트배리어리프의 산호가 백화 현상으로 손상되었고, 전 세계적으로 산호에 위협을 주고 있다. ⓒ Wikipedia

의 딱딱한 껍데기는 칼슘 이온과 탄산 이온이 합쳐진 탄산칼슘으로 이뤄져 있는데, 바다 탄소 농도가 높아지면 산호의 탄산 이온을 앗아가 탄산칼슘이 부족해진다.

이는 해양 생물 서식처가 되는 산호초 파괴로 이어진다. 산호초가 파괴되면 해양생물 생태계가 망가진다. 그는 "탄소 배출을 획기적으로 줄이지 않으면 해양 산성화 지역이 늘고 수중 탄소 농도가 올라가 악영향을 끼친다"며 "해양 산성화를 심각하게 고민하고 살펴봐야 한다"고 경고했다.

수온과 해수면도 문제다. 기후물리연구단은 지금과 같은 탄소량을 배출하면 2150년엔 한국 기온은 약 8도, 지구 전체는 약 15도 상승할 것으로 예상했다. 지중해와 인접한 유럽의 강우량은 약 40% 줄어들고 해수면은 2.5m 높아진다. 삼면이 바다로 둘러싸인 한국은 망가진 바다에 더 취약할 수밖에 없다. 팀머만 단장은 "가까운 미래에 한국은 40도 넘는 폭염에 익숙해질지도 모른다"며 서울과 부산의 평균 기온은 2150년엔 5도씩 올라 각각 약 18도, 20도까지 치솟을 것으로 예상했다.

감축량에 따른 시나리오를 과학적으로 예측하는 것도 중요하다. 팀머만 박사는 현 상태 그대로라면 2100년엔 지금보다 기온이 약 3.6도 상승하지만, 탄소세 부과, 조림 작업, 전기자동차 세제 지원 등 모든 방법을 동원한다면 상승분을 약 1.6도까지 줄일 수 있다고 예상했다. 그는 "마법 같은 한방은 없다. 종합적이고 총체적인 투자가 이뤄져야 한다"며 "탄소중립을 실현을 하기 위해선 기술도 필요하지만 탄소세 부과, 전기차 세제 지원 등과 같은 정부의 정책, 시민들의 실천이 함께 필요하다"고 했다.

기후 테크를 아시나요?

'기후 테크'에 대해 들어본 적이 있는가. 생소해 보이는 이 단어는 최근 사용 빈도가 높아져 가고 있다. 기후 테크 혹은 C테크라 불리는 이 단어는 기후(Climate)·탄소(Carbon)·청정(Clean) 기술을 포괄하는 용어로, 이산화탄소(CO_2) 배출량을 줄이거나 지구온난화의 해법을 연구하는 기술을 말한다. 2050년까지 탄소중립에 도달하는 것을 목표로, 세계 경제의 탈(脫) 탄소화 과제에 임하는 폭넓은 섹터가 포함된다. 즉, 원자력과 수소에너지뿐 아니라 폐자원 관리 등 기후변화에 대응하거나 적응하는 모든 기술이 포함된다.

2021년 노벨물리학상은 '기후 위기'에 주목했고, 지구의 복잡한 기후와 무질서한 물질에 대한 이해를 넓힌 물리학자들에게 수상의 기회가 돌아갔다. 기상학자 마나베 슈쿠로 미 프린스턴대 교수는 대기 이산화탄소 층의 높이 증가가 지구온난화에 직접적으로 관련이 있다는 것을 밝혔고, 클라우스 하셀만 전 독일 막스플랑크 기상연구소장은 기온 상승이 인간의 탄소 배출 때문임을 입증했다.

10년 전 기후 변화는 '녹고 있는 극지대의 빙하'로 표현되었지만, 지금의 기후 위기는 눈앞에 닥친 '꺼지지 않는 산불과 끝을 예측하기 어려운 장마'로 상징된다. 2021년 '기후변화에 관한 정부 간 협의체(IPCC)'의 기후학자들은 지구 평균기온이 파리기후협약 목표인 1.5보다 높은 3도까지 치솟을 것이라 예상하며, 지구 평균기온 상승폭을 18세기 중후반에 견주어 1.5도로 통제하지 못할 경우 파국적 기후재난을 맞는다고 경고했다.

전 세계는 지금 급격한 탈탄소 사회로의 전환이 필요한 시점이다. 기후 테크(climate-tech), 혹은 'C테크'는 기후 변화를 막기 위한 글로벌 과제일 뿐만 아니라 인류의 생존 전략이 될 수 있다. 기후 테크는 친환경 기술을 포함해 온실가스 배출 감소와 지구 온난

1850~1989년 전 세계 누적 이산화탄소 배출량은 약 753Gt(기가톤)이었고, 1990~2015년에는 722Gt이었다. 불과 25년 만에 140여 년간 배출한 것과 거의 동일한 양의 이산화탄소가 대기중에 더해진 것이다. ⓒ 옥스팜코리아

화를 해결할 수 있는 범위의 모든 기술을 지칭하며, 온실가스 순배출량 제로(net zero emission) 달성을 목표로 세계 경제의 탈탄소화 과제를 해결하는 광범위한 분야다.

벤처캐피탈도 기후 테크 주목

기후 테크에는 교통·물류, 농업·식량·토지이용, 에너지·전력 등 여러 다양한 분야에서 지구 온난화를 일으키는 탄소를 감축하거나 흡수하는 '완화(mitigation)', 기후변화로 인해 달라진 환경에서 살아가도록 돕는 '적응(adaptation)' 기술로 나누어진다. 또한 기

후 및 지구 데이터를 생성 및 분석하는 것은 물론 기업에서 적절한 회계 처리와 공시를 통해 투명성을 높이는 등 탄소 배출량 관리를 위한 다양하고 광범위한 활동도 수반된다.

예를 들어 기후변화로 해수면이 상승하는 상황에서 해안가 저지대에 사는 사람들을 돕는 기술이 있다면 그건 적응의 영역이다. 이런 측면에서 기후 테크의 범위는 광범위하다. 사실상 인간의 모든 활동과 모든 산업이 탄소를 배출하기 때문에 기후 테크는 결국 산업과 사회, 사람들의 일상 전반에 걸친 설루션을 호출하게 된다. 따라서 필연적으로 거대한 시장이 형성될 수밖에 없다. 기업의 입장에서는 큰 시장이 열리고 있다는 게 가시권에 들어왔으니 적극적으로 투자하게 되는 것이다.

벤처캐피탈들도 기후 테크를 주목하며 거대한 투자 기회로 보고 있다. 세계에서 가장 큰 자산 운용사인 블랙록은 투자 전략의 핵심으로 기후 위기를 꼽았고, 국내에서도 카이스트와 MIT 연구진이 설립한 에너지저장장치(ESS) 특화 딥테크 기업 스탠더드에너지가 소프트뱅크벤처스로부터 100억 원을 투자 받은 바 있다.

글로벌 시장조사 플랫폼인 피치북(PitchBook)에 따르면, 2020년 전 세계 기후 테크 분야 투자금은 약 160억 달러. 8년 전인 2012년(약 10억 달러)보다 16배 증가했다. 사회문제를 해결하는 비즈니스에 돈을 투자하는 '임팩트 투자'가 기후 테크 산업을 이끌고 있다.

미 캘리포니아 프레몽에 있는 테슬라 생산 공장에서 모델S와 함께 서있는 일론 머스크.
ⓒ Wikipedia

물로 비료를 개발한 '인디고 애그리컬처'는 기후 테크를 대표하는 기업으로 지속가능성과 수익을 동시에 만족시키며 유니콘 기업으로 성장했다. 기후 테크 스타트업은 인공지능, 머신러닝, 클라우드, 드론, 자율주행, 로봇 등의 신기술을 통해 기후 예측, 탄소 상쇄, 탄소 배출량 관리, 정밀 농업, 재생에너지와 스마트 그리드 등의 분야에 적용해 탈탄소화 과제를 해결한다.

기후 테크 벤처펀드 결성

국내에서도 2021년 700억 원대 글로벌 기후 테크 벤처펀드가 결성됐고, 국내 초기 기후 테크 스타트업을 육성하는 100억 원 규모의 투자조합도 설립됐다. 식물성 대체육 브랜드 '언리미트'의 지구인컴퍼니, 바나듐 레독스 흐름전지를 만드는 '에이치투', 국내 폐자원 수집 처리 기업 '리코', 풍력 발전량을 예측하는 '식스티헤르츠', 해조류 기반 배양육을 생산하는 '씨위드' 등이 기후 테크 소셜벤처로 관심으로 받으며 유니콘 기업으로 성장할 준비를 하고 있다.

기후 테크(C테크)가 앞으로 우리에게 '기회의 땅'이 될 전망이다. 매경미디어그룹이 맥킨지&컴퍼니와 함께 한국 C테크의 현주소를 진단하고 세계 시장 경쟁에서의 승리 공식을 제시하는 국민보고대회, '미래 부의 원천 C테크, 승리 외칠 열쇠 찾는다'에서 한국의 미래 성장 동력으로 C테크 육성을 제안했다.

맥킨지&컴퍼니 맥킨지글로벌연구소(MGI)에서 내놓은 「탄소중립 이행 보고서」는 선진국 가운데 탄소중립 전환 노출도가 가장 큰 국가로 한국을 꼽았다. 우리나라가 경제 규모에선 선진국 대열에 진입했지만, '탄소중립' 부문에선 불리한 위치에 있다고 한다. 고도성장 과정에서 고착된 탄소 다 배출 업종 위주의 산업·에너지 구조 때문이다.

바다 밑에 탄소 저장소 건설

기후 위기를 막기 위한 각국의 노력이 진행되는 가운데, 우리나라에서도 화석연료에서 배출되는 이산화탄소를 직접 포집해 저장하는 기술이 주목을 받고 있다. 2022년 5월 21일 탄소 포집 저장 기술 개발과 상용화를 위한 민관합동 K-CCUS 추진단에 따르면, '탄소 포집·저장 기술(CCS)'은 산업체가 화석연료를 사용하면서 발생시킨 이산화탄소를 포집한 뒤 육상이나 해양의 심부 지층에 저장하는 기술을 말한다.

탄소 포집은 산업체에서 이산화탄소를 포함하는 배기가스를 배출하기 전에 이산화탄소를 분리해 모으는 것이 핵심 기술이다. 전 세계적으로 다양한 방식으로 해당 기술 개발이 이뤄지고 있으며, 공기 중에서 직접 이산화탄소를 직접 포집(DAC) 하는 장비도 북미나 유럽 일부 국가에 이미 설치돼 운영되고 있다. CCS 기술은 기후 위기 시대 유망 기술 중 하나이고 한국 정부도 2050 탄소중립 시나리오를 통해 국내외 지층 속에 최대 6,000만 톤가량의 포집한 이산화탄소를 가두는 방법을 구상 중이다.

국내에서는 첫 CCS 사업으로 '동해 가스전'을 활용한 탄소 저장을 2025년부터 시작할 계획이다. 울산과 $60km$가량 떨어져 있는 해상에 있는 동해가스전은 1998년 한국석유공사가 시추에 성공한 한국 최초 가스 유전이다. 포집한 이산화탄소는 가스 생산이 종료되어 고갈된 저류층(원유나 천연가스 모여 있는 층)에 주입해 가두게 된다. 가스전 저류층은 시추를 해야 가스가 뽑혀 나올 정도로 누출 경로가 없고 안전하게 탄소를 가둘 수 있는 곳으로 평가받는다.

산업통상자원부는 산업단지가 밀집한 동남권(포항, 울산, 부산 등) 지역에서 발생하는 이산화탄소를 포집해 해저 배관을 통해 동해 가스전으로 보낸 뒤, 연간 40만 톤씩 30년간 총 1200만 톤을 저장한다는 계획이다. 국내 바다에는 현재 동해 가스전 외에도 탄소 유망 저장소로 평가받는 곳이 여러 곳 있다.

대표적인 유망 저장소 분포 지역은 서해 군산 분지와 동해 울릉분지로서 산업통상자원부와 해양수산부는 지난 10여 년간의 연구 결과를 기초로 두 지역에 각각 5.4억 톤, 1.93억 톤 등 총 7.3억 톤을 저장할 수 있을 것으로 예측하고 있다. 이 두 지역 외에도 남해 대륙붕 현무암 대지, 제주 동편 저장소와 울릉 분지 사면 저장소 등 일부 저장소의 추가 개발 가능성도 있는 상태다.

전문가들은 기술 개발을 통해 탄소 저장 효율이 높아지면 국내 대륙붕 저장소에서 모두 2.3억 톤의 저장이 추가로 가능해 최대 11.6억 톤까지 저장할 수 있을 것으로 예측한다. 현재 미국 에너지부 제시 저장 효율은 1.2~4.1% 수준인데, 국내 저장소 평가에 사용된 저장 효율은 약 2.5%여서 효율 향상을 통해 저장량을 증진하면 현재의 평가보다 더 저장할 수 있는 가능성도 있다. K-CCUS 추진단은 "국내 대륙붕에 대한 종합적인 탐사와 더불어 해외 저장소를 활용하는 방법을 동시에 추진해 CCS 기술을 활용한 온실가스 감축을 더 적극적으로 추진할 필요가 있다"고 말했다.

미국 아칸소주에서 운영되고 있는 원전. 미국 에너지부는 2022년 2월 60억 달러(약 7조1,988억 원) 규모의 원자력 발전소 운영지원 계획을 내놨다. 원전을 통해 조 바이든 미 행정부가 제1 목표로 꼽고 있는 기후변화 대응에 동참하겠다는 것이다. ⓒ Wikipedia

한국 탄소배출 세계 10위권

한국은 2019년 기준 세계 이산화탄소 배출량의 약 1.4%를 차지해 상위 10위권 명단에 이름을 올렸다. 한국은 중국, 미국, 인도, 러시아 등 최상위권 국가들에 비해 절대적인 배출량은 적다. 하지만 1인당 배출량이 매우 많다. 한국의 연간 1인당 이산화탄소 배출량은 세계 평균치(7.3톤)의 두 배가 넘는 15.5톤이었다. 미국(약 19톤)보다는 적지만, 일본(10톤)이나 중국(9톤)에 비하면 확연히 많다.

아울러 맥킨지&컴퍼니에 따르면 2030년 C테크 시장은 9,000조 원에 달할 것으로 전망된다. 2050년까지 탄소중립을 위한 에너지 전환·인프라스트럭처에 들어가는 비용은 세계적으로 총 275조 달러(약 33경5,088조 원)에 달할 것으로 전망했다.

우리나라는 연구개발(R&D)에 연 100조 원을 투입하고 인적 자원도 풍부한 편이지만 기후 기술 수준은 미국 등 선진국에 뒤지고 있다. 2021년 11월 녹색기술센터(GTC) 조사 결과에 따르면, 한국의 기후 기술 수준은 미국의 80%, 양국 간 기술 격차는 3년이다. 유럽연합(EU)이 미국의 96%, 일본이 90% 수준이라고 한다. 이는 C테크 사업이 여러 부처에 나눠져 시너지 효과를 내지 못 내고 정책의 일관성도 떨어지고, 꼭 필요한 분야에 R&D나 기술에 예산이 배정되지 못하고 낭비되는 일도 적지 않기 때문이라고 한다.

녹색기술센터에 의하면, 2020년 연간 기준 한국의 C테크 투자액은 7조2,910억 원, 매출액은 168조6,850억 원 수준이다. 현 투자 규모를 유지만 하는 경우, 2030년 투자액은 10조8,110억 원, 매출액은 250조1,180억 원이 될 전망이다. 하지만 C테크 투자 규모를 30%(3조2,430억 원) 확대하면 매출이 75조350억 원 늘고, 일자리는 37만5,000개가 추가로 창출된다고 예측했다.

우리나라는 탄소 고배출 국가라는 점에서도 C테크 투자를 미룰 수 없다. 한국은 철강·석유화학 등 탄소 배출이 많은 제조업이 주력 산업이다. 연간 1인당 탄소 배출량은 15톤으로 세계 평균의 두 배가 넘는다. 각국이 탄소중립 일정에 맞춰 배출 규제를 강화하면 수출 의존도가 높은 한국은 큰 타격을 받게 된다. 탄소중립 전환을 위한 C테크 확보를 서두르지 않으면 성장은커녕 현상 유지도 힘들다.

또한 C테크는 기후 위기에 대응하면서 저성장을 극복할 수 있는 길이다. 고실업에 시달리는 우리나라의 돌파구도 될 수 있다. 따라서 정부와 기업 모두의 적극적 관심도 적극적인 노력이 필요하다. 우리나라가 C테크 선도국이 되기 위해서는 탄소중립 전환과 C테크 개발을 차기 정부의 핵심과제로 포함하고 이를 종합적으로 담당할 정부 조직의 기능조정도 필요하다. 미국 등 선진국과 원자력 분야 협력 강화를 포함한 C테크 동맹 체결도 필요하다.

기후 테크 시대의 새 투자처 팜유 산업

전 세계가 2050년까지 탄소중립을 목표로 기후 테크 산업에 몰두하는 가운데, 팜유산업이 기후 테크 산업의 중요한 투자처로 떠오르고 있다. 영국 런던 본사를 둔 다국적 컨설팅기업 '프라이스워터하우스쿠퍼스(이하 PwC)'는 기후 테크 주요 분야로, 이산화탄소를 많이 배출하는 에너지와 모빌리티·운송, 건설과 중공업 및 식품과 토지 사용 등 5가지로 분류하고 있다. 또 CCUS(탄소 포집 및 활용·저장 기술)와 기후·지구 데이터 작성에 대해서도 과제가 있는 분야라고 평가하고 있다.

기후 테크의 예로 대체 연료, 전기자동차와 고속충전소 개발, 건물의 고효율 조명과 고효율 공조 에어컨, 에너지·자원 효율이 높은 제조 프로세스, 대체육 등 대체 식품과 정밀농업 등을 들 수 있다. 정밀농업은 농지·농작물의 상태를 잘 관찰해 세밀하게 제어함으로써 이듬해 계획을 세우는 일련의 농업관리 기법으로 농작물의 수량 및 품질 향상을 목표로 한다.

PwC의 분석에 따르면, 벤처캐피털은 기후 테크에 과거 7년간(2014~2019년) 600억 달러(약 72조6,900억 원)를 투자해 투자액이 3,750% 이상 증가했다. 기후 테크 관련 스타트업은 현재 1,200개 사로, 2019년에 벤처캐피털은 160억 달러(약 19조3,840억 원)를 기후 테크 거래에 투자했다. 이는 전 세계 연간 벤처캐피털 자금 조달의 약 6%에 이른다.

기후 테크가 성장한 요인으로서 PwC는 다음 7가지를 들고 있다. 첫째, 기술과 인프라다. 신재생 에너지 발전 및 배터리 제조에 관한 저탄소 기술이 훨씬 저렴하고 널리 이용될 수 있게 됐다. 둘째, 자금 조달과 투자자가 늘면서 많은 투자 자금을 사용할 수 있게 됐다. 셋째, 정책과 프로세스 측면에서 전 세계 120개 국가 정부가 경제의 탈탄소화를 표명하고 있으며, 지출과 정책 조치를 계획하고 있다.

넷째, 질(質) 높은 창설자나 재능을 가진 사람이 기후 테크에 관여하고 있다. 다섯째, 기업 수요가 늘고 있다. 기업의 야심·행동이 가속화되고 있으며, 약 300개 글로벌 기업이 탄소 중립의 달성을 발표하고 있다. 더욱 광범위하고 구체적인 환경·사회·ESG

의 목표가 증가하고 있다. 참고로 ESG는 'Environment', 'Social', 'Governance'의 머리글자를 딴 단어로, 기업 활동에 친환경, 사회적 책임 경영, 지배구조 개선 등 투명 경영을 고려해야 지속 가능한 발전을 할 수 있다는 철학을 담고 있다. ESG는 개별 기업을 넘어 자본시장과 한 국가의 성패를 가를 키워드로 부상하고 있다. 여섯째, 소비자 수요가 늘고 있다. 고품질 저탄소 제품과 서비스는 미국에 본사를 둔 테슬라나 Nest(현 Google Nest) 등 주목받는 기업을 만들어냈다. 일곱째, 영감을 얻은 창업자들이 늘고 있다. 많은 스타트업의 성공이 기후변화의 과제를 해결하기 위해 많은 창업자를 자극하고 있다.

기후 테크의 전망

PwCs는 앞으로 10년 간 기후 테크는 주요 투자처가 되어 기업 전망에 큰 영향을 미칠 것이라고 예측했다. 그 이유는 2010년대 후반에 기후 테크의 대폭적인 성장과 경제의 여러 분야에 걸친 새로운 혁신 설루션이 필요하게 됐다는 점이다.

실제로 마이크로소프트나 아마존, 유니레버, 이케아 등을 비롯해 현재 약 300개 기업이 2050년 이전의 탄소중립 달성을 선언하고 있으며, 향후 기후 테크를 개척하는 기업의 수요가 더욱 높아질 것으로 보인다. 하지만 PwC는 2050년까지 탄소중립 경제를 달성하기까지는 아직 멀었다고 보고 있으며, 그 실현에 있어서 아래 3가지의 수행을 권장하고 있다.

한국 정부는 2021년 10월 '탄소 중립 최종 청사진'을 내놨다. 2050년까지 탄소 배출을 '넷 제로(Net-zero:탄소 배출량이 흡수량과 같거나 적어 순배출이 0인 상태)'로 만들고, 2030년까지 온실가스를 2018년 총 배출량 대비 40% 줄인다는 것이다. 전문가는 정부가 탄소 중립을 위해 "가장 세고 빠른" 길을 택했다며, 에너지와 산업계 부담이 커질 수 있다고 우려했다.

정부는 2021년 10월 18일 탄소중립녹색성장위원회(이하 탄중위) 제2차 전체회의를 열고 '2050 탄소 중립 시나리오'와 '국가 온실가스 감축 목표(NDC)' 상향 안을 최종 심의·의결했다. NDC 수정안은 2021년 발표한 시나리오 중에서 가장 강력한 안(案)으로, 2021년 11월 초 제26차 유엔기후변화협약 당사국 총회(COP26)에서 발표 후 국가연합(UN)에도 제출했다. NDC 안은 국제기구에 제출하기 때문에 일부 구속력을 가진다. 탄소 중립 시나리오는 강제성은 없으나, 향후 정부는 구체적 이행 계획을 법제화할 예정이라고 한다.

탄소 중립 중간 계획이라고 할 수 있는 NDC는 기존 26.3% 감축(2018년 대비)에서 40% 감축으로 '속도'를 대폭 높였다. NDC 수정안 대로면 2030년까지 한국 연평균 온실가스 감축률은 4.17%다. 주요국인 일본(3.56%), 미국과 영국(2.81%), 유럽연합(1.98%)보다도 높다.

발등에 불 떨어진 에너지 업계

당장 발등에 불이 떨어진 것은 에너지 업계다. 탄중위안(案)대로면 2021년 전체 설비 용량의 60.4%를 차지하는 석탄과 LNG 발전 대부분을 신재생에너지로 채워야 한다. 신재생에너지는 설비뿐 아니라 용지·에너지 저장장치 등 부대 비용이 추가로 들어 막대한 돈이 필요하다. 탄중위는 정확한 에너지 전환 비용을 밝히진 않았다. 하지만 탈원전 정책을 유지하면서 신재생에너지를 확대하면 2050년까지 설비 투자비만 약 1,394조 원에 필요한 것으로 전문가들은 분석했다.

이런 비용은 전기 요금 인상으로 이어질 공산이 크다. 탄중위도 "장기적으로 탄소 비용(온실가스 배출로 인한 피해 비용)을 발전 원가에 100% 반영하고, 연료비와 함께 전기 요금에도 반영해야 한다"고 제언했다. 제조업 부담도 문제다. 탄중위는 최종안에서 2050년 산업 분야 탄소 배출량을 8월 발표했던 초안(5,310만 톤CO2eq)보다도 소폭 축소한 5,110만 톤CO2eq으로 제시했다. 특히 탄소 배출량이 많은 철강(95%)·시멘트(53%)·석유화학 및 정유(73%)는 물론 반도체·디스플레이(78%) 등 전력 다소비 업종도 2018년 대비 2050년까지 배출량 대부분을 줄여야 한다.

이들 업종이 탄소를 감축하기 위해선 기존 공정 자체를 바꿔야 해 비용이 더 든다. 한국석유화학협회 자료에 따르면, 2050년 업계 예상 탄소 배출량(1억1,006만8,000톤CO2eq)을 모두 감축하기 위해 최대 270조원이 필요했다. 한국철강협회도 대표적 탄소 저감 기술인 수소환원제철(석탄이 아닌 수소로 철광석 녹이는 기술) 적용에만 109조4,000억 원이 든다고 추산했다.

비용뿐 아니라 탄소 중립을 실현할 '방법' 확보도 난관이다. 탄중위는 수소환원제철·CCUS와 같은 기술 확보를 탄소 감축 방법으로 제시했다. 하지만 이런 기술은 2050년까지 상용화가 가능할지 미지수라는 게 업계 평가다. 실제 탄소 중립 위해 필요한 기술로 평가받는 CCUS는 국내에서는 아직 기초 연구 단계에 머물고 있다. CCUS는 석유화학·철강·시멘트 공정 과정에서 배출하는 이산화탄소가 공기 중으로 방출되는 것을 막고, 이를 모아 따로 저장하거나 다른 물질로 재활용하는 기술이다. 철강업계가 2040년 확보를 목표로 개발 중인 수소환원제철 기술은 아직 상용화를 시킨 나라가 없다.

실제 산업통상자원부·과학기술정보통신부 소관 연구기관의 탄소 중립 연구·개발(R&D) 현황을 분석해 보면, 전체 과제 2,488건 중 77.8%(1934건)가 경제적 성과를 거두는 데 실패한 것으로 나타났다. R&D 기술 성숙도를 판별하는 기준인 TRL(Technology Readiness Level) 지표로도 양산 단계인 'TRL 9'에 해당하는 기술은 전체 2.1%(57건)에 불과했다.

만약 기술을 확보하지 못하면 막대한 비용을 들여 탄소배출권을 구매하거나 아예 사업 자체를 이어 가지 못할 수도 있다. 생산량 자체를 줄이거나 신규 투자를 미뤄야 하는 악순환에 직면할 수 있다. 유승훈 서울과학기술대학교 에너지 정책학과 교수는 "미국과 유럽은 기술 확보 어려움에 탄소 감축 속도를 초반엔 천천히 가고 2050년에 가까워질수록 높이는 방식을 택하고 있다"면서 "정작 정부는 기술도 없는데 속도만 높이는데 결국 다음 정부에 숙제를 떠넘기는 꼴"이라고 했다.

32.
팜유 산업의 지속가능성

　동서양을 막론하고 사람들이 21세기에 직면한 가장 큰 도전 중의 하나는 지속 가능한 세계를 조성하는 일이다. 세계적으로 팜유 산업계에서는 2000년대 초부터 강력하게 지속가능성을 추구하였고, 그 결과로 2004년에 RSPO가 설립이 됐다. 말레이시아는 지금은 긍정적인 결과를 얻고 있는 셈이다. 말레이시아 팜유 산업은 지속 가능한 가장 우수한 실천과 환경보호의 최선봉에 서 있는 산업 중의 하나라고 할 수 있다.

　세계 CPO 생산량의 3% 이상을 담당하고 있고, 약 50만 헥타르 이상의 팜유 농장을 말레이시아, 인도네시아, 솔로몬 및 파푸아뉴기니아까지 소유하고 있는 사임 다비 플랜테이션의 경우, 모든 팜유 공장이 RSPO 인증을 받은 기업이다. 사임다비 플랜테이션은 한국 여성 프로 골퍼들이 수차례 우승하면서 이미 한국에도 많이 알려져 있는 사임다비 LPGA 대회를 수년간 주최한 적이 있는 말레이시아의 대표적 팜유 기업이다.

다음 장에 좀 더 상세하게 소개하겠지만, 사임다비 플랜테이션은 환경보호 향상의 공고를 인정받아 유엔의 'Global 500인 명예상'(UNEP's Global 500 Roll of Honour Award)을 받은 바 있다. 1987년 유엔환경프로그램(UNEP, The United Nations Environment Programme)은 '지구 500인 명예상'을 설립해 전 세계적으로 환경보호에 큰 업적을 남긴 개인이나 기구를 시상하기 시작했다. UNEP는 이 상을 2003년까지 지속해 오다 2005년부터 '지구 챔피언'(Champions of the Earth)이라는 상으로 바꿔 시행하고 있다.

이것은 팜유 산업이 환경친화적이고 지속가능한 산업으로 증명이 된 실제적 사례로 볼 수 있다. 그리고 팜유 산업의 지속가능성을 발견하기 위해 세계자연기금(WWF)과 '기근 구제를 위한 옥스포드 위원회'(Oxfam, Oxford Committee for Famine Relief)와 같은 환경과 사회개발 NGO들, 그리고 네슬레 경쟁사인 유니레버(Unilever)와 영국 대형 유통업체인 세인즈버리(Sainsbury) 같은 국제적 제조업자들과 판매업자들 및 투자은행들과 같이 협력해서 노력하고 있는 것이다.

환경친화적 팜유 나무

팜유는 인간에게 수천 년 동안 주요한 자양물이 됐다. 오늘날, 팜유는 메이저 기름 종자들 중 가장 큰 많은 양의 식용유를 제공하고, 수억 명의 하루 영양분과 식사를 책임지는 중요한 역할을 한다. 지속적인 연구개발 노력으로 투입량을 줄이고 수확량을 향상했고, 최소한의 토지 사용으로 최대한의 생산을 이끌어내 팜유를 세계에서 가장 생산성이 높은 기름으로 만들었다.

세계에서 가장 널리 사용되는 식물성 기름인 팜유는 175개국에 30억 명이 넘는 소비자들 일상생활에 중대한 역할을 한다. 팜유에 대한 수요는 전 세계적으로 증가하고 있다. 미국 경제부와 복지부가 발표한 최근 조사를 보면, 세계 인구는 2050년까지 90억 명까지 늘어날 것이라는 전망이다. 2050년까지 꾸준히 증가하는 수요를 충족하기 위해서는 팜유가 지금보다 75% 더 증산이 이뤄져야 한다. 이러한 수요 증가에 맞춰 세계 팜유 생산량의 85% 이상을 차지하는 인도네시아와 말레이시아 팜유 산업은 환경적 지속성과 야생 보존이 보장되게끔 절차를 밟아나가야만 할 것이다.

말레이시아 정부는 식재된 경작면적 안에서 더욱 많은 팜유를 생산하는 것이 경작지를 늘리는 것보다 식품안전과 친환경을 위해 더 중요하다고 생각하고 있다.

전 세계적으로 팜유 경작지는 기름을 짤 수 있는 식물종자(oil seed) 경작지의 6%에 불과하고, 전 세계 농업지구의 0.5%(2400만 헥타르)를 차지하고 있을 뿐이다. 그런데 팜유는 전 세계 식물유와 지방(脂肪) 생산량의 약 30%를 차지한다. 팜유는 전체 생산량 대비 상당히 적은 양의 비료, 살충제, 연료만 필요로 한다. 때문에 증가하는 팜유에 대한 수요를 충족시키면서도 환경을 위해서도 이상적인 작물인 셈이다.

　팜유 나무는 생애 주기가 25년이 넘는 다년생(perennial) 식물이다. 높은 키의 팜유 나무는 1년 내내 녹색 덮개 역할을 제공하고, 작물을 효율적인 탄소고정(Carbon Sequester)으로 만들어 준다. 또 팜유 나무는 이산화탄소 흡수계(Carbon Sink, 지구 온난화를 줄이는 데 도움이 되는 넓은 삼림 지대) 역할을 한다.

　지구온난화는 전 세계 공통의 난제가 됐다. 지구온난화는 이산화탄소와 같은 온실 기체가 하늘로 올라가 지구를 둘러싸 이로 인해 바람에 대기의 열이 지구 밖으로 나가지 못해 지구의 평균 기온이 올라가는 현상을 뜻한다. 지구온난화의 주범 중 하나인 이산화탄소의 대기 중 농도가 갈수록 높아지고 있다. 세계기상기구(WMO)에 따르면, 2016년 관측한 대기 중 이산화탄소의 농도가 인류 역사상 최고치인 403.3ppm을 기록했다.

　이산화탄소가 많이 배출되면 어떤 문제가 생길까? 지구가 뜨거워져 수온이 상승할 뿐 아니라 바다의 해수면이 높아져 해안 저지대 지역은 침수 피해를 볼 수 있다. 우리나라는 이산화탄소가 늘어나는 것을 방지하기 위해 2020년 10월 '2020 탄소 중립'을 선언했다.

　보통 나무가 온실가스를 흡수한다고 알고 있지만, 갯벌 등 해양 생태계도 이런 기능을 할 수 있다. 최근 블루 카본(Blue Carbon)이 기후 변화의 새로운 대안으로 부상하며 주목받고 있다. 해양수산부에 따르면, 2021년부터 온실가스 흡수에 갯벌 식물을 활용하는 블루카본 확대에 나섰다. 이산화탄소를 줄인다고 하면 나무를 심어 숲을 조성하는 것을 가장 먼저 생각할 것이다. 그런데 숲 말고도 해양생태계가 온실가스를 줄일 수 있는 새로운 방안이 된다는 사실이다. 이를 블루 카본이라고 한다. 블루 카본은 어패류, 잘피, 염생식물 등 바닷가에 서식하는 생물뿐 아니라 갯벌 등 해양생태계가 흡수하는 탄소를 뜻한다.

푸른 숲의 울창한 나무가 이산화탄소를 흡수하는 것처럼 해양생태계도 이산화탄소를 흡수하고 저장하는 역할을 한다. 최근 블루 카본이 주목을 받는 이유가 있다. 유엔과 세계자연보전연맹(IUCN)에 따르면, 해양생태계의 온실가스 흡수 속도가 육지생태계보다 최대 50배나 빠르다.

제16차 유엔기후변화협약 당사국 회의에서 국제 연구기관과 단체들이 블루 카본에 대한 사업화 방안을 제시하기도 했다. 블루 카본이 우리나라뿐 아니라 세계 각국에서 크게 주목하고 있다는 방증이다. 우리나라는 블루 카본 잠재력이 높다. 삼면이 바다로 둘러싸여 다양한 잘피와 염생식물, 넓은 갯벌 등 풍부한 블루 카본 자원을 보유하고 있어서다.

특히, 갯벌이 주목받고 있다. 갯벌은 오염물질 정화와 수산물 생산, 다양한 생물의 서식처, 계절에 따라 대륙을 이동하는 철새의 쉼터 기능을 한다. 아울러 최근에는 아마존 숲과 더불어 지구의 허파로서 대기 중의 이산화탄소를 흡수·저장해 온실가스를 줄여주는 기능이 크게 부각되고 있다.

　해양 생태계는 나무를 통한 그린 카본보다 훨씬 많은 탄소를 더 빨리 흡수할 수 있다. 물속은 산소가 거의 없는 환경이기 때문에 박테리아가 산소 호흡을 하기 어렵다. 물속에 가라앉은 유기물은 이산화탄소로 분해되지 않은 채 곧바로 바닷속 흙에 묻힌다. 탄소가 대기 중으로 배출되지 않고 갯벌이나 바닷속 토양에 저장되는 것이다.

　무엇보다 우리나라의 갯벌은 세계 5대 갯벌에 속할 만큼 세계적으로 인정 받고 있다. 갯벌의 경제적 가치는 단위 면적(1km^2)당 63억 원 규모로 추산된다. 우리나라 전체 갯벌(2482km^2)은 연간 약 16조 원에 이르는 경제적 가치를 창출할 것으로 추정될 만큼 소중한 자원이다. 해수부가 폐염전과 폐양식장 등 훼손되고 방치된 갯벌을 생명이 살아 숨 쉬는 갯벌로 복원하기 위해 노력하는 배경이다.

　해수부와 해양환경공단은 블루카본과 염생식물, 잘피 숲 현장 조사 등을 진행하고 있다. 또 블루 카본과 관련된 학술대회를 진행하는 등 블루 카본을 체계적인 관리를 위해 노력 중이다. 해수부는 오는 2050년 68만 톤 이상의 온실가스를 흡수할 수 있도록 갯벌, 바다 숲 등 블루 카본을 확대할 예정이다. 50만 톤의 갯벌을 복원하기 위한 사업과 바다 숲 5만4,000헥타르 조성을 추진한다. 흡수량 산정 기법 등을 개발해 국제협력(IPCC)을 통해 국가 온실가스 흡수원으로 반영하는 것을 추진하기로 했다.

투발루의 해변. 현재 투발루는 지구 온난화로 인한 해수면 상승으로 수몰 위기에 처해있다.
ⓒ Wikipedia

이뿐 아니라 해수부는 2050년까지 연간 411만 톤 수준의 해양수산 온실가스 배출량을 절반 이상 감축하는 내용을 담은 로드맵도 마련했다. 탄소중립이란 탄소중립은 이산화탄소를 배출하는 만큼 이산화탄소를 흡수하는 대책을 세워 이산화탄소의 순 배출량을 0으로 만드는 개념이다. 어업은 배출량의 37.5% 이상의 감축을 목표로 친환경 어선 개발과 전환 등 구체적인 방안을 올 하반기 중 마련할 계획이다. 해운은 올해 31척을 시작으로 2030년까지 528척을 저탄소 선박으로 전환하고, 2050년에는 무탄소 선박을 완전 상용화해 배출량의 75% 이상을 감축할 예정이다.

팜유 나무는 '그린 캐노피'

팜유 나무는 지구 대기로부터 많은 양의 이산화탄소를 흡수할 수 있어 지구 온난화를 줄일 수 있다. 인도네시아 19억 그루 그리고 말레이시아에서는 8억 그루가 넘는 팜유 나무들이 '그린 캐노피' 역할을 하고 있기에 유해한 온실가스를 흡수하므로 크고 효과적인 이산화탄소 흡수계(Carbon Sink)를 형성하고 있다.

팜유는 세계 최초 지속성이 있는 식물성 오일로 인증됐다. 지속성은 모두에게 좋은 영향을 준다. 생산력 면에서 팜유 나무의 장점에 대적할 식물이 없지만, 팜유 나무의 지속 가능한 재배가 환경에 더욱 중요해지고 있기 때문에, 이러한 도전들을 슬기롭게 극복해야 할 것이다. 말레이시아는 환경보호와 종(種) 보존에 강한 기록들을 갖고 있다. 말레이시아는 줄잡아 국토의 50%를 숲으로 보존하려고 한다. 실제로 2020년 현재 56%가 밀림 숲으로 보전 중이다. 2013년 말레이시아 정부에서 공표한 지속 가능한 팜유 인증(MSPO, Malaysian Sustainable Palm Oil) 자격 표준은 수천 명의 소규모 팜유 농가가 정식으로 지속 가능한 팜유 생산자로 임명될 수 있도록 해주었다.

산림을 불태우지 않는다

새로운 팜유 나무를 식재하기 위해 땅을 정지(整地) 하기 위한 전통적인 방법은 고무나무나 팜유 나무를 벌채하거나 이전 작물을 소각(燒却, 불에 태워버림)하는 것이다. 이러한 소각작업은 오늘날 말레이시아와 인도네시아에서는 강력한 법으로 금지돼 있어서 공기오염을 상당히 경감시키고 온실효과 가스 배출을 줄일 수 있다. 참고로 말레이시아에서는 1985년부터 법 제정이 되어 있다. 물론, 강력한 법 시행이 되기까지 시간은 좀 걸렸다. 그러나 6~7년 전까지만 해도 싱가포르와 말레이시아를 강타했던 헤이즈가 최근에 거의 없어졌다. 싱가포르, 말레이시아 그리고 인도네시아 3국이 적극 공조해 우리나라의 '중대 재해 처벌법'처럼 실질 경영 책임자에게 의무를 부과하자 이젠 거의 인재(人災)로 인한 헤이즈는 거의 사라진 것이다.

팜유 나무의 재식 과정에서 '무(無) 소각작업'은 오래된 나무들을 벌채하여서 잘게 찢고, 분말로 만들거나 짧게 잘라서 쌓아 올리는 것을 의미한다. 이 과정은 바이오매스(bio-mass, 생물량)를 재활용시키고, 토양의 유기체와 비옥도를 증가시키며, 비(非) 유기 비료의 사용을 줄일 수 있다. 놀랍게도 이러한 방법으로 헥타르당 100톤의 유기체를 재활용시킬 수 있다.

콩과 식물(Covercrop)은 공기로부터 질소를 고정시켜서 특수 박테리아와 공생관계를 통해 식물이 사용할 수 있는 형태로 전환시킨다. 이러한 콩과 식물은 새롭게 정지된 땅을 보호하고, 토양 침식을 방지하는 역할을 한다. 새로 식재한 팜유 나무가 아직 어릴 때 새로 정지된 토양에는 햇빛을 좋아하는 식물을 심어서 토양 표면을 빠르게 덮게 하는 방법을 사용한다. 이렇게 하면 팜유 나무가 자라면서 그늘에서도 잘 자라는 식물에게 길을 열어주게 된다.

　　팜유 나무를 식재하는 사람들은 EFB로 팜유 나무의 뿌리를 덮고, 잘라낸 팜유 나뭇잎을 나무들 사이의 바닥에 정돈하며, 가파른 구릉지는 단지(段地)를 만들어서 땅의 영양소와 습기를 재활용하며 보존하고자 한다. 토지 활용을 최적화하기 위하여 성장한 팜유 나무 지역에서 가축을 방목하여 사육하며, 아직 덜 자란 팜유 나무 사이로 파인애플을 비롯하여 생강, 칠리 고추(Chili Pepper)와 바나나 같은 현금 작물을 심기도 한다.

　　팜유 나무는 심각한 충(蟲)이나 병해(病害)가 거의 없기 때문에 말레이시아 식재농업에서는 극소량의 농약이 사용되고 있다. 팜유 나무 농장 면적의 겨우 1% 정도에만 농약이 매년 사용되고 있을 뿐이다. 팜유 나무의 무서운 해충은 잎을 뜯어먹는 장수풍뎅이다. 팜유 나무 재배자들은 이 장수풍뎅이를 잡기 위해 화학 유인제를 사용하는 덫을 이용해서 잡거나 이 장수풍뎅이에게 병을 전염시키거나 죽이는 메타리지움(Metarhizium)이라는 곰팡이를 팜유 나무 농장에다 살포해 박멸함으로써 환경이나 다른 생물체에 해를 끼치지 않는 방법을 사용한다. 팜유 나무 열매를 먹는 쥐를 통제하기 위해 생물학적 컨트롤 기법의 하나로 팜유 나무 농장에 올빼미 집(Barn Owl)을 만드는 것이다. 흥미롭게도 올빼미들은 들쥐들을 먹이로 하기 때문이다.

33.
RSPO(팜유) vs RTRS(대두유)

콩, 축산업 다음으로 산림벌채 '주범'

독자들의 이해를 구하기 위해 잠시 대두유에 대해 알아보기로 하자. 콩은 중국에서 유래했다고 한다. 2600여 년 전부터 중국인은 콩으로 두부를 만들었다고 전해진다. 중국인의 일상생활과 콩은 밀접하다. 당연히 중국은 전 세계에서 콩을 가장 많이 소비하는 국가다. 특히 중국에서 빠르게 성장하는 축산업은 사료용 단백질 공급원이 필요했다. 여기에 7,680만 톤 이상의 대두가 사용되고 있는 것이다.

원래 주요 단백질원은 주로 어분(魚粉)에서 나왔다고 한다. 그런데 어분의 생산량이 제한적이다 보니 늘어나는 단백질 수요를 감당하지 못했고, 결국 콩으로 대체됐다. 콩과 옥수수는 모두 사료 생산의 핵심 원료다. 전분(澱粉·녹말)의 공급원인 옥수수는 다른 주요 작물로 대체할 수 있지만, 단백질 공급원으로서 콩에 대한 대안 작물이 없다 보니 콩은 세계에서 가장 수요가 많고, 동시에 가장 논란이 많은 작물이 됐다. 하지만 콩의 부정적인 측면을 다루는 언론 기사가 팜유에 비해 거의 없는 편이다.

2021년 전 세계적으로 3억6,200만 톤의 대두가 생산됐다. 이는 1994년에 비해 46% 증가한 수치라고 한다. 특히 브라질은 현재 3,830만 헥타르의 면적에서 콩을 재배하고 있는데, 이는 2000년 이후 연평균 13% 증가한 수치다. 콩의 재배 지역이 크게 증가하자 남아메리카의 열대 식물 지역이 급격히 콩 재배로 인해 파괴되기 시작했다.

전 세계에서 축산업 다음으로 삼림 벌채를 많이 하는 작물은 콩이다. 미국의 북부 대평원에서 브라질의 아마존에 이르기까지 더 많은 콩 생산을 위한 공간 확보를 위해 숲, 초원 및 습지가 불 질러지고, 트랙터에 의해 파괴되고 있는 것이다. 특히 유럽 대륙의 절반 크기인 브라질, 아르헨티나, 파라과이, 볼리비아를 가로지르는 남미 최대의 사바나 지역 세라도(Cerrado)가 그렇다.

3,500종 이상의 조류와 220종의 파충류와 양서류 그리고 150종 이상의 포유류가 서식하고 있는 남 차코(Chaco)도 콩 재배지의 확대로 커다란 위험에 처하기는 마찬가지다. 세계 인구가 증가하고 소득이 늘어남에 따라 육류 소비가 기하급수적으로 늘고, 이에 따라 가축 사료의 수요가 증가하면서 콩 생산 재배지 확대에 따른 환경 파괴는 더욱 심각해질 것으로 전망된다.

팜유 인증기관 VS. 대두유 인증기관

2006년 11월, 전 세계적으로 지속 가능한 콩(대두) 생산 촉진을 목표로 지속 가능한 대두유위원회(RTRS, Round Table on Responsible Soy)이 설립됐다. 2010년 제정한 최초의 RTRS 표준은 '사회적으로 공평하고, 경제적으로 실현 가능하며, 환경적으로 건전한 콩 생산을 보장하자'는 것이었고, 이 표준은 2011년 남미 업체에서 최초로 인증을 받았다. 2012년 글로벌 인증 제도가 시작돼 2020년까지 계속됐으나 현재 168개의 회원사만 존재하는 초라한 단체에 머물러 있다. 참고로 유사한 협회인 지속 가능한 팜유위원회인 RSPO는 2007년 첫 번째 원칙과 기준을 만들고, 2008년부터 팜유 인증 사업을 시작했다. RSPO는 현재 4,000개 이상의 회원사를 보유하고 있다.

RSPO와 RTRS(대두유 인증기관) 두 기관을 들여다보면 정말 대두유는 팜유보다 지속 가능한 생산에 있어 덜 적극적이란 것을 이러한 수치로 단번에 알 수 있다. 아무래도 팜유가 더 광범위하게 전 세계에서 사용되는 기름이다 보니 더 제한도 많고, 더 높은 수준의 인증을 요구받는 것일지도 모른다. 2019년 RTRS는 전 세계 대두 생산량의 약 4%인 400만 톤을 인증하는 데 그쳤으나, RSPO는 전 세계 생산량의 약 19%에 해당하는 1,717만 톤의 팜유를 인증했다. RSPO는 RTRS보다 2년 먼저 지속 가능한 인증 사업을 시작했으며, 이해 당사자들의 적극적인 참여로 RTRS보다 활발한 사업 활동을 보이고 있다. 두 조직 모두 현재 삼림 벌채와 싸우기 위해 노력을 공통으로 하고 있다. RTRS도 RSPO의 활동을 본보기로 삼아 보다 적극적으로 인증사업에 참여해야 할 것이다.

RSPO

최근 몇 년 동안 선진국, 특히 유럽연합(EU) 시장에서 인증된 지속 가능한 팜오일(CSPO)에 대한 수요가 증가 추세를 보이고 있다. 이러한 추세는 중국과 인도와 같은 대형 팜유 수출 시장으로 확대될 것이 예측되면서 RSPO의 중요성이 더 부각되기 시작했다. RSPO는 'Roundtable on Sustainable Palm Oil'의 약자로, 말 그대로 2004년에 설립된 지속 가능한 팜유를 생산을 위한 협의체다.

RSPO는 팜유 생산자, 팜유 가공업자, 트레이더, 소비재 제조업체, 유통업자, 은행 및 투자자, 환경단체 및 비정부기구 등 팜유 산업의 7개 부문 이해관계자를 통합하는 비영리 단체. RSPO는 ▲윤리적이고 투명한 행동 ▲합법적으로 운영하고 권리 존중 ▲생산성, 효율성, 긍정적인 영향 및 탄력성 최적화 ▲지역 회사에 복지 제공 및 인권 존중 ▲소농 지원 ▲노동자의 권리 보장 ▲생태계와 환경 보존 등 7가지 기준을 정해 팜유 생산으로 인한 환경 및 지역 사회에 미치는 부정적인 영향을 최소화하는 노력을 기울이고 있다.

2021년 현재 약 4,000개 이상의 회사가 회원으로 가입이 돼 있고, 세계 팜유 생산의 19%, 즉 1,717만 톤 가량의 RSPO 인증 제품이 생산되고 있다. RSPO 규정에 따라 생산된 제품은 '인증서'를 제품에 표시하게 된다. 우리나라는 팜유가 다른 국가처럼 식용유보다는 라면이나 화장품 등 팜유나 팜유의 올레오케미컬 제품에 많이 사용되다 보니 RSPO 인증 마크가 붙은 제품을 찾아보기 어렵다.

기업의 지속 가능한 팜유 소비 전환은 시급한 문제이다. 우리나라에서도 팜유 시장이 계속 성장하고 있어 팜유 시장의 투명성 확보와 기업들의 지속 가능한 팜유 생산 전환, 지속 가능하도록 생산된 팜유 사용을 확대하기 위한 다양한 활동을 전개해 나갈 필요가 있다.

말레이시아의 MSPO

국제 인증인 RSPO 외에 말레이시아의 MSPO(Malaysia Sustainable Palm Oil) 그리고 인도네시아의 ISPO(Indonesia Sustainable Palm Oil) 등 독자적인 인증 제도가 있다. 참고로 말레이시아 지속 가능한 팜유(MSPO)는 말레이시아 법률 및 비준된 국제 협약을 준수하는 업체에 부여하는 인증서로, 한 번 받으면 5년간 유효하다. 이 표준은 원자재에서 소비자로의 운송에 이르기까지 공급망 전반에 걸친 생산에 대한 지속 가능성 요구 사항을 설명하고, 소농이 관리 시스템 프레임워크 내에서 운영 관행을 수립, 유지 및 개선할 수 있게 해 팜유의 지속 가능한 생산을 달성하도록 한다. 정부는 소농들의 인증서 취득을 위해 자금을 지원하고 있다. 참고로 약 1,000헥타르 규모의 팜유 농장의 경우, 비용은 약 1,600만 원이 넘는다(출처: RS Eco Palm).

대기업이 경영하는 대형 팜유 농장들과 달리 말레이시아나 인도네시아는 소농들이 많다. 전체 팜유 생산의 40% 이상이 소농이다. 특히 인도네시아의 소농 인구는 1,800만 명에 이른다. 이러한 소농들은 현실적으로 RSPO와 같은 지속 가능성 표준을 지키기가 매우 어렵다. 실제로 2018년 6월 EU에서 열대 우림 훼손 등을 이유로 바이오디젤 원료에서 팜유를 퇴출한다고 의결하면서 팜유 가격이 직격탄을 맞아 팜유에 의존하는 소농들이 큰 어려움을 겪었다. 당시 인도네시아 루훗 해양부 장관은 "EU가 팜유보다 10배 이상 토지가 필요한 대두유를 바이오디젤 연료로 받아들인 것은 명백한 차별이자 이중잣대"라면서 EU에 무역 보복을 경고하기도 했다. 참고로 당시에는 미중 무역 전쟁으로 인해 대두유 수출이 막혀 있을 때였다.

그렇다면 삼림 벌채가 없는 팜유를 어떻게 인증하고 어떤 방식으로 원산지 확인이 가능할까. 팜유의 원자재 검증은 FFB를 수확할 때, RSPO 인증을 받은 팜유 농장에서 생산된 FFB와 그렇지 않은 팜유 농장에서 재배된 FFB가 혼합되는, 팜유 농장에서 CPO Mill까지의 단계다.

유니레버사는 팜유, 종이, 차, 콩, 코코아 등 자사의 상품 공급망에 '제로 삼림 벌채'를 달성하기 위해 많은 노력을 기울이고 있다. 특히, 유니레버의 팜유 생산량은 연간 18만 톤에 이르는데, 팜유와 같이 길고 복잡한 공급망을 실시간으로 추적, 검증 및 보고하기 위해 독일의 소프트웨어 회사인 SAP사의 블록체인을 이용한 설루션을 통해 관리한다. 즉, CPO Mill 측은 구매한 FFB의 비율을 토대로 원산지에서 최종 소비자 제품으로 추적할 수 있도록 했다. 이로써 유니레버는 팜유 업계에서는 막대한 자금을 필요로 하는 인증에 블록체인 기술을 활용하고 있다.

참고로 블록체인은 향후 더 많은 산업 영역에 적용되며 영향력이 더 커질 것으로 보인다. 실제로 미국 식품의약국(FDA)은 신선 야채와 과일 등 유통 관리가 필수적인 품목에 대해 까다로운 식품 이력 기록 관리 및 보관을 의무화하는 규칙 제정을 준비 중이다. 이 역시 블록체인 기술을 적용할 것이라고 한다. 마찬가지로 구호단체도 기부금의 사용처를 밝히고 투명성과 신뢰성을 높이기 위해 블록체인 기술을 적용한다고 한다.

이처럼 팜유 업계는 팜유의 지속 가능한 발전을 위해 노력하고 있다. 따라서 우리가 소비 현장에서 RSPO 인증서 마크가 붙어 있는 상품을 본다면, 비록 가격은 조금 비쌀 수 있으나 지속 가능한 생산을 돕고, 기후 변화와 탄소 중립을 위해 힘을 보탠다는 생각으로 현명한 소비를 해야 할 것이다.

34.
MBC 보도에 대한 반박

    2022년 3월 MBC가 보도한 'EU 팜유 기반 바이오디젤 퇴출' 관련 프로그램은 필자가 보기에도 상당한 오류를 내포하고 있다. 이에 대해 바이오에너지협회가 반박한 것만 살펴봐도 프로그램의 문제점을 금세 알 수 있다. MBC는 "EU가 팜유 기반 바이오디젤의 온실가스 배출이 석유의 3배"라며 "팜유 기반 바이오디젤을 퇴출하고 있지만, 우리나라는 오히려 세금 지원을 통해 바이오디젤을 확대하고 있다"고 보도했다.

    이에 대해 바이오에너지협회는 사실을 심각하게 왜곡하는 보도라며 반박하고 나섰다. 협회에 따르면, 유엔 산하 기후변화에 관한 정부 간 패널(IPCC, Intergovernmental Panel on Climate Change)은 바이오연료 작물에 대해 성장 과정에서 이산화탄소를 흡수해 전주기적으로 이산화탄소 감축 효과가 있는 탄소중립(Carbon Neutral)으로 인정하고 있다.

    전주기 분석을 통해 얻은 결과로 경유 1kl를 바이오디젤로 대체하면 2.61CO2톤이 감축된다고 국제적으로 인정되고 있다. 인도네시아 팜유생산자협회 자료에서도 팜유 생산과정에서 배출되는 이산화탄소가 인도네시아의 연간 이산화탄소 배출량의 5%에 불과하며, 팜유 나무 한 그루가 연간 161톤의 탄소를 흡수하는 동시에 18.7톤의 산소를 배출하는 효과를 내고 있다.

산림훼손 문제에 대해서도 수십 년 전 팜 농장 개발 초기 이뤄지던 삼림파괴 논란이라고 일축했다. 인도네시아는 온실가스 감축을 위해 정부 차원에서 ISPO 인증 제도를 도입해 자국 내 팜유 생산기업에 ISPO 인증을 의무화하고 있어 과거와 같은 산림훼손은 없다는 것이다.

방송에서 거론된 바이오디젤 원료 수입 문제 제기에 대해서도 반박했다. 방송에서는 팜유 대부분이 식용 가능한 것으로 간주하고 식용과 바이오연료용으로 구분해 2020년 식용으로 1만9,000톤, 바이오연료용으로 60만 톤이 수입된 것으로 보도됐다.

하지만 협회는 수입된 원료 대부분이 팜 부산물로 비식용이며, 이중 PAO와 POME 같은 원료는 EU에서도 온실가스 감축을 인정해 더블 카운팅 제도 등 인센티브를 부여하고 있다고 주장했다. 이 밖에도 협회는 바이오디젤을 통해 폐식용유의 수거 체계 구축을 통한 폐식용유의 완벽한 수거와 재활용 성과에 대해 강조했다.

협회에 따르면, 연간 바이오디젤 원료로 사용되는 폐식용유는 약 18만 톤으로, 소양강댐 저수량의 23개 규모의 수질을 개선하는 효과를 거뒀다. 또한 폐식용유 재활용을 통해 2006년부터 2020년까지 바이오디젤 원료로 재활용된 폐식용유가 약 171만 톤으로 총 2조9,600억 원의 오염물질 처리 비용이 절감됐다.

한국과학기술연구원 서동진 책임연구원은 "그동안 바이오디젤 생산 업체들은 폐식용유를 처리하며 바이오디젤 산업 육성을 위해 각고의 노력으로 생존해 왔다"며 "현재는 진행되지 않는 삼림 파괴 등을 운운하며 후진적인 형태의 사업자로 치부하고, 인도네시아의 친환경 농법과 팜유 생산을 통해 넷 제로를 이행하려는 사실을 외면하고 왜곡된 내용을 보도하는 것은 우리나라 바이오 에너지 산업 발전에 상당한 위해를 줄 수 있는 잘못된 인식"이라고 지적했다.

35.
말레이시아, 바이오가스 설비 의무화

　말레이시아는 팜유 산업이 전자, 석유화학, 가스에 이어 세 번째로 그 비중이 높은 대표적인 국가 산업으로, 한 해 수출액만 해도 318억 링깃(약 8조6,000억 원)에 달한다. 2020년 기준으로 720억 링깃, 약 1,736만 톤에 이르고 있다. 말레이시아 GDP의 3%를 차지하고 있다.

　팜유 산업은 말레이시아 정부가 2010년 발표한 '경제 혁신 프로그램(ETP)'에서 육성하고자 하는 12개 국가 핵심 분야(NKEA) 중에서도 우선 육성 산업이다. 팜유 분야에 8개 중점과제를 선정하고, 이 가운데 '팜유에 바이오가스 설비를 갖추어야 한다'라는 과제를 포함해 2020년까지 해당 설비를 갖추지 못할 시, CPO Mill 면허를 취소한다는 내용의 법안을 발표했다. 하지만 수요가(off-taker)를 찾지 못한 팜유 업계에서는 바이오가스 설비만 갖춘 채 부가가치를 창출하지 못하고 있는 상태다. 바이오가스 생산 및 바이오 메탄 시장을 탄소중립과 미래 에너지 대안으로 엮어 신시장을

바이오 CNG 플랜트. 기후 변화 대응에 적합한 친환경 바이오연료 국내 보급 확대가 추진된다. 친환경 바이오연료는 석유의존도가 높은 국내 경제구조를 감안할 때 전량 해외에서 수입해 사용하는 석유 수요를 대체하고 국내 에너지안보를 제고하는 데에도 기여할 것으로 기대된다. ⓒ Everchem

만들 필요가 있다.

바이오가스 생산 및 바이오 메탄 시장을 인프라 프로젝트로 묶으면, 대부분의 현지 팜유 공장은 아직 바이오가스 설비를 갖추지 못하고 있어 2~3년 이내에 설비를 갖추어야 한다. 그러나 바이오 가스 설비를 갖추었지만 생산된 전기나 바이오메탄을 판매 가능한 수요가들과 시장을 찾지 못한 팜유 업계에서는 정부의 바이오 가스 정책에 대한 보다 다양한 혜택과 강력한 지원을 요청하고 있다.

앞서 설명한 대로 바이오가스나 바이오 메탄은 기후변화 대응, 탄소중립 그리고 기업의 ESG와 부합되는 에너지원으로 이미 유럽에서 각광을 받고 있기 때문이다. 따라서 앞으로 한국 기업들이 관심을 갖고 지켜본다면, 석유 의존도가 높은 우리의 경제구조와 일상 전반을 바꿀 수 있는 새로운 에너지원의 등장에 동참할 수 있는 계기를 만들 수 있을 것으로 생각한다. 이는 한국의 에너지 자립도와 에너지 안보를 높이는 결정적 계기가 될 수 있을 것이다.

말레이시아 정부는 정부 정책에서 팜유를 전략적 육성산업으로 지정하고 현재 노화된 팜유 나무를 교체해 심거나 새로운 농장을 개발하는 등 업스트림(팜유 생산 부문)과 팜유 열매 및 팜유 수율(收率·실제로 얻어진 분량과 이론상으로 기대했던 분량을 백분율로 나타낸 비율)의 향상, 건강식품, 바이오 연료 등의 야자열매를 활용한 생산품 확대 등 다운스트림(팜유 정제·판매 부문) 역량 강화를 통해 수익성 향상을 꾀하고 있다.

    과거 석유 사업으로 큰 성공을 거둔 유럽은 이미 재생에너지 사업으로 빠른 움직임을 보였다. 유럽 국가들은 재생에너지가 각국의 발전량에서 30에서 40%를 차지할 정도로 관련 시장이 성숙해지고 있다. 재생에너지를 생산하기 위한 설비 자체만으로도 매년 수백조 원의 자본 투자가 이루어져야 한다고 재생에너지 업계에서는 예측하고 있다. 엄청난 시장과 산업이 여기 말레이시아와 인도네시아의 팜유 산업에 기다리고 있는 것이다.

36.
말레이시아와 인도네시아의 공동 대응

2018년 EU가 열대우림 훼손 등을 이유로 바이오디젤 원료에서 팜유를 퇴출하자 생산국인 인도네시아와 말레이시아가 강력히 반발하고 나섰다. 두 나라는 전 세계 팜유 생산량의 85%를 차지하는 나라다. 이에 앞서 EU 의회는 2018년 초 팜유를 원료로 생산된 바이오연료의 사용을 3년간 금지하는 내용이 담긴 재생에너지 관련 법안을 통과시켰다. EU 의회는 2018년 6월, 2030년부터 운송연료에서 팜유를 단계별로 퇴출하는 방안을 의결했다.

WWF가 자금을 제공하는 비정부기구인 '아이즈 온 더 포리스트(Eyes on the Forest)'에 따르면, 인도네시아 수마트라 섬의 천연림이 지난 31년 동안 56% 사라졌다. 이는 250만 헥타르로, 영국 면적의 원시림이 팜유 농장 확대로 사라졌다고 주장했다. 유럽연합의 이 같은 조치는 국제 환경보호단체들이 팜유 소비 급증이 열대우림을 훼손해 멸종 위기에 놓인 야생동물의 터전을 빼앗는다는, 사실에 근거하지 않은 주장을 받아들인 것이다.

인도네시아와 말레이시아의 팜유 농장은 2018년 말 기준으로 11만7,000km^2와 4만4,900km^2로 확장됐으며, 두 나라는 2018년 한 해 동안 각각 2,800만 톤과 1,950만 톤의 팜유를 수출했다. 유럽연합은 그간 팜유를 가장 많이 소비한 경제블록이었다. 2015년 기준으로 연간 670만 톤의 팜유를 수입했고, 수입한 팜유의 40%가량은 바이오연료 원료로 사용했다. 인도네시아와 말레이시아 정부는 이런 조치에 대해 "유럽의회가 팜유 농장에서 일하는 수백만 명의 저소득층 노동자의 생계를 위협하고 있다"면서 "이번 조치가 팜유를 수입하는 여타 국가로 확산할 가능성이 있다"고 주장했다.

　　EU가 팜유 사용을 규제하면서 스위스의 글로벌 다국적 식품회사 네슬레가 2020년부터 지속 가능한 팜유만 사용하는 것을 목표로 정하는 등 음료 회사들도 지속 가능한 팜유 사용을 추구하고 있다. 이에 따라 말레이시아 정부도 적극적인 대처에 나섰다. 따라서 재배 과정에서 불필요한 살충제 사용 억제, 신규 식재 시 발생하는 대기오염, 팜유박 처리 등에 친환경적인 기술 적용이 필요하다는 지적이다. 말레이시아 자국 내 바이오디젤 소비를 증진시키기 위해 2016년 6월부터 'B10, B7 biodiesel programmes' 정책을 시행하고 있다.

지속 가능한 팜유

껍질은 열매를 쪼개고 팜유를 추출한 후 만들어집니다.

BY-PRODUCTS

 바이오연료
 파티클보드
 탄소연탄

PALM KERNEL SHELL

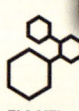

MESOCARP FIBRE

중과피 섬유는 오일을 추출하고 씨앗을 분리한 후 남은 것입니다.

BY-PRODUCTS

 비료
 먹이
 바이오 에너지

팜유 열매를 수확하여 팜오일로 가공하는 과정은 바이오 매스로 알려진 폐기물을 생성합니다. 최근 몇 년 동안 많은 기업들은 바이오매스 폐기물이 신제품을 만드는 데 다양한 방식으로 활용될 수 있는 자원이라는 결론을 내렸고 이 신흥 산업을 개발하기 위한 기반 시설뿐만 아니라 연구 개발에 막대한 투자를 했습니다.

지속 가능한 팜유. © Everchem

7부

팜유 산업을 선도하는 기업

37.
사임다비

현황

사임다비 플랜테이션(Sime Darby Plantation)의 하나인 캐리 아일랜드(Carey Island)는 말레이시아 수도 쿠알라룸푸르의 남서쪽에 있는 해안이다. 명칭은 아일랜드인데, 사실은 폭이 약 4~5m 정도되는 개천으로 본토와 나누어져 있어 섬이라고 부르기엔 민망하다. 이전에는 텔루크 곤쟁, 풀라우 시알랑, 풀라우 클루앙으로 알려진 맹그로브 늪지대였다.

캐리 아일랜드엔 원주민 오랑 아슬리(Orang Asli) 족이 살고 있다. 푸른 하늘과 해안이 맞닿아 천혜의 해변과 항구 여건을 자랑하지만, 현재 바다는 오염 때문에 해수욕을 즐길 수 없는 상태다. 말레이시아 정부는 캐리 아일랜드에 2,000억 링깃(약 52조5,340억 원) 규모의 대규모 항만 산업 도시 프로젝트를 추진 중이다. 이번 프로젝트의 주체인 말레이시아 포트 클랑(Port Klang) 항만공

사 측은 말레이시아 정부가 개발을 승인하면 2025년 착공할 것으로 예상하고 있다.

캐리 아일랜드는 1899~1906년 사이에 에드워드 밸런타인 캐리(Edward Valentine Carey)에 의해 개발됐다. 캐리 아일랜드는 싱가포르의 5분의 1, 페낭의 2분의 1 이상, 랑카위 섬의 3분의 1의 크기에 해당한다. 만조 때, 캐리 아일랜드는 해수면보다 1.8~2.4m 아래에 위치한다. 이 지역은 130km의 제방 둑으로 둘러싸여 있으며, 사임다비 플랜테이션의 사유지는 101km가 둑으로 둘러싸여 있다.

사임다비 플랜테이션은 20세기 초 농경지 개간이 시작돼 1908년 첫 재배가 이루어졌다고 한다. 재배된 작물로는 커피, 차, 고무, 코코아, 오일 팜 등이 있다. 오늘날, 팜유는 캐리 아일랜드의 주요 현금 작물이다. 사임다비 플랜테이션은 섬의 77%인 1만1,542.28헥타르(115.4228km^2)를 소유하고 있다. 캐리 아일랜드에는 사임다비의 1농장(East Estate)와 2농장(West Estate)가 있다.

사임다비 플랜테이션은 세계 최대의 팜유 회사 중의 하나이다. 총면적 75만192헥타르에 팜유 나무가 식재된 면적만 58만2,563헥타르에 달한다. 참고로 고무나무는 1만2,179헥타르, 사탕수수는 5,637헥타르, 목초지는 9,503헥타르를 보유하고 있다.

사임다비 플랜테이션은 전 세계 CPO 기름의 3.1%를 생산하고 있고, RSPO가 인증하는 인증 팜유인 CSPO의 최대 생산자다. 글로벌 CSPO 생산량 가운데 19%를 점유하고 있다. 팜유 나무 재배 농장은 말레이시아, 인도네시아, 파푸아뉴기니아 및 솔로몬 제도에 걸쳐 운영하고 있다. 특히 사임다비는 정제공장 11개를 소유하고 있으며, 연간 원유 정제능력은 3,800만 톤이다(출처: SAP-BI, NBPOL Statistical Progress Report, Upstream Corporate, 31 March 2021).

역사

사임다비는 1910년 영국인 사업가 윌리엄 사임과 헨리 다비, 허버트 다비가 고무 생산회사로 세웠고, 이후 팜유, 코코넛 등으로 플랜테이션 사업으로 다각화했다. 사임다비 플랜테이션은 이들 선구적 영국 농장주들이 말라야에 고무 농장을 설립한 19세기 초로 거슬러 올라간다.

플랜테이션 개척자들 중에는 알렉산더 기스리(Alexander Guthrie), 다니엘 앤 스미스 해리슨(Daniel & Smith Harrison), 조셉

크로스필드(Joseph Crosfield), 윌리엄 사임, 헨리 다비, 허버트 다비(Herbert Mitford Darby) 등이 있었다.

이들은 쿰풀란 거스리사(Kumpulan Guthrie Berhad), 골든 호프 플랜테이션사(Golden Hope Plantations Berhad), 사임다비사(Sime Darby Berhad) 등을 창업했는데, 이들은 2007년 사임다비그룹(Sime Darby Group)으로 창업했다. 사임다비의 연혁은 다음과 같다.

1821년 알렉산더 거스리는 싱가포르에 거스리(Guthrie & Co)를 동남아시아 최초의 영국 무역 회사 중 하나로 설립했다. 셀랑고르주와 네게리 셈빌란주(Negeri Sembilan)의 커피 영지에 실험적으로 고무로 심었다. 1844년 다니엘과 스미스 해리슨, 그리고 조셉 크로스필드는 영국 리버풀에서 해리슨 앤 크로스필드(Harrisons & Crosfield)라는 차와 커피에 관한 무역 파트너십을 맺었고, 골든 호프사를 창업했다.

1910년 윌리엄 사임, 헨리 다비, 허버트 다비는 말라카에 사임다비사(Sime, Darby & Co)를 설립했다. 1920년 사임다비사는 거스리사를 인수했고, 1980년 쿠알라룸푸르 증권거래소에서 거래를 시작하게 된다.

1982년 해리슨 플랜테이션사(Harrisons Plantations Berhad)는 PNB와 '해리슨스 & 크로스필드'의 합작 투자로 해리슨 말레이시아 에스테이트(Harrisons Malaysian Estates Ltd)의 농장 지분을 인수하기 위해 설립됐다. GCL의 농장 생산 이익은 말레이시아로 돌아왔다. 말레이시아 및 해외의 농장 자산은 영국 및 미국의 마케팅 및 유통 네트워크 회사와 함께 쿰플란 거스리사(Kumpulan Guthrie Sdn Bhd)로 이전됐다.

1990년 해리슨 말레이시아 에스테이트사는 말레이시아 법인이 되기 위해 가장 오랜 자산인 골든호프플랜테이션의 이름을 변경했다. 2007년 새로 합류한 사임 다비, 거스리와 골든 호프는 사임다비(Sime Darby)라는 이름으로 쿠알라룸푸르 증권거래소에 재진입해 59억5,000만 링깃(RM)의 시가 총액으로 상장됐다. 이는 합병 프로세스가 시작될 때인 31억6,000만 링깃보다 약 80% 이상 증가한 금액이다.

지속 가능 경영

사임다비는 팜유의 지속 가능한 생산에도 선도적 역할을 하고 있다. 1985년부터 팜유 나무 식재에 대한 '제로 버닝'이란 용어를 만들어내며 환경 보호에 앞장서고 있다. 앞서 사임다비는 1990년 이래 환경친화적인 페스트 컨트롤(Pest Control)을 시작했다. 페스트 컨트롤은 원숭이가 기름야자의 가장 큰 피해를 주는 쥐를 대량으로 잡아먹는다는 사실이 밝혀지면서, 원숭이 등 생물 다양성을 지키면서도 팜유를 생산할 길이 열렸다는 점에서 주목을 받는다. 안나 홀츠너 독일 라이프치히대 생태학자 등 국제 연구진은 과학 저널 '커런트 바이올로지' 2019년 실린 논문에서 말레이시아 기름야자 플랜테이션에 들락거리는 남부 돼지꼬리원숭이들의 행동과 이동을 연구해 이런 결과를 얻었다고 밝혔다.

조사 대상인 말레이시아의 팜유 농장에서 원숭이들은 먹이 활동 시간의 절반 가까운 하루 3시간가량을 보냈다. 원숭이들은 팜유 열매를 따 먹었는데, 평균 44마리로 이뤄진 한 무리가 연간 소비하는 야자는 12톤으로 전체 생산량의 0.56%를 차지했다. 그런데 이는 쥐가 끼치는 팜유 생산량 손실 10%에는 크게 못 미친다. 무엇보다 원숭이 한 무리가 연간 3,000마리가 넘는 쥐를 잡아먹는 것으로 밝혀졌다.

라이프치히대 연구자들은 원숭이가 10%이던 팜유 플랜테이션의 생산 손실 비율을 3% 이하로 낮춰 연간 60만 달러의 경제적 효과를 내는 것으로 계산했다. 다시 말해 원숭이가 안정적으로 찾아오도록 친환경 여건을 조성하는 것이, 부작용과 비용이 많이 드는 쥐약 살포보다 훨씬 낫다. 연구에 참여한 안야 위디히 라이프치히대 생물학자는 "이번 연구결과를 바탕으로 플랜테이션 소유자들에게 농장 주변의 열대림을 보호해 원숭이가 살 수 있도록 하라고 권유할 예정"이라며 "플랜테이션을 잘 설계해 보전된 열대림과 야생동물이 오갈 수 있는 통로를 만든다면 생물 다양성과 팜유 농장의 생산성을 함께 높이는 윈윈 상황을 이룰 수 있다"고 말했다.

사임다비는 말레이시아, 인도네시아, 솔로몬제도에 있는 팜유 농장들을 지속가능성 표준에 따라 100% 운영을 시도하고 있다. 사임다비는 지속 가능한 방법으로 생산한 팜유를 인증하는 마크인 CSPO의 생산량 가운데 19%를 점유하며 2,496만 톤을 생산하고 있다. 게다가 사임다비 플랜테이션은 말레이시아 정부로부터 MSPO 인증을 100% 받고 있으며, 아울러 인도네시아 정부로부터도 ISPO 인증을 100% 받고 있다. 2004년 사임다비는 RSPO 설립 때 창립 멤버로 참여했다.

사임다비는 인간과 지구와 번영에 대한 세 가지의 지속 가능의 목적을 갖고 있다. 사임다비는 지속 가능 개발 목표에 따라 기업 조직의 가치를 창출하는 방식으로 지속가능성을 추구한다. 사람에 대해서는 더 나은 사회에 기여하고, 본적 인권을 존중하고, 포용적 발전을 위한 지역사회 참여 및 역량을 강화하고, 일터에서의 안전하고 건강한 작업환경 제공하는 것이다.

지구 환경 보호를 위해서는 환경적 위해 최소화하는 차원에서 생물 다양성과 생태계 보호 및 보존에 앞장서고, 기후변화의 영향을 감소하는 방향으로 탄력성 강화하고, 책임 있는 소비 및 생산을 촉진한다. 인류의 번영을 위해서는 지속 가능한 개발을 제공하는 차원에서 정직성 및 운영 우수성 문화를 정착하고, 공급망의 투명성 및 지속가능성을 제고하며, 선도적인 품질 및 지속가능성 기준을 채택하도록 한다는 것이다.

팜유 산업이 현재 수많은 과제에 직면하고 있다. 그 수많은 도전들을 암시하는 단어들을 열거해 보자. 외부 작물(Outside Crop), 추적성(Traceability), 고탄소 재고량(High Carbon Stock), 녹화(Deforestation), 불(Fire), 탄소 배출 및 격리(Carbon Emission & Sequestration), 온실가스(Greenhouse Gasses), 기후변화(Climate Change), 미세먼지(Haze), 맹독성 제초제와 화학제품(Paraquat & Chemicals), 취급 및 건강 문제(Handling & Health Issue), 소농 인증(Smallholder Certification), 이탄지의 분류(Classification of Peatlands), 이탄(Peat), 치명성(Fatality), 안전보건(Safety & Health), 팜유 나무의 지속가능성 과제(Sustainability Challenges in Palm Oil), 멸종 위기종(Endangered Species), 소멸(Extinction), 자금조달(Funding), 대형사고(Major Accident), 원주민 권리(Indigenous Rights), 인권(Human Rights), 노동자 권리(Workers Rights), 영양(Nutrition), 생물 다양성 상실(Loss of Biodiversity), 트랜스 지방산(Trans Fatty Acids), 고보호가치 보상(High Conservation Value Compensation, HCV Compensation), 높은 보존가치(High Conservation Value), 선주민 사전동의(Free Prior Informed Consent, FPIC), 토지분쟁(Land Conflict)….

하지만 사임다비는 5가지의 주요 부분으로 문제들을 압축해 팜유 산업에 대한 직면한 도전을 돌파하고 있다. 첫째, 식품 건전성(우리가 먹는 음식은 얼마나 안전한가요? How safe is the food we eat?), 둘째, 추적 가능성(우리의 공급망은 얼마나 투명합니까? How transparent is our supply chain?), 셋째 착취(우리는 노동자들을 존중하고 있는가? Are we treating our workers with respect?), 넷째 배출물(우리는 문제의 일부인가, 해결책의 일부인가? Are we part of the problem or part of the solution?), 다섯째 토지(누구 소유죠? 뭐가 있죠? Who owns it? What's on it?) 등이다.

    이러한 지속 가능한 목적을 달성하기 위해 사임다비는 MPOA, MPOC, MPOS, MPOCC, ISPO, YAYASAN, impactt, WAO, HCV, SPOTT, ELEVATE, NESTLE, Upfield, REINFOREST ALLIANCE, DECENT RURAL LIVING INITIATIVE, WORLD RESOURCES INSTITUTE 등 17개사와 파트너십을 진행해 가고 있다.

38.
월마인터내셔널

현황

세계 최대 팜유 유통회사는 월마인터내셔널(Wilmar International)이다. 월마는 1991년에 설립된 팜유 기업으로 싱가포르에 본사를 두고 있다. 오늘날 아시아 최고의 농업 비즈니스 그룹이다. 월마는 싱가포르 거래소의 시가 총액으로 가장 큰 상장 기업 중 하나다.

월마는 전 세계 팜유의 50% 이상을 거래한다. 월마인터내셔널은 대규모 팜유 농장도 23만2,053헥타르(2020년 12월 31일 현재)를 직간접적으로 소유하고 있지만, 농장에 비료를 공급하는 비료 공장을 말레이시아와 인도네시아에 보유하고 있다. 월마인터내셔널의 계열 회사인 'PT Sentana Adidaya Pratama'사는 인도네시아 및 말레이시아에 6개의 복합 비료 공장에서 연간 120만 톤 이상 생산하고 있다.

여기다 일부 팜유 농장에서는 경제성의 이유로 가격이 비싼

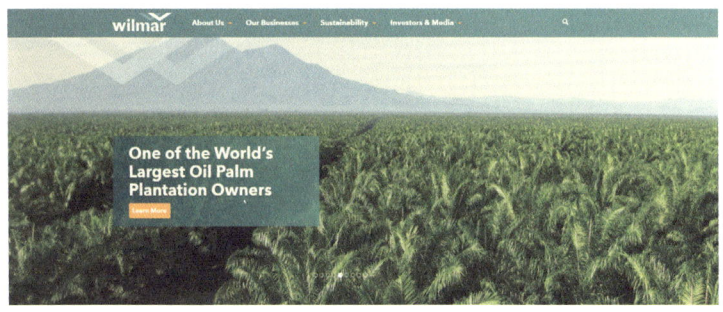

복합 비료가 아닌 칼륨 비료나 인산질 비료와 같은 단비(한 가지 성분으로 제조된 비료)를 많이 사용하고 있는데, 이런 틈새시장 또한 윌마 관계 회사에서 팜유 농장에 판매를 하고 있다. 따라서 복합비료와 단비나 미량 요소 비료들을 합칠 경우 연간 300만 톤 이상을 훌쩍 넘는다.

    참고로 윌마의 실제 소유주는 1923년생으로 98세인 탄 스리 로버트 콱은 말레이시아 최고의 부자 중의 한 명이다. 한때 사탕수수 사업으로 '설탕 왕(Sugar King)'이라는 별명까지 얻었던 그는 호텔사업에 진출해 '샹그릴라'를 세계적인 호텔 브랜드로 만들어 놨다. 로버트 콱의 자산은 2022년 117억 달러(약 14조 원)다. 탄 스리 로버트 콱은 세계 최장수 총리로 유명한 말레이시아의 국부 마하티르 수상이 2018년 5월 10일 재집권 했을 때, 5인 자문 위원으로 추대되기도 했다.

윌마의 비즈니스 전략의 핵심은 농산물 사업의 전체 가치 사슬(value chain)을 포괄하는 통합 농업 비즈니스 모델을 소유하고 있다는 점이다. 다시 말해 윌마는 팜유와 사탕수수의 재배 및 밀링에서부터 소비자, 중형 및 벌크 포장, 동물 사료 및 올레오 케미컬 및 바이오디젤과 같은 산업 농산물의 광범위한 식용 식품의 가공, 브랜딩 및 유통에 이르기까지 총망라하고 있다.

윌마는 500개 이상의 제조 공장과 중국, 인도, 인도네시아 및 약 50개의 다른 국가 및 지역을 포괄하는 광범위한 유통 네트워크를 보유하고 있다. 10만 명 이상의 다국적 인력을 고용하고 있다. 한국 시장에도 팜박이나 팜유 등을 다량 거래하고 있는 회사다. 윌마는 규모, 통합 및 비즈니스 모델의 물류 이점을 통해 가치 사슬의 모든 단계에서 마진을 극대화해 운영 시너지 효과와 비용 효율성을 얻고 있다.

역사

윌마인터내셔날은 1966년 윌마의 주요 주주인 쿠옥그룹(Kuok Group)은 현재 FFM사(FFM Berhad)로 알려진 FFM(Federal Flour Mills)을 말레이시아에 설립했다. 1988년 쿠옥그룹은 홍콩의 COFCO의 자회사인 톱글로리(Top Glory)와 합작투자, 사우스시오일앤팻(Southseas Oils & Fats)를 설립해 중국 심천에 중국 최초의 대규모 현대 시설을 갖춘 기름 정제시설(oil refinery)과 패키징 공장을 건설했다.

1991년 윌마가 설립된 이후, 윌마그룹은 쿠옥 쿤 홍(Kuok Khoon Hong)씨와 15억 달러의 순자산을 가진 중국의 인도네시아 사업가 마르투아 시토루스(Martua Sitorus)가 공동으로 설립해 팜유 무역 회사로 사업을 시작했다. 인도네시아 서부 수마트라에 첫 번째 팜유 농장을 설립하고, 북부 수마트라와 리아우에 팜유 정제공장을 인수하는 한편, 리아우 지역에 하루 700톤 설비용량의 정제공장 건설을 시작했다.

1995년 시간당 약 4,000만 톤의 용량을 가진 최초의 CPO Mill을 설립했다. 물류 및 운송 지원을 제공하기 위해 6,500 톤 규모의 최초의 액체 벌크 선박을 구입했다. 1996년 말레이시아 버터워스에 팜유 정제공장 한 곳과 분류 공장 한 곳을 인수해 말레이시아로 정유 공장 운영을 확대했다. 두 공장 모두 1998년 시운전 시 일일 생산 능력 5억 톤에서 10억 톤으로 업그레이드되었다. 1998년 하루 1억 톤의 용량을 가진 최초의 특수 지방 공장을 설립해 고부가가치 다운스트림 제품 생산으로 확대됐다. 윌마는 또 인도 아다니그룹과 합작 투자사인 윌마 아다이(Wilmar Adani Limited)를 통해 인도 시장에 진출했다.

2000년 윌마는 브랜드 인지도를 높이기 위해 인도네시아에서 사니아(Sania) 식용유의 소비자 팩을 자체 개발하고 마케팅을 시작했다. 술라웨시 지역으로 코프라 분쇄 공장 인수 등 시장을 확대해 나갔으며, 2006년 싱가포르 주식 시장에서 윌마인터내셔날로 상호를 변경하며 본격적으로 몸집을 불리기 시작했다. 2007년 쿠옥그룹의 팜유 농장과 합병을 완료했다. 싱가포르 증권거래소(SGX)에서 시가총액 기준으로 가장 큰 상장사 중 하나로, 2010년 9월 기준으로 두 번째로 크다. 2020년 포천지 선정 글로벌 500대 순위에서 211위에 올랐다. 2019년 포천이 선정한 세계에서 가장 존경받는 기업(식품 생산) 3위에 올랐다.

경영

윌마플랜테이션은 2020년 12월 31일 현재 총 재배 면적 23만2,053헥타르다. 약 65%가 인도네시아, 26%는 동말레이시아, 9%는 아프리카 등지에 흩어져 있다. 인도네시아에서는 수마트라, 웨스트 칼리만탄 및 중부 칼리만탄(남부 지역), 말레이시아에서는 사바(Sabah)와 사라왁(Sarawak) 주에 위치하고 있다.

합작 투자를 통해 우간다와 서아프리카에 약 4만6,000헥타르의 농장을 소유하고 있다. 인도네시아와 아프리카의 소농 계획(smallholders scheme)에 따라 3만5,276헥타르, 아프리카의 15만7,515헥타르를 직접 관리하고, 여기서 생산되는 모든 FFB를 구매하고 있다. 팜유 농장 외에도 CPO Mill도 운영하고 있다.

윌마의 또 다른 강점은 연간 120만 톤의 복합비료 생산 기지를 인도네시아에, 10만 톤 이상의 공장을 말레이시아에 갖고 있다는 점이다. 말레이시아의 경우, 계열 회사인 말레이시아 아그리퍼트 사를 윌마가 합병하기 전에는 말레이시아를 대표하는 항만 포트클랑에 10만 톤, 말레이시아 사라왁 주의 빈툴루에 10만 톤, 사바 주의 라하드 다투에 10만 톤 그리고 조호르 주의 파시르 구당에 약 12만 톤 규모의 공장이 있었다. 그러나 경제성을 고려해 현재는 동말레이시아에 있는 라하드 다투의 10만 톤 공장만 남기고 나머지 공장들은 매각 내지 폐쇄하고 있다.

  팜유 나무에는 연간 1헥타르당 1톤 이상의 비료를 시비한다. 또 팜유의 원가에서 비료가 차지하는 비중이 50~60% 이상이다. 따라서 윌마사는 자체 비료 공장을 소유해 타 팜유 농장에 비해 품질과 가격면에서 우위를 갖고 있다. 즉 다양한 토지의 종류에 따른 최적의 비료 선택과 유통이 가능해 원스톱 공급 체계가 갖춰져 있다. 참고로 사임다비의 경우 말레이시아, 인도네시아, PNG 및 솔로몬제도를 포함해 58만 헥타르의 팜유 농장을 보유 중이다. 하지만 자체 비료 제조공장을 소유하고 있지 않아 매번 입찰 방식으로 구매하는 바람에 입찰 비리나 납기일 그리고 품질 문제 등으로 골머리를 앓고 있다고 한다.

39.
합셍그룹

현황

팜유 농장을 운영하는 합셍 그룹은 한국에선 벤츠, 포르셰, 람보르기니 등으로 최근 5년간 국내 시장에서 가장 큰 성공을 거둔 수입차 업체로 더 유명하다. 이 회사의 오너인 라우초쿤 회장은 한국 수입차 업계에서 '수입차의 제왕'으로 불린다. 벤츠는 2021년 수입차 최초로 매출 6조 원을 돌파했고 새로운 '강남 쏘나타'로 불리는 포르셰는 매출 1조 원 벽을 넘었다. 람보르기니는 수억 원대 판매 가격에도 지난 5년간 판매량이 13배 늘었다.

말레이시아 화교로 현지 재벌 합셍 그룹 회장인 그는 1985년부터 한국에서 벤츠 판매를 시작해 포르셰, 람보르기니의 국내 판권을 차례로 손에 넣었다. 라우초쿤은 벤츠 한국 지사인 벤츠코리아와 벤츠와 포르셰의 한국 최대 딜러사, 람보르기니의 국내 단독 딜러사의 대주주다. 그가 한국에 두고 있는 계열사만 10개가 넘고, 여기서 나오는 매출만 10조 원을 웃돈다. 벤츠의 경우 한국에 11개

딜러사가 있지만 그가 세운 한성자동차의 국내 시장 점유율이 절반에 이른다.

라우초쿤은 홍콩에 세운 '레이싱홍'이란 회사를 통해 한국 수입차 유통 기업들의 지분을 대거 보유하고 있다. 특히 국내에서 7만 대가량의 차를 판매하는 벤츠의 수입사와 딜러사를 모두 장악하고 있다. 벤츠의 한국 법인인 벤츠코리아의 경우 지분 49%를 확보해 지분 51%를 보유한 독일 다임러 본사에 이은 2대 주주다. 금융사인 메르세데스 벤츠파이낸셜서비스코리아 지분 20%도 갖고 있다.

벤츠의 최대 딜러사인 한성자동차, 또 다른 딜러사인 한성모터스, 스타자동차도 모두 라우초쿤의 회사가 최대 주주다. 벤츠코리아(6조1212억원), 한성자동차(3조3285억원), 한성모터스(4269억원), 스타자동차(3712억원)를 합치면 매출이 10조 원이 넘는다. 람

계열사	작년 실적
메르세데스 벤츠코리아	6조1212억원
특징 및 지분 벤츠 한국 지사, 지분 49% 보유	
메르세데스 벤츠파이낸셜서비스코리아	1587억
벤츠 한국 금융사, 지분 20% 보유	
한성자동차	3조3285억
벤츠 최대 딜러사, 최대 주주	
한성모터스	4269억
벤츠 딜러사, 최대 주주	
스타자동차	3712억
벤츠 딜러사, 최대 주주	
SSCL	7115억
포르쉐 최대 딜러사, 최대 주주	
SQDA 모터스	1186억
람보르기니 단독 딜러사, 최대 주주	

※실적은 매출 기준. 메르세데스 벤츠파이낸셜 서비스코리아는 영업수익 자료=금융감독원

말레이시아 국적 화교인 라우초쿤(가운데) 합셍그룹 회장은 1985년부터 한국에서 수입차를 판매하기 시작해 벤츠, 포르셰, 람보르기니의 판권을 쥐고 있다. ⓒ합셍그룹

라오초쿤 관계사 현황. ⓒ 조선일보

보르기니의 독점 딜러사인 SQDA, 포르쉐 최대 딜러사인 SSCL도 라우초쿤이 지배하는 회사다. 라우초쿤은 한국 부동산에도 거액을 투자했다. 부동산 투자사인 한성인베스트먼트 소유 토지, 건물 자산만 8500억 원대에 달하고 임대 수익으로만 연 550억 원가량을 번다.

포브스에 따르면 라우초쿤은 보유 자산 3조원으로 말레이시아 10위의 부자다. 그가 회장으로 있는 합셍그룹은 말레이시아뿐 아니라 중국과 대만, 홍콩, 싱가포르, 베트남, 호주 등지에서 자동차 판매업, 팜유 농업, 부동산 투자, 금융, 무역업 같은 다양한 사업을 벌이고 있다.

그가 한국에 진출한 것은 한국에 벤츠코리아 등 수입차 법인이 세워지기도 전인 1985년이다. 라우초쿤은 당시 '한국의 별'이라는 뜻의 한성(韓星)이란 이름을 짓고 한성자동차를 세워 판매를 시작했다. 처음에는 벤츠 트럭 등을 취급하다 이후 본격적으로 자동차 판매업에 뛰어든 것으로 알려졌다.

경영

1946년 조그마한 잡화상에서 출발한 합생은 고무, 코코아 사업 등으로 사업 분야를 넓혔고, 역시 팜유 산업에도 적극적으로 참여하고 있다. 특히, 합생 창업자의 고향인 말레이시아 사바 주의 동쪽 타와우와 라하드 다투 지역을 중심으로 위치하고 있다.

2021년 12월 31일 기준, 합생 그룹은 총 3만9,727헥타르 중 3만5,434헥타르(2020년은 3만5,434헥타르)의 경작지를 갖고 있다. 전체 재배 면적 중 약 91%인 3만2,436헥타르(2020년은 3만2,286헥타르)가 성목(成木)이다. 팜유 나무의 평균 연령은 16.3년(2020년은 15.9년)이다. 연간 13만 톤 이상의 팜유와 3만 톤 이상의 팜커널유를 생산하는 등 최고의 수율을 기록하고 있다.

합생 그룹은 시간당 180톤의 FFB를 처리할 수 있는 4개의 CPO Mill을 보유하고 있다. 제로코 팜유 제1공장, 제로코 팜유 제2공장, 토망공 팜유 공장, 부킷 마스 팜유 공장 등 합생 그룹 내 정유공장은 2021년 현재 평균 가동률 62%를 기록했다. 정유능력은 시간당 175 FFB 톤이다.

합생 그룹은 RSPO 인증 프로그램에도 적극 참여하고 있다. 4개의 RSPO 인증을 받은 CPO Mill을 보유하고 있다. 부킷 마스 팜유 공장이 RSPO 인증을 가장 먼저 받았고, 이어 제로코 팜유 1공장과 제로코 팜유 2공장이 뒤를 이었다. 네 번째 공장인 토망공 팜유 공장은 2014년 말 인증 절차가 완료됐다. 합생 그룹은 2007년 말레이시아 부르사(Bursa)에 상장했다. RSPO 인증 이외에도 부킷 키보스(Bukit Kibos)의 보존, 리파리안 완충지대의 유지 및 보호 등 생물 다양성 보존을 위한 영역에도 간여하고 있다.

40.
포스코인터내셔날

역사

포스코인터내셔날은 2006년 10월 18일 인도네시아에 PT바이오인티아그린도(PT Bio Inti Agrindo)라는 팜유 회사를 설립했다. 회사는 인도네시아의 규정에 따라 지역 주민과의 상호 협력 하에 팜유나무 농장을 개발하고 있다. 포스코인터내셔날의 PT바이오인티아그린도 농장은 파푸아뉴기니의 남부인 파푸아 지방의 머라우케(Merauke) 지역에 위치하고 있으며, 면적은 3만4,192헥타르에 달한다. 포스코인터내셔날은 PT바이오인티아그린도의 지분 85%를 소유하고 있다.

지속가능 경영

포스코인터내셔날은 팜유 사업의 안정적 운영을 위한 환경 정책에 적극 호응하고 있고, 국제 기준을 초과할 정도로 팜유 나무와 환경과의 공존을 추구하고 있다. 회사는 국내 기업 최초로 2020

인도네시아 동부 파푸아 주에 위치한 팜농장 법인인 PT.BIA에서 직원이 팜유 나무에서 FFB를 수확하고 있다. ⓒ 포스코인터내셔널

년 원주민의 정당한 권리와 인권을 보호하고 팜유를 생산하기 위한 NDPE(무산림화, 무토탄, 무착취) 정책을 발표했다

인도네시아 정부도 지속 가능한 팜유(ISPO) 인증 제도를 운용하고 있다. 이 인증제도는 인도네시아 농무부가 규제하고 있으며, 세계 팜유 시장에서 인도네시아의 경쟁력을 높이고 온실가스 배출과 환경보호를 위한 우려를 줄이는 제도로 기능하고 있다. 포스코인터내셔날의 현지 법인인 PT바이오인티아그린도는 2019년부터 매년 정부로부터 철저한 감사를 받고 있으며, ISPO 인증도 획득했다.

PT바이오인티아그린도는 2018년 7월 RSPO에 가입해 2020년 10월 초기 인증을 완료했다. PT바이오인티아그린도 2021년 9월에 RSPO를 인증받은 파푸아뉴기니 최초의 팜유 회사가 됐다.

이와 함께 포스코인터내셔널은 싱가포르에 싱가포르의 농업

<표> 포스코인터내셔널 소유 CPO Mill 규모의 생산 능력(2020년)

공장	생산능력(시간당, MT)	연간 생산량	
		CPO(MT)	PK(MT)
1공장(POM1)	60	57353	8060
2공장(POM2)	60	52929	7000
총계	120	110282	15060
농지/ 영세농	면적(헥타르)	식재면적(헥타르)	FFB(MT)
농장A	6170	5636	185446
농장B	10984	9395	164771
농장C	11599	9492	84957
농장 총 면적	28753	24523	435174
영세농(1)	496	453	13531
영세농(2)	4943	991	6943
영세농 소계	5439	1444	20474
총계	34192	25967	455648

포스코인터네셔날의 투자구조

포스코인터내셔널이 2021년 10월 인도네시아 동부 파푸아 주에 위치한 팜농장 법인인 PT.BIA에서 운영 중인 팜 사업 관련 친환경 국제인증인 RSPO(Roundtable on Sustainable Palm Oil) 인증을 취득했다. ⓒ 포스코인터내셔널

사업을 위한 지주회사를 2022년 설립했다. 2022년 말까지 인도네시아 팜유 법인 지분 85%를 지주회사로 이관할 계획이다. 가치사슬(value chain)을 상·하류 부문으로 확대해 팜 플랜트 신규 인수와 팜 정유공장을 건설하고 있다. 싱가포르에 지주회사를 설립하는 이유는 인도네시아 팜유 법인 PT바이오인티아그린를 중심으로 한 현재의 사업구조 확장에 한계가 있기 때문이다. PT바이오인티아그린와 투자 사업을 더욱 발전시키기 위한 보다 최적의 지배 구조로의 전환을 추구하고 있다.

41.
코린도

현황

코린도(KORINDO)는 초기에 주로 하드우드 개발에 주력했으나, 1979년 합판·베니어, 1984년 신문 인쇄용지, 1993년 목재 플랜테이션으로 전환했다. 한국의 팜유와 목재 대기업인 코린도그룹은 파푸아에서 가장 큰 팜유 플랜테이션 회사이다. 설립자는 승은호 회장이다. 1998년부터 파푸아 남부에서 사업을 시작한 팜유 사업부는 최적의 기후조건과 함께 사업장을 둘러싼 효율적인 경영능력과 인프라 구축으로 팜 플랜테이션 설립에 성공했다. 게다가 최근 이슈인 '지속 가능한 경영'을 구현하면서 지속적으로 기업의 가치를 높여가고 있다.

2021년 4월 1일, PT TSE(PT Tunas Sawa Erma), PT BCA(PT Berkat Cipta Abadi), PT DP(PT Dongin Prabhawa)가 코린도 그룹에서 분리돼 TSE그룹으로 독립 경영되고 있다. TSE그룹(투나사와 에르마)은 인도네시아 파푸아에 본사를 두고 있는 팜유

재배 및 가공에 종사하는 법률 회사다.

TSE 그룹은 PT TSE, PT BCA, PT DP, PT PAL(PT Pujua Agro Lestari), PT GMM(PT Gelora Mandiri Membangun)으로 구성돼 있다. TSE 그룹은 팜유 나무를 재배하고 CPO를 생산한다. TSE 그룹은 인도네시아 지방 정부의 요청으로 1998년 파푸아에서 팜유 사업을 시작했다. 당시 열악한 기반 시설에도 불구하고, 투나스사와 에르마그룹은 농장을 잘 관리했고, 파푸아 횡단 고속도로 개발에 가장 먼저 기여했다. TSE그룹은 2012년 할마헤라에서 팜유 사업을 확장했다. 운영 중인 팜유 가공 공장은 PT투나스 사와 에르마(A블록), PT투나스 사와 에르마(B블록), PT 베르카트 킵타 아바디, PT 동인프라바화, PT 젤로라 만디리 멤방군 등 5곳이다.

지속 가능 경영

TSE 그룹은 NDPE(무산림화, 무토탄, 무착취) 정책을 갖고 있으며, 이는 회사의 공식 웹사이트에 명확하게 명시돼 있다. 게다가 TSE의 농장 지역은 이탄지대(泥炭地帶)에 위치해 있지 않다. 이탄은 습기를 포함하고 화력도 약해 다른 석탄들에 비해 용도가 제한되어 있고, 요즘은 늪지대 파괴를 막기 위해 전 세계적으로 이탄 채취를 규제하고 있다.

2010년 무렵 열대 지방에서 가장 큰 이탄지대(Peatland)가 콩고 분지(Congo Basin)에서 발견됐다. 이곳은 14만5,500km^2의 면적으로 영국보다 크고, 300억 톤의 탄소가 매장되어 있어 기후 변화에 매우 중요한 곳으로 평가된다. 영국-콩고 연구팀은 이탄 표본을 찾기 위해 멀리 떨어져 있는 콩고의 열대 습지 숲을 3년 동안 탐험하였다. 연구자들은 실험실에서 분석된 이탄과 위성 자료를 결합하여 콩고 분지의 이탄지대에 전 세계 총 3년 치의 화석 연료 배출량에 해당하는 탄소를 저장하고 있다고 『네이처(Nature)』지에 발표했다.

연구를 주도한 리즈 대학의 사이먼 루이스(Simon Lewis) 교수와 런던 대학의 그레타 다기(Greta Dargie) 박사는 2012년 현장 실험을 하면서 처음으로 이탄지대가 존재하는 것을 알아냈다. 이탄(Peat)은 식물이 분해되어 만들어진 유기물 습지 토양으로 서늘한 환경에서 더 잘 발견된다. 긴강한 이단지대는 식물 싱장을 통해 내기 중에 있는 탄소를 흡수하며, 탄소 저장소의 역할을 한다.

이탄은 습지 상태에서 보호되며, 연중 습한 환경을 유지하는 것이 이탄 형성을 위해 꼭 필요하다. 토지 이용의 변화나 강수량 감소 등으로 기후가 건조해지면 이탄은 이산화탄소를 다시 대기로 방출하기 시작한다. 루이스 교수는 기고문에서 "이탄지대는 기후변화에 대처하기 위한 유일한 자원이므로 이곳을 보호하여 대규모 탄소 저장고를 유지하는 것이 우선적 과제가 되어야 한다"고 했다. TSE 그룹은 또한 지속가능한 개발뿐만 아니라 선발 및 훈련 프로그램을 통해 인력 개발을 지원할 수 있는 시스템과 작업 환경을 조성하고 있다. 회사 내부 조직에 '지속 가능성 팀'을 두고 있다.

튀나스 사와 에르마의 역사

1998년년 TSE그룹은 TSE를 통해 처음으로 자체 농장에 팜유 나무를 심기 시작했다. 2003년 최초의 CPO Mill을 건설한 TSE 그룹은 TSE를 통해 시간당 45톤의 용량을 가진 POP-A 플랜테이션 전용 CPO Mill을 건설했다. 약 13년 후, 공장 용량을 시간당 105톤으로 늘려나갔다.

2007년 PT투나스 사와 에르마(BCA)는 팜유 나무 재배에 대한 입지 허가를 받았다. 메라우케 지역에서만 면적 4만 헥타르의 BCA에 팜유 재배 입지허가를 내줬고, BCA는 2011년 산림 방류 허가와 사업 이용권(HGU)을 취득한 뒤 2012년부터 팜유 나무를 심기 시작했다. 2016년 TSE(POP-A, POP-B)가 TSE그룹의 CSC

프로그램에서 ISPO 인증을 획득했다.

TSE그룹은 그동안 수많은 수상 경력이 있다. 파푸아 주지사는 TSE그룹이 환경, 사회, 사업을 위해 최선의 사회 공헌 노력을 기울인 기업이라는 점을 인정해 상을 수여했다. 2017년 TSE그룹은 BCA와 DP 두 회사가 농업부로부터 2개의 상을 받았다. BCA와 DP는 팜유 나무 재배지에서 산불과 육지 화재 예방과 방제에 대한 공약으로 감사장을 받았다. 2018년 TSE그룹은 인도네시아 사회부로부터 상을 받았고, TSE가 원격관리 분야에서 사회복지를 만든 회사라는 점을 인정했던 것이다. 드디어 TSE그룹은 2019년 DP와 BCA 농장이 ISPO 인증을 획득했다.

튀나스 사와 에르마(TSE)는 인도네시아 동부, 이리안자야주 남동부의 항구도시인 메라우케에 위치하고 있다. 플랜테이션 면적은 13만1,532헥타르이고, 5만9,317헥타르에 팜유 나무를 심었다. 농장 내부에 보호구역 4만7,464헥타르, 식재되지 않은 면적만도 2만62헥타르다.

4개의 CPO Mill을 가동 중이며 생산능력은 시간당 250톤의 FFB를 처리할 수 있다. TSE그룹은 약 4만6,000헥타르의 면적을 가진 4개의 플랜테이션 지역에 팜유 나무를 재배하고 있다.

한국 기업의 현지 진출 과제

한국 기업이 인도네시아 팜유 산업 부문으로 진출하기 위해서는 이러한 엄격한 인증제도 수료뿐만 아니라 현지 지역사회와의 상생을 고려해야 한다. RSPO의 8가지 원칙에 따르면, 지역사회와 인근 소작농, 공장 직원 및 인근 자연환경에 대한 책임을 강조하고 있다. 실제로 인도네시아 소농 규모는 전체 팜유 산업의 약 40%를 차지하기 때문에 대기업과 소농의 협업이 중요하다. 따라서 인도네시아 현지 팜유 기업들 특히 한국계 기업들은 이를 철저히 준수하고 있다.

또한 지역사회와의 상생을 위해서는 해당 지역의 문화를 이해하는 것이 중요하므로 현지 관습, 문화, 예절, 종교 등 지역사회 진출에 필요한 철저한 준비를 해야 할 것이다. 또한 환경 파괴 및 생산성 개선 등이 현지 주요 이슈인 점을 감안해 팜유를 직접 생산하는 방식으로 진출하는 것 이외에 효율적인 팜유 채유 기술, 비료, 농장 경영관리 그리고 바이오 연료 개발 등을 공략하는 방안도 가능해 보인다.

참고문헌

- 그린피스·EY한영회계법인(2020), "기후변화 규제가 한국 수출에 미치는 영향 분석: 주요 3개국을 중심으로", 그린피스·EY한영회계법인.
- 김지동(2019), 「바이오 오일 생산원료 EFB 개요, 첨단기술정보분석」, 한국과학기술정보연구원.
- 김혜린·정신영(2019), "팜유 산업의 환경, 인권 침해 실태 및 한국 기업의 운영 현황에 대한 보고서-빼앗긴 숲에도 봄은 오는가", 환경운동연합.
- 농림축산식품부·한국농수산식품유통공사(2020), "농림수산식품 수출입 동향 및 통계", 농림축산식품부·한국농수산식품유통공사.
- 농림축산식품부·한국농수산식품유통공사(2021), "2021년 한눈에 보이는 국가별 농식품 수출교역 조건 현황", 농림축산식품부·한국농수산식품유통공사.
- 농림축산식품부·한국농수산식품유통공사(2021), "2021년 한눈에 보이는 말레이시아 농식품 수출 교역조건 현황", 농림축산식품부·한국농수산식품유통공사.
- 농림축산식품부·한국농수산식품유통공사(2021), "2021년 한눈에 보이는 인도네시아 농식품 수출 교역조건 현황", 농림축산식품부, 한국농수산식품유통공사
- 대한민국 정책 브리핑 (2020.12.7.) 2050 탄소중립 추진 전략
- 맥킨지(2018), "한국 수소 산업 로드맵 한국의 미래"
- 수출입 무역통계, 관세청, 2022.4.25.

- 신용광(2012), "동아시아의 팜유 산업 동향-인도네시아와 말레이시아를 중심으로", 『세계농업』 148호.
- 안병준·한규성·최돈하·조성택·이수민(2014), 인도네시아 오일팜 바이오매스 잠재량 평가, 목재공학42호.
- 오기환·김지운(2022), "한국의 인도네시아산 팜유 수입 현황", 『이슈 브리핑』, 한국바이오협회.
- 오동룡(2011), "해외 취재-팜유로 국부를 일구는 말레이시아 사람들", 『월간조선』 (2011년 6월호), 월간조선사.
- 이혜진(2021), "OECD-FAO 농업전망 2021-2030: 유지작물", 『e-세계농업』 제11호, 한국농촌경제연구원.
- 자말루딘 술라이만(Jamalludin Sulaiman) 지음, 박준근 오광인 옮김(2014), 『팜오일의 모든 것』, 전남대학교출판부.
- 장은정(2014), "글로벌 리포트-팜유의 개요 및 관련 현황", 『K-PETRO 매거진』, 한국석유관리연구원 석유기술연구소.
- 정대희(2012), "세계 팜유 동향, 세계 농식품산업 동향", 한국농촌경제연구원.
- 정문웅(2007), "특별기고-전문가가 본 '팜유'의 가치", 식품음료신문 2007.4.17.
- 정순관(2007), "이산화탄소 회수 및 저장 최신 기술 동향 분석", 한국에너지기술연구원.
- 홍지형(2019), 『말레이시아 재생 가능한 에너지자원의 바이오가스 생산과 이용에 관한 예비조사』, 『첨단기술정보분석』, 한국과학기술정보연구원.
- Mr. Zainuddin Ab. Shukor(2004), "말레이시아 남중국해 습지에 관한 국가 보고서"
- WWF JAPAN 2017, "지속 가능한 팜유의 조달과 RSPO".

- 광신기계공업주식회사(http://www.kwangshin.com/index/index.htm)
- 에버켐(http://www.everchem.com.my)
- 위키백과(ko.wikipedia.org)
- 조비(http://www.chobi.co.kr)
- 한국 환경부(www.me.go.kr)

- 한국무역협회(www.kita.net)
- 한국신재생에너지협회(http://www.icesn.com, biogas directory, 2nd edition, 2015)

- 『KBS』
- 『MBC』
- 『동아일보』
- 『연합뉴스』
- 『월간조선』
- 『조선일보』
- 『중앙일보』
- 『환경일보』

- Ang, Catharina Y, W., KeShun Liu, and Yao-Wen Huang, eds., *Asian Foods*, 1999, (Wikipedia, 2010,3); blog.chosun.com/jktbae, 동서남북에너지, 2006.
- BA(European Biogas Association) (2019), *Statistical Report*.
- BPS & Indonesia Palm Oil Board, 2007.
- British Journal of Nutrition, 1992.
- Cedigaz(2019), "Global biomethane market: Green gas goes global".
- Clemens et al.(2018), "Africa Biogas Partnership Program: A review of clean cooking implementation through market development in East Africa", *Energy for Sustainable Development*.
- Dennehy C. et al.(2017), "Stochastic modelling of the economic viability of on-farm co-digestion of pig manure and food waste in Ireland".
- ETSAP(Energy Technology System Analysis Programme)(2013), "Biogas and Bio-syngas Production".

- Giuntoli J. et al.(2015), "Solid and Gaseous Bioenergy Pathways: Input Values and GHG Emissions", Italy: European Commission Joint Research Centre, Institute for Energy and Transport, Ispra.
- Handbook of Industrial Crops(2005), Edited by V. Chopra, K. Peter, CRC Press, 12/07/2005.
- Ian Rankine and Thomas Fairhurst, *Field handbook, volume 2*, Ian Rankine and Thomas Fairhurst.
- Indonesian Palm Oil Association(GAPKI IPOA), (2022, February 2), *Palm oil performance in 2021 and Prospect in 2022*. Indonesian Palm Oil Association(GAPKI IPOA).
- International Energy Agency(IEA, 2020), "Outlook for biogas and biomethane-Prospects for organic growth", *World Energy Outlook Special Report*, International Energy Agency Publications.
- IPCC(2018), *special report global warming of 1.5℃*.
- Jo Adetunji(2022), "Red gold: the rise and fall of West Africa's palm oil empire"
- Malaysia(2008), *Malaysian Palm Oil: A Success Story Touching the lives and hearts of millions*, Malaysia, 2008.
- Minister Of Energy And Natural Resources, Indonesia, 2007.
- Mohd Haris Mohd Arshad(2022), *Corporate & Industry Presentation*, Sime Darby Plantation.
- No.51, CIFOR, Bogor, Indonesia, 2009.
- Ntsomboh-Ntsefong Godswill, Youmbi Emmanuel(2016), *In Breeding Oilseed Crops for Sustainable Production*.
- OECD-FAO(2021), "OECD-FAO Agricultural Outlook 2021-2030", OECD-FAO.
- Oi-Ming Lai, Chin-Ping Tan(2015), *Palm Oil*, elsevier.
- Organic Candle Manufacturing Sdn. Bhd., Kedah, Malaysia, 2010.

- Rabobank, CAPKI, IPOC, RSPO, 2007.
- Rashyid Redza Anwarudin(2022), *Palm Oil Sustainability*, Sime Darby Plantation.
- Reuters(2022), "Indonesia bans palm oil exports as global food inflation spikes", 2022.4.24.
- Seyed Ehsan Hosseini, Malzan Abdul Wahid(2013), "Feasibility study of biogas production and utilization as a source of renewable in Malaysia," *Renewable and Sustainable Energy Reviews*.
- Sheil, D., Casson, A., Meijaard, E., van Nordwijk, M. Gaskell, J., Sunderland-Groves, J., Wertz. K. and Kanninen, M., *The impacts and opportunities of oil palm in Southeast Asia: What do we know and what do we need to know?* Occasional paper
- Siu Hua Chang(2014), "An overview of empty fruit bunch from oil palm as feedstock for bio-oil production," *Biomass and Bioenergy*.
- Teoh, Cheng Hai, The Palm Oil Industry in Malaysia: *From Seed to Frying Pan*, WWF Malaysia, November 2002.
- *The conversation 2022*.3.22.
- Zen, Z., Barlow, C, and Gondowarsito, R. 2006, *Oil palm in Indonesian socio-economic improvement: a review of options*. Oil Palm Industry Economic Journal 6: 18-29.

- Betahita.id. (n.d.). Melongok Data Industri Kelapa sawit Indonesia. betahita.id. Retrieved October 25, 2022, from https://betahita.id/news/detail/6935/melongok-data-industri-kelapa-sawit-indonesia.html.html.
- Betahita.id.(n.d.). Melongok Data Industri Kelapa sawit Indonesia. betahita.id. Retrieved October 25, 2022, from https://betahita.id/news/detail/6935/melongok-data-industri-kelapa-sawit-indonesia.html.html.

- Biogas plant in Malaysia - mampu. Biogas Plant in Malaysia - Dataset - MAMPU. (2021, May 6). Retrieved October 25, 2022, from https://www.data.gov.my/data/en_US/dataset/biogas-plant-in-malaysia.
- Bruno, L. C.(2017). Palm oil plantation productivity during the establishment of the Malaysian Refinery Sector, 1970-1990. Economic History of Developing Regions, 32(3), 221-269. https://doi.org/10.1080/20780389.2017.1343660.
- CPO Export Duty (2020-2022) . Export duties. (n.d.). Retrieved October 25, 2022, from https://bepi.mpob.gov.my/index.php/en/?option=com_content&view=category&id=116.
- Hassan , M. I., Ng , D., & Mariati , R. (Eds.). (2021, January 25). Overview of the global palm oil sector in 2020 and outlook for 2021. Malaysian Palm Oil Council. Retrieved October 25, 2022, from https://mpoc.org.my/overview-of-the-global-palm-oil-sector-in-2020-and-outlook-for-2021. http://kr.blog.yahoo.com/1hj51052000/30324.
- Indonesian Palm Oil Association (GAPKI IPOA). (2021, February 6). Palm Oil Industry 2020 reflection & 2021 prospect. Indonesian Palm Oil Association (GAPKI IPOA). Retrieved October 25, 2022, from https://gapki.id/en/news/19757/palm-oil-industry-2020-reflection-2021-prospect.
- Indonesian Palm Oil Association(2022), "Palm Oil Performance in 2021 and Prospect in 2022", Retrieved October 25, 2022, from https://gapki.id/en/news/21136/palm-oil-performance-in-2021-and-prospect-in-2022.
- Indonesian Palm Oil Association(GAPKI IPOA). (2022, February 2). Palm oil performance in 2021 and Prospect in 2022. Indonesian Palm Oil Association (GAPKI IPOA). Retrieved October 25, 2022, from https://gapki.id/en/news/21136/palm-oil-performance-in-2021-and-prospect-in-2022.
- Industry Reference Supplement, Malaysian Palm Oil, 2009,

- MPOB. (n.d.). Export Palm Oil (2020-2022). Export. Retrieved October 25, 2022, from https://bepi.mpob.gov.my/index.php/en/?option=com_content&view=category&id=109.
- MPOB. (n.d.). Palm Oil Area summary2021. Retrieved October 25, 2022, from https://bepi.mpob.gov.my/images/area/2021/Area_summary2021.pdf.
- MPOB. (n.d.). Production Palm Oil Product (2020-2022). Production. Retrieved October 25, 2022, from https://bepi.mpob.gov.my/index.php/en/?option=com_content&view=category&id=106.
- Oil Palm Tree, http://www.sabah.gov.my.
- O'Neill, A.(2022, February 22). Average prices for palm oil worldwide from 2014 to 2025. Statista. Retrieved October 25, 2022, from https://www.statista.com/statistics/675813/average-prices-palm-oil-worldwide.
- Overview of the global palm oil sector in 2020 and outlook for 2021. Malaysian Palm Oil Council. (2021, January 25). Retrieved October 25, 2022, from https://mpoc.org.my/overview-of-the-global-palm-oil-sector-in-2020-and-outlook-for-2021.
- Person.(2022, August 9). Indonesia lowers export tax threshold on crude palm oil to $680/T -ministry. Reuters. Retrieved October 25, 2022, from https://www.reuters.com/markets/commodities/indonesia-lowers-export-tax-threshold-crude-palm-oil-680t-ministry-2022-08-09.
- Produksi Tanaman Perkebunan (Ribu Ton), 2019-2021. Badan Pusat Statistik. (n.d.). Retrieved October 25, 2022, from https://www.bps.go.id/indicator/54/132/1/produksi-tanaman-perkebunan.html.
- Q4/2020 POCKETSTATS-MPIC.(n.d.). Retrieved October 25, 2022, from https://www.mpic.gov.my/mpi/images/01-Bahagian/PSA/2020/poket_stat/Pocket%20Stats%20_Q42020.pdf.

- Zamir(n.d.), (2022, October 25), Number & capacities of palm oil sectors 2021, MPOB. Retrieved October 25, 2022, from https://bepi.mpob.gov.my/index.php/en/sectoral-status/sectoral-status-2021/number-a-capacities-of-palm-oil-sectors-2021.
- Zamir.(n.d.). Number & capacities of palm oil sectors 2021. Retrieved October 25, 2022, from https://bepi.mpob.gov.my/index.php/en/sectoral-status/sectoral-status-2021/number-a-capacities-of-palm-oil-sectors-2021.
- BioCNG https://www.dnaindia.com/business/report-how-india-found-its-investment-sweet-spot-in-thebio-cng-industry-2969093
- Ranjit Lal Eye(2022), "Is palm oil the wonder plant it is made out to be? They have many benefits but the cultivation of palm oil also leads to widespread exploitation and environmental degradation", Oilpalm, Updated: July 24, 2022 9:03:59 pm(press release, 20 March). https://www.cedigaz.org/global-biomethane-market-green-gas-goes-global/.
- GMI(Global Methane Institute) (2019) https://www.globalmethane.org/partners/partner.aspx?c=india, (accessed 1 July 2019).
- GRDF (Gaz reseau distribution France). (2018). Perspectives gaz naturel & renouvelables sur l'horizon 2018-2035 [Natural gas and renewables perspectives, 2018-2035]. http://www.grtgaz.com/fileadmin/plaquettes/fr/2019/Perspectives-Gaz-2018.pdf.
- Hivos. (2019). Beyond fire: How to achieve electrical cooking, 28 March, https://www.hivos.org/news/beyond-fire-how-to achieve-electric-cooking/.
- IEA (International Energy Agency). (2019a). Renewables 2019. https://www.iea.org/reports/renewables-2019.
- IEA. (2019b). World Energy Outlook 2019. https://www.iea.org/reports/world-energy-outlook-2019.

- IEA. (2018). World Energy Outlook 2018. https://www.iea.org/reports/world-energy-outlook-2018.
- Koornneef J. et al. (2013). Potential for biomethane production with carbon capture, transport and storage up to 2050. https://doi.org/10.1016/j.egypro.2013.06.533
- McDonagh S. et al. (2019). Are electro fuels a sustainable transport fuel? Analysis of the effect of controls on carbon, curtailment, and cost of hydrogen. https://doi.org/10.1016/j.apenergy.2019.04.060.
- Politecnico di Milano. (2016). Cookstove costs, in "Defining energy access: 2019 methodology" (IEA article). https://www.iea.org/articles/defining
- UNFCCC (United Nations Framework Convention on Climate Change) (2019). CDM Methodology Booklet. https://cdm.unfccc.int/methodologies/documentation/meth_booklet.pdf.
- USDA (United States Department of Agriculture) (2016). Methane Emissions from Dairy Farming. (Fact Sheet). http://www.sustainabledairy.org/publications/Documents/DairyCap_Methane_FactSheet_Final.pdf.
- World Bank. (2014). Clean and improved cooking in sub-Saharan Africa: A landscape report. http://documents.worldbank.org/curated/en/164241468178757464/Clean
- An introduction to biogas and biomethane, www.iea.org
- Feed-In Tariff, SEDA, www.seda.com.my
- Gro Intelligence www.gro-intelligence.com
- https://malaysia.wetlands.org/wetlands/what-are-wetlands/
- https://www.ketsa.gov.my/ms-my/Pages/default.aspx
- https://www.theguardian.com/environment/2015/jul/20/swamp-power-how-the-worlds-wetlands-can-help-stop-climate-change.
- https://eos.org/editors-vox/managing-wetlands-to-improve-carbon-

sequestration.

- Helene Adam: Environmental regulation of sex determination in oil palm: Current knowledge and insights from other species. https://www.astroawani.com/berita-malaysia/serangga-ini-telah-membantu-malaysia-jimat-sehingga-lebih-rm40-bilion-95644
- SimeDarby Group(https://www.simedarbyoils.com)
- Felda Group(https://www.felda.gov.my/en/public/felda/about-felda)
- Environmental Ministry, UK
- MPOB(www.mpob.gov.my)
- FAO, FAOSTAT(www.fao.org)
- WTO(www.wto.org)
- US/CIA, World Factbook

아낌없이 주는 팜유

2022년 11월 16일 초판 인쇄
2022년 11월 30일 초판 발행

지은이 / 김종화
펴낸 곳 / 곰시
펴낸이 / 김선희
디자이너 / 라이크디스
교정 / 최은숙
주소 / 경기도 파주시 법원읍 만월로 830
등록번호 / 제313-2010-50호(2010년 2월 19일)
전화 / 010-4876-9974
전자우편 / gomsi23@naver.com
인쇄 / 천일문화사
값 / 20,000원
ISBN / 979-11-88241-04-0(03000)

※ 잘못된 책은 교환해 드리겠습니다.
※ 본 도서를 이용한 드라마, 영화, E-Book 등 상업에 관련된 행위는
   출판사의 허락을 받으시기 바랍니다.